LE

PESSIMISME MODERNE

SON HISTOIRE ET SES CAUSES

(Extrait des *Mémoires de l'Académie des Sciences, Arts et Belles-Lettres de Dijon*, 4ᵉ série, tome III.)

LE
PESSIMISME MODERNE

SON HISTOIRE ET SES CAUSES

PAR

ETIENNE METMAN

Ouvrage couronné par l'Académie des sciences morales
et politiques.

Un monde sans Dieu est horrible.
E. RENAN.

DIJON
IMPRIMERIE DARANTIERE
65, Rue Chabot-Charny, 65

1892

TABLE DES MATIÈRES

CHAPITRE PREMIER

LE PESSIMISME DANS LE PASSÉ

Les premiers pessimistes. — La douleur a toujours existé dans l'humanité, mais elle n'a pas toujours été comprise de la même façon. — Hégésias. — Lucrèce. — Pline. — La civilisation antique est généralement optimiste. — Le pessimisme et l'idée chrétienne 9

CHAPITRE II

LE PESSIMISME DANS LES TEMPS MODERNES

Le pessimisme moderne. — Le pessimisme dans la poésie. — Byron. — Lamartine. — Léopardi. — Sa biographie. — Caractère pessimiste de son inspiration. — Citations. — Cause du pessimisme de Léopardi. 21

CHAPITRE III

LE PESSIMISME THÉORIQUE

A. — *Arthur Schopenhauer.*

Le pessimisme théorique. — Schopenhauer. — Biographie. — Schopenhauer disciple de Kant. — Comment il comprend le besoin métaphysique de l'homme et prétend résoudre l'énigme du monde. — Le monde comme représentation. — Théorie de la volonté. — L'intelligence. — Le déchiffrement de l'énigme du monde. — La finalité. — L'amour. — Le pessimisme. — La Théorie du plaisir et de la douleur. — La morale. — La jouissance esthétique. — La délivrance par l'ascétisme. — Appréciation de l'œuvre de Schopenhauer. — Rôle de la volonté. — Origines disparates de la philosophie de Schopenhauer, contradictions qui en résultent. — Raison d'être du pessimisme de Schopenhauer. — Théorie des sentiments agréables. — La douleur a un rôle bienfaisant méconnu par Schopenhauer. — Il ne tient compte que des jouissances matérielles. — Il a échoué dans son entreprise, son système ne donne pas la clef de l'énigme du monde 49

B. — *Edouard de Hartmann.*

Les grands systèmes philosophiques allemands, leurs inconvénients, leurs avantages. — Edouard de Hartmann ; biographie. — La philosophie de l'inconscient. — Esprit de son auteur, ses vues métaphysiques. — L'inconscient et son domaine. — La métaphysique d'Edouard de Hartmann. — Le bilan de la vie. — L'amour de la vie résultat d'une série d'illusions. — Illusion optimiste. — Supériorité du non-être sur l'existence. — Critiques de la démonstration d'Edouard de Hartmann. — Les différents mobiles de l'activité humaine. — La faim et l'amour, la compassion, les joies de la famille, la vanité, la piété, l'injustice, les jouissances esthétiques, le sommeil, le rêve, la fortune. — Résumé du bilan de la vie. — Lacunes et exagérations qui le vicient. — Illusions des espérances de la vie éternelle. — Illusions de l'espérance du bonheur réalisable dans l'avenir par le progrès du monde. — Conclusion. — La fin de l'humanité. — Le procédé de libération. — Ses conséquences. — Le pessimisme d'Edouard de Hartmann comparé à celui de Schopenhauer. — Accueil fait à la philosophie de l'inconscient. — Attaques des philosophes, des savants. — Réponses des défenseurs de l'inconscient. — L'auto-critique d'Edouard de Hartmann. — Edouard de Hartmann et le darwinisme. — L'optimo-pessimisme d'Edouard de Hartmann. — Ses nou-

veaux ouvrages. — L'idée de Dieu et la philosophie. —
Le mal d'après Edouard de Hartmann. 147

C. — *Les autres disciples de Schopenhauer.*

Les autres disciples de Schopenhauer. — Bilharz. — Frauenstædt. — Hellenbach. — Taubert. — Borries. — Péters. — Schneidewin. — Lange. — Duhring. — Mainlænder. — Bahnsen. — Résistances des universités allemandes à l'encontre des théories pessimistes. — Stérilité scientifique de ces théories. — Leurs conséquences pratiques. — Les causes de leur succès en Allemagne. 236

D. — *Le pessimisme en Russie.*

Le pessimisme en Russie. — Les *Morelsts chikis*. — Les *Skoptsy*. — Le nihilisme. — Comment il procède du pessimisme allemand et en quoi il en diffère. 260

CHAPITRE IV

LE PESSIMISME DANS LA FRANCE CONTEMPORAINE

L'esprit français peu porté au pessimisme surtout au pessimisme théorique. — Cependant des traces de pessimisme apparaissent dans la littérature française, particulièrement chez ceux qui ont action sur la jeunesse. — Les philosophes français. — Les philosophes étrangers. — La science. — Les dialogues philosophiques de M. Renan. — Les certitudes de Philalèthe. — Les probabilités de l'avenir de Théophraste. — Les rêves de Théoctiste. — M. Taine. — — Pessimisme dans la littérature. — Mme L. Ackermann. Ses poésies philosophiques. — D'où viennent les tendances pessimistes de la poésie contemporaine. — Charles Beaudelaire. — M. Sully-Prudhomme. — M. Jean Berge. — Le pessimisme dans le roman. — M. Zola. — Gustave Flaubert. — Les frères de Goncourt. — Pierre Loti. — M. Paul

Bourget, ses essais de psychologie contemporaine. — Ses romans. — Le pessimisme conséquence de l'abus de l'analyse. — Marie Bashkirtseff et son journal intime . . 271

CHAPITRE V

CAUSE ET AVENIR DU PESSIMISME

D'où provient le pessimisme. — Comment les déceptions de notre époque la prédisposaient à subir son influence. — Ces déceptions ne sont pas cependant la cause du pessimisme. — On la trouve dans la négation du Dieu créateur et providence. — Les théories pessimistes n'expliquent pas le monde. — L'avenir de la métaphysique. — Dieu, la science, l'évolution. — Critérium des hypothèses transcendantes. — La foi. — Impuissance du positivisme à supprimer la métaphysique. — Impuissance de la science à satisfaire seule les besoins métaphysiques de l'homme. — Le redoublement actuel du pessimisme est un avertissement du danger qu'il y a à méconnaître systématiquement les légitimes aspirations de l'humanité. — Théorie catholique de la douleur. — Comment elle remédie aux dangers des théories pessimistes. — L'avenir n'appartient pas aux théories pessimistes 350

LE
PESSIMISME MODERNE
SON HISTOIRE ET SES CAUSES

CHAPITRE PREMIER

LE PESSIMISME DANS LE PASSÉ

L'homme, au cours des âges, n'a pas été sans pousser des cris de douleur. Quelques-uns de ces cris ont été conservés soit à cause des circonstances qui les ont provoqués, soit à cause de l'éloquence ou de la notoriété de ceux qui les ont fait entendre. La douleur, conséquence du mal ressenti par une personnalité consciente, est un fait ; la manifestation de ce fait, l'affirmation de son intensité n'ont rien qui puisse nous surprendre ; le lion blessé pousse un rugissement et le pessimiste moderne aurait mauvaise grâce à revendiquer comme des précurseurs de sa doctrine tous les désespérés des temps passés.

Vainement se complaît-il à recueillir pieusement tous les sanglots de l'humanité, vainement extrait-il de tous les écrits conservés dans nos bibliothèques les amplifications des rhéteurs, les exagérations des poètes, les analyses des moralistes, les raisonnements des philosophes qui, en un jour d'ennui, ont maudit leur naissance et appelé de leurs vœux le néant. Toute cette érudition, qui peut prêter à la théorie nouvelle je ne sais quel éclat, ne prouve qu'une chose, malheureusement bien évidente, la permanence de la douleur aux différents âges de l'humanité.

Ce qui importe ici, ce n'est ni l'intensité, ni l'éloquence de ces plaintes de l'homme malheureux ; notre souffrance personnelle nous en apprendra toujours plus sur ce sujet que toutes les recherches historiques ; mais ce qui doit appeler notre attention, c'est surtout l'attitude de l'homme en face de la douleur, c'est l'idée qu'il s'est faite de son origine, c'est l'explication qu'il en a tentée.

L'homme a souffert de tout temps, mais il ne s'est pas toujours révolté contre la souffrance ; il n'a pas toujours vu dans le mal un prétexte à ses négations et à ses blasphèmes. Plus près de ses origines et mieux instruit des causes de sa déchéance, acceptait-il alors le mal sous toutes ses formes comme une suite et un châtiment de la faute? C'est là l'explication de la théologie chrétienne. Elle fera sourire le savant moderne ; lui, niera le fait, d'ailleurs assez difficile à démontrer, de cette résignation relative de l'humanité primitive, ou bien il l'expliquera en invoquant les énergies, la force de résistance des races encore jeunes, leur esprit tout pratique, leur pensée toute restreinte à l'instant présent et je ne sais quelle insouciance enfantine qui diminue le poids des maux du jour par l'oubli du passé et l'imprévoyance de l'avenir.

Quoi qu'il en soit, je laisse à d'autres le soin de

colliger dans la bible et dans les auteurs grecs les gémissements qui s'y rencontrent. Quelque éloquentes que soient leurs larmes, ni Job, ni Hésiode (1) ni Homère (2) ne sont des pessimistes. Ils se font l'écho des misères de l'humanité, mais aucun d'eux n'est un désespéré systématique, car ils savent le prix de la vie, ils en sentent la moralité et en devinent, tout au moins, le sens élevé.

Le pessimisme à l'état de système paraît avoir eu pour premier adepte un philosophe de l'école d'Aristippe de Cyrène, Hégésias (3) dont Cicéron

---

(1) *Les travaux et les jours*, v. 47.

(2) Homère met dans la bouche de Jupiter les vers suivants (*Iliade*, chant XVII, v. 446) :

Οὐ μὲν γάρ τί πού ἐστιν ὀϊζυρώτερον ἀνδρὸς
πάντων, ὅσσα τε γαῖαν ἔπι πνείει τε καὶ ἕρπει.

Non enim quiquam alienbi est calamitosius homine
omnium, quæque super terram spirantque et moventur.

Mais le même Homère, dans l'*Odyssée* (chant I, v. 32), affirme sa connaissance des révélations primitives sur l'origine du mal, par ces remarquables paroles qu'il fait prononcer au père des dieux :

Ὢ πόποι, οἷον δή νυ θεοὺς βροτοὶ αἰτιόωνται.
Ἐξ ἡμέων γάρ φασι κάκ' ἔμμεναι · οἱ δὲ καὶ αὐτοὶ
σφῇσιν ἀτασθαλίῃσιν ὑπέρμορον ἄλγε' ἔχουσιν.

Dii boni ! quantum scilicet deos mortales culpant !
Ex nobis enim aiunt mala esse ; ii vero etiam ipsi
sua stultitia præter fatum calamitates patiuntur.

Dupont, dans sa *Gnomologie d'Homère*, écrit à propos de ces vers : « Les anciens ont un luxe d'expression admirable pour dépeindre les misères et les calamités de la vie humaine, et accumuler toutes les épithètes et tous les qualificatifs qui sont attribués par les auteurs et surtout par les auteurs grecs δειλοῖσι βροτοῖσι. »

(3) V. Diogène de Laerte, *Vies et doctrines des philosophes de l'antiquité*, traduct. de Ch. Zévort, t. I, p. 107. *Vie d'Aristippe*.

parle dans ses Tusculanes (1). Sa doctrine était si désolante, elle inspirait une haine si violente contre la vie que le suicide était la conclusion logique de ses éloquentes leçons, à ce point que Ptolémée dut intervenir et fermer le cours qui dépeuplait la cité (2).

Ce fameux docteur surnommé πεισιθάνατος vivait trois cents ans avant Jésus-Christ. Il avait écrit un livre dans lequel un désespéré, un de ses disciples sans doute, décidé à en finir avec la vie et se laissant dans ce but mourir de faim, dispute avec ses amis qui entreprennent de le faire renoncer à son lugubre dessein. Le mourant justifiait sa résolution en énumérant longuement les misères de l'existence humaine. Il est regrettable assurément que ce livre n'ait pas été épargné par le temps; il eût été curieux de le comparer aux plaintes des pessimistes modernes et de noter ce que ceux-ci ont bien pu ajouter aux remarques de leurs devanciers.

Les doctrines d'Hégésias revenaient à nier la pos-

---

(1) *Tusculan. disputat.*, I, xxxiv. A malo igitur mors abducit, non a bonis, verum si quærimus. Hoc quidem a Cyrenaico Hegesia sic copiose disputatur, ut is a Rege Ptolemæo prohibitus esse dicatur illa in scholis dicere, quod multi, his auditis, mortem sibi ipsi consciscerent...

... Ejus autem quem dixi, Hegesiæ liber est, ἀποκαρτερῶν, quod a vita quidam per inediam discedens revocatur ab amicis : quibus respondens, vitæ humanæ enumerat incommoda.

(2) Valère Maxime, lib. VIII, cap. ix, 3. Quantum eloquentia valuisse Hegesiam, Cyrenaicum philosophum, arbitramur? qui sic mala vitæ repræsentabat, ut eorum miseranda imagine audientium pectoribus inserta, multis voluntariæ mortis appetendæ cupiditatem ingeneraret? Ideoque a rege Ptolemæo ulterius hac de re disserere probitus est.

sibilité du bonheur, à supprimer, par une négation absolue, tout ce qui fait la moralité de la vie, tous les mobiles des actions humaines, à rire du prix que la multitude ignorante attache à l'existence et à contester toute certitude. Et cependant, si l'on en croit Diogène de Laerte, Hégésias aimait le plaisir et ne se refusait aucune jouissance.

Il serait facile de relever des traces de pessimisme dans le poème de Lucrèce. Qui ne connaît le lamentable et éloquent tableau par lui tracé de la misère de l'homme à son entrée dans le monde ?

> Tum porro puer, ut sævis projectus ab undis
> Navita, nudus humi jacet, infans, indignus omni
> Vitali auxilio, quum primum in luminis oras
> Nixibus ex alvo matris Natura profudit;
> Vagituque locum lugubri complet, ut æquum est,
> Quoi tantum in vita restet transire malorum (1).

Le matérialisme d'Epicure ne pouvait apporter à l'homme ni consolation, ni espérance. Le chantre éloquent de ces désolantes doctrines ne comprenait pas la vraie grandeur de l'homme, il devait nécessairement méconnaître ce feu divin que Cicéron se plaisait à retrouver en lui comme enseveli sous les décombres, « tanquam obrutus quidam divinus ignis ingenii et mentis (2) ». Malgré son admirable talent,

---

(1) *De natura rerum*, lib. V, v. 223.
(2) Homo non ut a matre, sed ut a noverca natura editus in vitam, corpore nudo, et fragili et infirmo, animo autem anxio ad molestias, humili ad timores, molli ad labores, prono ad libidines : in

il est facile de deviner tout ce que la poésie de Lucrèce y a perdu.

Pline l'ancien, lui aussi, insiste volontiers sur nos misères, nos faiblesses, nos erreurs. Il semble souvent découragé et chagrin, mais sa pitié même, son amour de l'humanité expliquent sa tristesse. Notre infirmité fait son désespoir. En la contemplant, il se laisse aller, comme Lucrèce, à un sombre découragement. C'est alors qu'il s'en prend aux dieux et son pessimisme se traduit volontiers par des blasphèmes.

Et cependant, en général, l'esprit antique est dominé par des sentiments optimistes; le monde pour lui n'est pas une illusion décevante, il sait y trouver des jouissances matérielles pour les uns, intellectuelles et morales pour d'autres, suffisantes en tous cas pour donner un sens à la vie et lui prêter un certain charme. En un mot, les anciens aimaient la vie et s'aimaient eux-mêmes plus que nous. Il fallait aller dans les solitudes de la Thrace pour trouver une peuplade (1) pleurant sur le berceau du nouveau-né et se réjouissant sur la tombe du mort. L'étonnement

---

quo tamen inesset tanquam obrutus quidam divinus ignis ingenii et mentis. Cicero, *De republica*, lib. II.

(1) Hérodote, *Histoires*, liv. V. 4, traduction de Pierre Saliat, Plon, 1864, p. 360. « Au regard des Thrauses, ils font totalement ainsi que les autres Thraces, fors qu'en la mort et nativité des leurs, ils se maintiennent en cette manière. Les proches parents s'assemblent autour de l'enfant nouveau-né, et là pleurent et gémissent les maux qu'il est pour endurer, discourant les misères et calamités humaines; au contraire mettant leurs trépassés en terre, s'éjouissent et font fête, comptant de combien de maux, ils sont délivrés et les estiment colloqués en toute félicité. »

d'Hérodote, en rapportant ces étranges coutumes, est une preuve nouvelle de l'optimisme qui pénètre les civilisations anciennes.

Si on l'étudie dans les périodes normales, en dehors des crises violentes et des menaces du despotisme qui provoquèrent tant de suicides, l'homme antique se rattache volontiers à cette école du bon sens qui instinctivement tient à la vie. Malgré l'indignation de Sénèque (1) qui nous les a conservés, les vers si connus de Mécène, avec leur exagération humoristique, rendent bien la pensée des anciens:

> Debilem facito manu,
>   Debilem pede, coxa;
> Tuber adstrue gibberum,
>   Lubricos quate dentes
> Vita dum superest, bene est.
>   Hanc mihi, vel acuta
> Si sedeam cruce, sustine.

Le christianisme, en promettant à l'homme des destinées immortelles, en donnant un prix infini à cette vie d'épreuve, est venu ruiner le pessimisme théorique. Pour le chrétien, cette courte vie, quelque misérable qu'elle soit, ne conduit-elle pas les hommes de bonne volonté à des félicités sans fin?

L'optimisme antique reposait sur une observation incomplète et un peu enfantine; il laissait évidemment de côté une partie des données du problème, mais il n'en reste pas moins une objection de fait et des plus sérieuses contre le pessimisme absolu. Car il s'agit de savoir si l'homme est heureux ou mal-

---

(1) *Epistol.*, c. I, Elzévir, 1608, t. II, p. 380.

heureux, s'il doit préférer la vie au néant, et ce n'est point là, après tout, une énigme dont la solution demande des efforts considérables d'attention et des observations scientifiques prolongées. Pour la résoudre, le bûcheron de Lafontaine est aussi compétent que le philosophe de profession.

Le chrétien, lui, n'atténue rien des misères de l'humanité; le monde, à ses yeux, est mauvais; la terre est une vallée de larmes, la vie un combat, une épreuve. Le bonheur, il sera la récompense des efforts tentés par l'individu pour s'élever à un idéal de perfection que Dieu lui propose en lui promettant sa grâce comme prix de sa bonne volonté. La pénitence, c'est-à-dire la souffrance, la réaction contre le sensualisme, telle est pour lui la condition du progrès moral. Le chrétien entre deux paradis, accablé par le regret de celui qu'il a perdu, mais soutenu par l'espérance de celui qui l'attend, ne se méprend pas sur la valeur de la vie. Il ne saurait se désespérer sans renier son credo: il ne se tue pas.

On peut, et Schopenhauer ne s'en fait pas faute, trouver dans les écrits des docteurs chrétiens et même dans les livres saints d'énergiques peintures des misères d'ici-bas, c'est un thème souvent développé par le prêtre, mais ces peintures sont toujours un moyen de rappeler au chrétien ses fins dernières et de l'arracher aux séductions des plaisirs terrestres. Le pessimisme chrétien, si ces mots peuvent s'accoupler, naît d'une comparaison ayant avant tout une portée morale; il naît du désir du ciel et non du stérile regret d'un bonheur reconnu impossible.

Evidemment la conception chrétienne du monde

l'emporte de beaucoup sur la conception optimiste, en ce sens qu'elle tient compte du mal; mais la doctrine catholique ne se borne pas à constater la douleur et son importance ici-bas; elle explique la présence dans le monde de cette lugubre étrangère: « *Catholica fides est : omne quod dicitur malum, aut peccatum, aut pœnam peccati* (1). » Avec de pareils enseignements, jamais l'obsession résultant de la claire vue des misères de l'humanité ne viendra altérer pour un chrétien la notion d'un Dieu juste et bon, et c'est ce qu'il ne faut jamais oublier en rappelant certaines citations chrétiennes empreintes parfois d'une sainte exagération. Ce qu'on a appelé abusivement le pessimisme de Pascal ne ressemble guère à ce sentiment de désespérance qui fait le fond du pessimisme moderne; on peut même affirmer hardiment que la croyance à un Dieu personnel, créateur et providence, est inconciliable avec un véritable pessimisme. Une page empruntée à une lettre de Mme de Sévigné va éclairer cette pensée : c'est le mercredi 16 mars 1672, elle écrit de Paris à sa fille tant aimée, son âme est toute remplie de tristesse, sa tante Henriette de Coulanges « se meurt de douleur et d'hydropisie », « elle lui brise le cœur par l'état où elle est et par tout ce qu'elle dit de tendre et de bon sens »; elle a reçu, d'ailleurs, de mauvaises nouvelles de son fils, « ils sont misérables en Allemagne », et c'est dans cette disposition d'esprit que la spirituelle marquise répond à une grave question de sa fille.

(1) Saint Augustin, *Lib. imperfect. de Genes. ad litter.*, cap. ı.

« Vous me demandez, ma chère enfant, si j'aime toujours bien la vie. Je vous avoue que j'y trouve des chagrins cuisants; mais je suis encore plus dégoûtée de la mort; je me trouve si malheureuse d'avoir à finir tout ceci par elle, que si je pouvais retourner en arrière je ne demanderais pas mieux. Je me trouve dans un engagement qui m'embarrasse: je me suis embarquée dans la vie sans mon consentement; il faut que j'en sorte, cela m'assomme. Et comment en sortirai-je? par où? par quelle porte? quand sera-ce? en quelle disposition? souffrirai-je mille et mille douleurs, qui me feront mourir désespérée? aurai-je un transport au cerveau? mourrai-je d'un accident? comment serai-je avec Dieu? qu'aurai-je à lui présenter? la crainte, la nécessité feront-elles mon retour vers lui? n'aurai-je aucun sentiment que celui de la peur? que puis-je espérer? suis-je digne du paradis? suis-je digne de l'enfer? Quelle alternative! quel embarras! Rien n'est si fou que de mettre son salut dans l'incertitude, mais rien n'est si naturel, et la sotte vie que je mène est la chose du monde la plus aisée à comprendre: je m'abîme dans ces pensées, et je trouve la mort si terrible, que je hais plus la vie parce qu'elle m'y mène, que par les épines dont elle est semée. Vous me direz que je veux donc vivre éternellement. Point du tout; mais si on m'avait demandé mon avis, j'aurais bien aimé à mourir dans les bras de ma nourrice; cela m'aurait ôté bien des ennuis et m'aurait donné le ciel bien sûrement et bien aisément (1). »

(1) On peut rapprocher de cette lettre, comme exemple d'un pessimisme tout personnel, le passage suivant extrait de la correspon-

Voilà certes une éloquente et originale peinture des chagrins cuisants de la vie, des peines profondes et des anxiétés cruelles qui l'empoisonnent, et quel amour de la vie! La pensée qui a inspiré ces lignes, ce n'est pas la haine de l'existence, mais bien plutôt la crainte de manquer le ciel. Mme de Sévigné, et nous n'avons là que sa pensée du moment, eût voulu mourir aux bras de sa nourrice ; mais ne pas sortir du néant, toute l'amertume de ses angoisses ne peut pas lui suggérer un pareil souhait. Entre les imprécations de Pline, les désolantes peintures de Lucrèce et le règne de Louis XIV, il y a seize siècles de christianisme.

Mais voici qu'en plein XIXe siècle, après les controverses passionnées sur l'origine et la prédominance du mal en ce monde qui mirent aux prises Bayle et Leibnitz, dans lesquelles intervinrent Malebranche et Bossuet, en face des découvertes merveilleuses de la science qui ont permis d'incontestables progrès et autorisent les plus audacieuses espérances, le pessimisme affirme le mal radical de l'existence, la supériorité du non-être sur la vie ; il apparaît, non pas comme la protestation indignée

---

dance de Diderot ; il écrivait à Sophie Volant, sa maîtresse : « Exister au sein de la douleur et des larmes, jouet de l'incertitude, de l'erreur, du besoin, de la maladie, de la méchanceté et des passions, chaque pas depuis le moment où nous apprenons à balbutier jusqu'au moment du départ où notre voix chevrote ; vivre parmi des fripons et des charlatans de toutes sortes, s'en aller entre l'un qui vous tâte le pouls et l'autre qui vous terrifie, ignorer d'où nous venons, pourquoi nous sommes venus, où nous allons : voilà ce qu'on appelle le don le plus important de nos parents et de la nature : la vie. »

d'un esprit délicat froissé dans ses aspirations et dans ses rêves, mais à l'état de système raisonné ou tout au moins de tendance assez générale pour influer sur les idées et les mœurs d'une époque. Un pareil phénomène commande l'attention ; est-ce un accident passager, un mal guérissable, ou un résultat acquis, une évolution définitive ? Quel qu'il soit, comment s'explique-t-il ? L'étude des symptômes qui l'accompagnent et des causes qui l'ont amené nous permettra peut-être de répondre à ces graves questions.

CHAPITRE II

LE PESSIMISME DANS LES TEMPS MODERNES

Le mal est vieux dans le monde et de tout temps certains esprits, soit par une pente naturelle, soit par l'expérience acquise, ont été amenés à prêter ou à reconnaître aux misères de l'existence une prépondérance qui constitue la base du pessimisme.

Chez les hommes d'action, alors même qu'ils rencontrent des obstacles à leurs desseins, alors même qu'ils s'y brisent cruellement, l'énergie suffit, le plus souvent, à écarter le pessimisme. Par contre, les littérateurs et les poètes, ceux qui par métier raffinent leurs pensées et analysent leurs sentiments, échappent difficilement, de nos jours, à son influence. Une mélancolie douloureuse, une sorte de malaise intellectuel et moral empruntant des formes diverses aux tempéraments individuels, caractérise chez eux ce qu'on a appelé « la maladie du siècle. »

Longue serait la liste de ceux qui en ont été plus ou moins atteints. Combien ont reconnu leur propre pensée dans ce gémissement de Musset :

Je suis venu trop tard dans un monde trop vieux.

Combien ont applaudi Byron faisant en quatre vers le bilan de la vie pour lui préférer le non-être :

> Count o'er the joys thine hour have seen
> Count o'er thy days from anguish free;
> And know, whatever thou hast been,
> Tis something better not to be (1).

Ecoutez Lamartine, il nous montre Dieu qui, aux premiers jours « d'un pied dédaigneux, lance le monde dans l'espace » et lui dit : « Va, je te livre à ta propre misère. »

> Il dit : comme un vautour qui plonge sur sa proie,
> Le malheur à ces mots, pousse en signe de joie
>   Un long gémissement.
> Et pressant l'univers dans sa serre cruelle,
> Embrasse pour jamais de sa rage éternelle
>   L'éternel aliment.
>
> Le mal dès lors régna dans son immense empire ;
> Dès lors tout ce qui pense et tout ce qui respire
>   Commença de souffrir ;
> Et la terre, et le ciel, et l'âme et la matière,
> Tout gémit ; et la voix de la nature entière
>   Ne fut qu'un long soupir.

De tout temps l'exagération a été permise aux poètes ; leur lyre résonne diversement au souffle du vent qui passe. Lamartine parle ailleurs un tout autre langage : « Mon Dieu ! j'ai souvent regretté d'être né ! j'ai souvent désiré reculer jusqu'au néant, au lieu

---

(1) Compte les heures de joie, compte les jours libres d'angoisse, et, quoi que tu aies été, reconnais qu'il y a quelque chose de mieux — ne pas être.

d'avancer à travers tant de mensonges, tant de souffrances et de pertes successives, vers cette perte de nous-mêmes que nous appelons la mort ! Cependant même dans ces moments où le désespoir l'emporte sur la raison, et où l'on oublie que la vie est un travail imposé pour nous achever nous-mêmes, je me suis toujours dit : Il y a quelque chose que je regretterais de n'avoir pas goûté, c'est le lait d'une mère, c'est l'affection d'un père, c'est cette parenté des âmes et des cœurs avec des frères, ce sont les tendresses, les joies et même les tristesses de la famille. »

Illusions que tout cela, ruses et fourberies de la nature, dira le pessimiste.

« Ah ! répond Lamartine, le chef-d'œuvre de Dieu, c'est d'avoir fait que ses lois les plus conservatrices de l'humanité fussent en même temps les sentiments les plus délicieux de l'individu ! Tant qu'on n'aime pas, on ne comprend pas (1) ! »

Lamartine ne peut plus être rangé parmi les pessimistes de race ou de raisonnement ; il sent, avec sa nature délicate, la haute moralité de la vie, il sait que la douleur est une conséquence de la liberté. « La vie, dit-il, en parlant de son enfance, la vie avait écrit bonheur, force et santé sur tout mon être. Le temps, l'éducation, *les fautes, les hommes,* les chagrins l'ont effacé, mais je *n'en accuse qu'eux et moi* surtout. »

La vivacité de l'impression du moment peut bien encore lui arracher des cris de douleur, son éloquence peut bien donner à ces cris un éclat qui fait

(1) Confidences, I.

illusion, malgré ses rêves de poète, Lamartine voit le monde avec les yeux du bon sens, tel qu'il est, mélange de maux et de biens et quand il ose aborder en face cette redoutable énigme de la douleur, l'intuition de son génie lui en livre le secret. Il l'avait comme deviné, le poète qui a écrit ces beaux vers :

> Tu fais l'homme, ô Douleur! oui l'homme tout entier,
> Comme le creuset l'or, et la flamme l'acier,
> Comme le grès noirci des débris qu'il enlève,
> En déchirant le fer, fait un tranchant au glaive ;
> Qui ne t'a pas connu ne sait rien d'ici-bas.....
> Je sens . . . .
> Que tu n'es pas la mort de l'âme, mais sa vie (1).

On pourrait trouver des pensées de ce genre, des ressouvenirs chrétiens acceptés ou subis, chez plusieurs de nos poètes modernes. Ceux-là seuls songeront à s'en étonner qui ignorent combien il est difficile de rompre avec des siècles de christianisme, qui oublient que les ancêtres de tel poète incrédule ont été successivement des martyrs, des croisés, des croyants. L'âme la plus moderne, développée par la culture la plus savante ne peut pas, quoi qu'elle fasse, supprimer ces racines par lesquelles elle se rattache au passé. De là ces soubresauts douloureux dans des esprits qui ne croient plus et qui, en même temps, souffrent de ne plus croire. Nous étudierons cette source de pessimisme si largement ouverte de nos jours, nous verrons les tris-

---

(1) Septième harmonie poétique publiée en 1830. Œuvres de Lamartine, Paris, Josselin, 1832, t. III, p. 170.

tesses qui en découlent, s'insinuer dans les cœurs
es plus fermes, trahir leur présence par les manifestations les plus diverses, inspirer même de beaux vers. Mais il faut se garer de toute exagération. On dit que certains étudiants de médecine, à mesure qu'ils s'appliquent à pénétrer les symptômes des différentes maladies, non seulement les supposent chez tous ceux qu'ils rencontrent, mais s'imaginent même les ressentir dans leur propre organisme cependant vigoureux et sain. Une illusion semblable se produirait facilement dans les études psychologiques. Elle se trouve singulièrement favorisée par le caractère subjectif de l'art contemporain, par la complaisance avec laquelle l'artiste initie aujourd'hui le public à toutes ses émotions les plus intimes. De là, dans les œuvres modernes, cette place très large faite aux peintures douloureuses toujours plus frappantes d'ailleurs que la peinture du bonheur. Si l'on ne se tenait en garde, après avoir sondé cette plaie du pessimisme, on se prendrait volontiers à voir partout ses ravages.

Au vrai, le pessimisme est dans l'air, nous vivons en un temps de crise qui, pour mille raisons et de mille manières, engendre un découragement profond. Quelques-uns résistent mieux à ces influences, tous les subissent. Mais, pour avoir comme d'autres broyé parfois du noir sur leur palette, tous les poètes modernes ne sont pas des adeptes du pessimisme.

Ce n'est pas à dire que cette sombre doctrine ne puisse justement réclamer aucun d'eux comme son précurseur en ce siècle. Pour le prétendre il faudrait oublier Léopardi (1), un vrai poète celui-là, le plus grand poète peut-être que l'Italie ait eu depuis le Dante.

Dans sa jeunesse, il demanda d'abord ses inspirations à la muse chrétienne, puis au patriotisme; mais il vit bientôt la foi disparaître de son cœur et

---

(1) Déjà, avant Léopardi, Ugo Foscolo (1776-1827) avait glissé dans ses poésies (*Chant des tombeaux*, 1808) et dans un roman célèbre (*le Proscrit ou les dernières lettres de Jacques Ortis*, 1802), en le recouvrant du charme de l'art et de la passion, le plus désolant scepticisme. Franchement sensualiste il enseignait que l'illusion seule jette quelque baume sur les plaies toujours saignantes de la vie, et que le jour où l'illusion est perdue, il ne reste plus à l'homme, en face de la triste réalité des choses, que le désespoir et la mort. Jacques Ortis, son héros, est un jeune homme qui, après avoir perdu sa patrie, perd encore une amante dont il n'a pu obtenir la main et froidement désespéré se suicide. Les doctrines de Foscolo sont loin cependant de présenter le caractère de rigidité absolue de celles de Léopardi ; l'inspiration pessimiste chez Foscolo est moins profonde et surtout moins continue ; dans ses *Discours sur la langue italienne*, il explique, par le besoin de l'infini qui agite le cœur de l'homme, le vide immense que la réalité ne saurait combler. Il semble même croire en Dieu et admettre sa providence quand il fait dire à Jacques Ortis, dans sa dernière lettre : « Si le père des hommes m'appelait pour lui rendre compte de mes actions, je lui montrerais des mains qui ne sont point teintes de sang et un cœur pur de toute souillure. »

Du reste on peut reprocher à Foscolo le peu de fixité de ses principes, sa vie dissolue et son amour du jeu. Dans son exil, après 1815, il subit l'influence de la réaction qui se produisait alors et l'on entendit l'apologiste du suicide, l'adversaire de toute croyance religieuse ou seulement spiritualiste, affirmer la nécessité de la religion catholique et supplier l'Italie « de vouloir jusqu'à la dernière goutte de son sang, que le pape souverain, le suprême protecteur de la religion de l'Europe, prince élu et italien, ne continuât pas seulement d'exister et de régner, mais encore qu'il régnât toujours en Italie, défendu par les italiens. »

Voir G.-G. Gervinus, prof. à l'université de Heidelberg, *Histoire du dix-neuvième siècle depuis les traités de Vienne*, traduite par G.-F. Minssen, t. II, p. 173 et suivantes.

la plupart de ses poésies datent précisément de cette époque de sa vie où le pessimisme le plus absolu avait envahi son âme vide de toute croyance et de tout espoir. Ce scepticisme navrant est la source même de ses plus hautes pensées, son cœur ferme dans son désespoir fait de son infortune son inspiration et Léopardi, avec sa théorie de l'*infelicita*, est vraiment le poète de la douleur. A ce titre, il mérite de retenir quelques instants notre attention.

Giacomo Léopardi est né à Recanati, dans la marche d'Ancône, le 29 juin 1798. Il reçut, par les soins de son père, une éducation littéraire très complète; les incroyables qualités de son esprit, son amour du travail, son étonnante facilité donnèrent à ses études, auxquelles présida d'abord un prêtre, ami de la famille, des allures inaccoutumées. Ainsi, c'est presque seul qu'il apprit le grec, dévorant tous les textes que lui offrait la riche bibliothèque de son père. A seize ans, il corrigeait la vie de Plotin par Porphyre, et à dix-neuf, il publiait dans le *Spectateur* deux odes grecques, de sa façon, qu'il donnait comme provenant d'un manuscrit nouvellement découvert; ces pastiches firent un instant illusion et passèrent pour œuvre d'Anacréon.

Pendant sa jeunesse, Léopardi resta fidèle aux croyances qu'il avait reçues de ses parents. Un *Essai sur les erreurs populaires des anciens*, composé par lui en 1815, se termine par une prière touchante, une sorte d'élévation de l'âme remerciant Dieu de lui avoir donné la foi et renfermant comme un pressentiment du naufrage dans lequel devaient bientôt sombrer toutes ses espérances chrétiennes.

« Religion très aimable, il est doux pourtant de pouvoir terminer, en parlant de toi, un travail qui a été entrepris en vue de faire quelque bien à ceux qui recueillent tes bienfaits de chaque jour; il est doux de pouvoir, d'une âme ferme et assurée, conclure qu'il n'est point vraiment philosophe celui qui ne te suit ni ne te respecte, et que te respecter et te suivre, c'est être par là même assez philosophe... Tu vivras toujours et l'erreur ne vivra jamais avec toi. Lorsqu'elle nous assaillira, lorsque essayant de couvrir nos yeux d'une main ténébreuse, elle menacera de nous entraîner dans les abîmes entr'ouverts sous nos pieds par l'ignorance, nous nous tournerons vers toi et nous trouverons la vérité sous ton manteau.

« L'erreur fuira comme le loup de la montagne poursuivi par le pasteur, et ta main nous conduira au salut. »

Comment Léopardi, après avoir écrit ces lignes, après avoir jeté sur des feuilles qui ont été pieusement conservées, les esquisses d'une série d'hymnes chrétiennes au Rédempteur, aux apôtres, au Créateur, à Marie, comment est-il arrivé aux désolantes doctrines du scepticisme absolu? C'est vers 1820 que se produisit cette douloureuse conversion, et un littérateur éminent, dont il admirait beaucoup le caractère et le talent, semble ne pas y être resté étranger (1). Quelle qu'ait été la cause de l'ébranlement, les conséquences en furent profondes et définitives, la rupture fut complète.

---

(1) V. l'abbé Gioberti, *Theorica del Savorannaturale*, 1838, p. 390.

Les canzones patriotiques de Léopardi sont un peu antérieures à cette date importante de sa vie (1); elles respirent un profond amour pour l'Italie, mais un amour sans espoir. Le poëte aime son pays, gémit de ses maux et son gémissement est d'autant plus douloureux que, malgré le réveil qui se produisait alors au delà des monts, seul peut-être il ne partage pas les espérances de ses concitoyens, il n'a pas foi dans l'avenir, il ne croit pas à la délivrance (2).

(1) Les deux premières *à l'Italie* et *sur le monument du Dante*, parurent à Rome, en 1818, la troisième, *à Angelo Mai*, fut imprimée, à Bologne, en 1820.

(2) Voici quelques lignes de sa première canzone à l'Italie :

« O ma patrie, je vois les murs et les arcs, et les colonnes et les statues, et les tours désertes de nos aïeux, mais la gloire je ne la vois pas, je ne vois ni le laurier, ni le fer dont étaient chargés nos pères d'autrefois. Maintenant désarmée tu montres ton front nu et nue ta poitrine. Hélas! que de blessures, quelles plaies livides, que de sang! Oh! dans quel état te vois-je, ô très belle Dame!...

« Si mes yeux étaient deux sources vives, je ne pourrais assez pleurer pour égaler ton malheur et encore moins ta honte, parce que tu étais maîtresse et que tu n'es plus qu'une pauvre servante. Quel est celui qui, parlant ou écrivant de toi, ne dise au souvenir de ton renom passé : En voilà une qui fut grande et qui ne l'est plus? Pourquoi, pourquoi? Où est la force antique, où sont les armes, la valeur et la constance? qui t'a pris l'épée à ta ceinture? qui t'a trahie?...

« Où sont tes fils? j'entends le son des armes et des chars, et des voix et des timbales; dans les contrées étrangères tes fils combattent. Attention Italie! prête l'oreille. Je vois ou crois voir tout un flot de fantassins et de cavaliers, fumée et poussière, et briller les épées comme les éclairs dans la nue. Et tu te tais et tu pleures, et tu n'as pas même la force de tourner ton tremblant regard vers la lutte douteuse. Pour qui donc combat dans ces champs la jeunesse italienne? O dieux, ô dieux! les glaives italiens combattent pour la terre étrangère. O malheureux qui tombe à la guerre non point pour la défense des rivages paternels, pour la pieuse compagne et les

Léopardi avait perdu ses croyances religieuses, non seulement il ne croyait plus aux dogmes précis de la religion catholique, mais il avait perdu en même temps toute croyance, même philosophique, pour tomber dans un scepticisme absolu. Ce que son cœur ardent, fait pour l'action, dut souffrir, il est impossible de l'imaginer. Mais Léopardi est un désespéré courageux, son âme est une âme antique et ses vers désolés ne laissent voir de sa douleur que ce que veut en révéler sa fermeté toute romaine.

Et cependant tout l'accable; à un âge où d'autres sortent à peine des études qui préparent la vie, il est déjà célèbre par son érudition (1); un avenir brillant s'ouvre devant lui, son infatigable ardeur au travail le convie à de nouveaux succès, presque aussitôt une santé délicate d'abord, bientôt ruinée, le condamne à une intolérable inaction; une difformité physique vient altérer l'équilibre de son corps, les déchirements du doute ravagent son âme; ses opinions nouvelles empoisonnent sa vie. Le voilà exposé aux malveillances et aux moqueries des petites gens de Recanati, obligé de dévorer le chagrin d'une rupture avec un père irrité qui lui refuse tout subside et le laisse impitoyablement aux prises avec les difficultés d'une existence besogneuse. Il travaille pour vivre et le confident indirect de ses misères n'ose

fils chéris, mais frappés de la main d'ennemis qui ne sont pas les siens, pour le compte d'autrui, et qui ne peut dire en mourant : Douce terre natale, la vie que tu m'as donnée, la voici, je te la rends ! »

(1) Léopardi se livra d'abord aux études philologiques. Son édition de Plotin, ses travaux sur Dion Chrysostôme, Denis d'Halicarnasse, Eusèbe, etc., suffiraient à sauver son nom de l'oubli.

pas s'y arrêter, il excuse son silence en disant :
« Les détails précis qu'on pourrait donner sur certains instants de détresse de ce noble cœur seraient trop pénibles. »

Nous trouvons la sereine expression de son malheur, de la partie du moins qu'il lui plaît d'en révéler à un public ami, dans la touchante préface écrite en 1830, pour une édition de ses poésies :

« Mes chers amis, c'est à vous que je dédie ce livre, où je cherchais, comme on le cherche souvent par la poésie, à consacrer ma douleur, et par laquelle à présent (et je ne puis le dire sans larmes) je prends congé des lettres et de l'étude.

« J'avais espéré que ces chères études soutiendraient un jour ma vieillesse, et je croyais après la perte de tous les autres plaisirs, de tous les autres biens de l'enfance et de la jeunesse, en avoir acquis un du moins qu'aucune force, qu'aucun malheur ne pourrait enlever ; mais j'avais vingt ans à peine quand, par suite de cette maladie de nerfs et de viscères, qui me prive de l'usage de la vie et ne me donne même pas l'espérance de la mort, ce cher et unique bien de l'étude fut réduit pour moi à moins de moitié ; depuis lors, et deux ans avant l'âge de trente ans, il m'a été enlevé tout entier, et sans doute pour toujours... Je ne sais plus me plaindre, mes chers amis ; la conscience que j'ai de la grandeur de mon infortune ne comporte pas l'usage des paroles. J'ai tout perdu ; je suis un tronc qui sent et qui pâtit. Sinon que, pour consolation en ces derniers temps, j'ai acquis des amis tels que vous..., votre amitié me suivra, et peut-être la conserverai-je après que mon corps, qui déjà ne vit plus, sera devenu poussière. Adieu. »

Un an après, Léopardi écrivait de Rome à M. de Sinner, devenu son ami : « Je retournerai certainement à Florence à la fin de l'hiver pour y rester autant que me permettront mes faibles ressources déjà près de s'épuiser : lorsqu'elles viendront à manquer, le détestable et inhabitable Recanati (*abberrito e inabitabile Recanati*) m'attend, si je n'ai pas le courage (que j'espère bien avoir) de prendre le seul parti raisonnable et viril qui me reste (1). »

Dans la disposition d'esprit où se trouvait Léopardi, ne croyant plus à rien, il n'est hélas! pas possible de se méprendre sur sa pensée; le suicide, le suicide païen lui apparaissait comme le seul parti raisonnable et viril. Ce sont ses propres confidences qui nous ont révélé son funeste dessein et nous connaissons assez sa fermeté stoïque pour ne pas attribuer à un manque de courage l'heureuse inconséquence qui permit à la mort de terminer, à l'heure marquée par la providence les tristes jours du poète. S'est-il souvenu du cinquième commandement de Dieu? *Non occides?* Les convictions disparues ont-elles laissé quelques scrupules derrière elles? Il est permis de le supposer, car on ne rompt pas facilement avec des dogmes librement acceptés et la correspondance avec M. de Sinner renferme sinon une affirmation bien positive, du moins comme une indication de la possibilité d'une vie au delà du tombeau. « Adieu, mon excellent ami, j'éprouve un

---

(1) Lettre du 24 décembre 1834, en italien.

continuel et bien vif désir de vous embrasser, mais comment et où le pourrai-je satisfaire? je crains fort que ce ne soit seulement κατ' ἀσφοδελὸν λειμῶνα (le long de la prairie d'asphodèle) (1). » Pure réminiscence de lettré, dira-t-on peut-être. Et pourquoi! il serait si doux pour un admirateur de Léopardi de pouvoir espérer que son scepticisme n'avait pas en réalité aboli, chez lui, aussi entièrement qu'il le croyait, les éternelles vérités.

En étudiant la sombre mélancolie de Léopardi, il est impossible à qui connaît ses infortunes de ne pas être tenté d'en chercher la cause dans ces infortunes elles-mêmes. Malgré soi, on se prend à penser que moins malheureux il aurait vu le monde sous un autre angle; il aurait eu sans doute comme d'autres des jours de tristesse, mais aurait-il encore été le chantre de la douleur? Moins durement traité par la fortune qui semble avoir voulu épuiser sur lui tous ses coups, fût-il arrivé au scepticisme et par lui au pessimisme absolu? Il est certain que l'absence de toute prétention dogmatique dans ses écrits et son aversion pour l'esprit de système, contribuèrent à faire attribuer, même de son vivant, aux circonstances accidentelles de sa vie, une influence prépondérante sur ses doctrines (2).

Ces suppositions si naturelles blessèrent cruelle-

---

(1) Lettre du 22 décembre 1836. V. Homère, *Odys.*, liv. XI, v. 573.
(2) On trouve un éloquent écho de cette pensée dans une ode de Mme Fuà-Fusinato, la belle *poetessa* de Venise (*Ode a Leopardi*). Elle aussi, protestant contre le dédain de Léopardi pour les femmes, cherche dans l'existence infortunée du poète « *re del dolore* » une excuse à ses négations et à son pessimisme. « Hélas! s'écrie-t-elle, jamais femme ne sembla t'aimer de cet amour suprême dont la

ment l'âme droite de Léopardi, il les ressentit comme une injure à sa loyauté et quand elles trouvèrent un écho dans un journal de Stuttgart, l'*Hesperus*, ce fut pour lui un malheur de plus. Dans une lettre du 24 mai 1832, après avoir remercié en italien M. de Sinner de l'envoi des numéros de l'*Hesperus*, tout à coup, comme pour donner à sa pensée plus de retentissement et plus de netteté, il fait, en français, la fière protestation que voici : « Quels que soient mes malheurs qu'on a jugé à propos d'étaler et que peut-être on a un peu exagérés dans ce journal, j'ai eu assez de courage pour ne pas chercher à en diminuer le poids, ni par de frivoles espérances d'une prétendue félicité future inconnue, ni par une lâche résignation. Mes sentiments envers la destinée ont été et sont toujours ceux que j'ai exprimés dans *Bruto minore*. Ç'a été par suite de ce même courage, qu'étant amené par mes recherches à une philosophie désespérante, je n'ai pas hésité à l'embrasser tout entière ; tandis que, de l'autre côté, ce n'a été que par l'effet de la lâcheté des hommes, qui ont besoin d'être persuadés du mérite de l'exis-

---

vaine attente berça tes jeunes ans, et dont la soif ardente et inassouvie ne s'éteignit qu'avec toi. Toujours seul, toujours incompris, tu demandes vengeance à la muse indignée, et toute femme qui ouvre ton sublime recueil se sent abîmée sous le flot de ta verve implacable.

« Mais nous sommes devenues meilleures en te lisant ; chaque fois que nous pensons à toi, nous sentons redoubler notre pitié pour tous les êtres que la nature a traités en marâtre et nous cherchons à alléger leurs souffrances. Si tu nous contemples du haut des cieux, alors que nous tendons une main secourable à ces infortunés, donne-nous le salaire de nos pleurs en nous accordant un de ces sympathiques sourires que te refusèrent les femmes de ton temps. »

tence, qu'on a voulu considérer mes opinions philosophiques comme le résultat de mes souffrances particulières et que l'on s'obstine à attribuer à *mes circonstances matérielles* ce qu'on ne doit qu'à mon entendement (1). Avant de mourir, je veux protester contre cette invention de la faiblesse et de la vulgarité et prier mes lecteurs de s'attacher à détruire mes observations et mes raisonnements plutôt que d'accuser mes maladies. »

J'ai tenu à laisser Léopardi parler lui-même. J'ai interrogé sa correspondance, ses préfaces, espérant qu'elles nous livreraient, plus sûrement encore que ses vers, les véritables secrets de sa pensée. Il faut cependant parler brièvement de ses œuvres.

Nous n'avons pas ici à apprécier leur mérite littéraire, et je le regrette. La pureté d'une langue toute classique, l'harmonie d'un rhythme savant qui prodigue toutes les richesses de sonorité de l'italien, sans jamais rien enlever à la précision de la pensée (2), tout serait à louer, tout serait à étudier dans

---

(1) Dans la préface de la canzone sur le monument du Dante, Léopardi, après avoir rappelé le mot de Pétrarque : *Ed io son un di quei che il planger giova* (Moi aussi je suis de ceux qui se plaisent à la plainte), ajoute : « Je ne dirai pas que la plainte soit ma nature propre, mais une nécessité du temps et de la fortune. »

(2) Voici comment Alfred de Musset parle de Léopardi, dans une pièce intitulée *Après une lecture*, Revue des Deux Mondes 15 novembre 1842 :

O toi qu'appelle encor la patrie abaissée,
Dans ta tombe précoce à peine refroidi,
Sombre amant de la mort, pauvre Léopardi,
Si, pour faire une phrase un peu mieux cadencée,
Il t'eût fallu toucher à ta pensée,
Qu'aurait-il répondu ton cœur simple et hardi ?

les vers de Léopardi. Mais ce qui importe ici, c'est surtout la pensée philosophique qui inspire ces poésies et, tout en reconnaissant que dans son œuvre il y a des pièces d'une mélancolie gracieuse, il faut convenir qu'un sentiment de tristesse profonde se retrouve partout dans ses écrits et y prend le plus souvent un caractère énergique, farouche, parfois brutal et inattendu, comme si le poète profitait de toutes les circonstances, de toutes les impressions de son âme pour poursuivre l'implacable démonstration pratique de l'incurable misère de ce monde de douleur. Il observe l'univers, en scrute curieusement tous les maux, les notant sans relâche et ne se lassant jamais de mettre en relief le triste résultat de ses recherches.

Ne lui demandez pas l'exposition patiente et méthodique d'un système, ne cherchez pas dans ses œuvres l'explication de *l'infélicité* qui pèse sur le monde. Aux yeux de Léopardi, c'est un fait, un fait démontré par l'expérience; il en accepte les conséquences avec une morne résignation. Son système,

> Telle fut la vigueur de ton sobre génie,
> Tel fut ton chaste amour pour l'âpre vérité,
> Qu'au milieu des langueurs du parler d'Ausonie,
> Tu dédaignas la rime et sa molle harmonie,
> Pour ne laisser vibrer sur ton luth irrité
> Que l'accent du malheur et de la liberté.

L'observation relative à la rime n'est pas exacte de tous points. La rime joue au contraire un rôle très savant dans les canzones de Léopardi où elle apparaît de temps en temps à des intervalles habilement calculés ; mais Musset n'en a pas moins touché juste en louant la précision avec laquelle le poète exprime toujours sa noble pensée et c'est pour cela que nous citons son appréciation qui montre que, dès 1842, Léopardi était tenu en haute estime par les rares lecteurs français qui connaissaient ses œuvres.

c'est de n'en point avoir, sa supériorité, c'est son silence sur les principes métaphysiques. Pour lui, la certitude de l'incurable malheur de l'humanité remplace les croyances évanouies. L'impérieux besoin de faire accepter ses douloureuses conclusions par ceux-là mêmes auxquels elles répugnent le plus, donne à ses œuvres une âpreté savoureuse, une profondeur inattendue, et en parcourant ces pièces nombreuses où il poursuit, sans se répéter jamais, la démonstration de notre misère, on ne sait ce qu'il faut admirer le plus de l'habileté du poète ou de l'énergie de ses convictions.

D'autres se répandent en imprécations, maudissent leur sort et s'en prennent à tous de leur malheur. Léopardi a plus de fierté ; bien convaincu de son infortune, désespéré autant qu'on peut l'être, il reste debout, sans vaine bravade, mais sans faiblesse et ce spectacle, à la fois imposant et touchant, explique la douloureuse sympathie dont on se sent pris pour le poète. On ne peut pas dire qu'il lutte contre le malheur, il le proclame invincible. On ne peut pas dire qu'il le brave ; il ne s'y résigne pas cependant dans le sens moral du mot ; mais frappé plus que personne par la douleur sous toutes ses formes, il a le courage de voir en face tous ses maux, de mépriser ce qu'il considère comme les vaines consolations d'un optimisme de commande ; l'immensité de ses infortunes, la faiblesse de ce malade tordu par la douleur, voilà les éléments qui dramatisent sa poésie et l'élèvent parfois aux plus sublimes beautés (1).

(1) « Je me réjouis de découvrir de plus en plus la misère des hommes et des choses, de les toucher de la main et d'être saisi d'un

Il compose un épithalame à l'occasion des noces de sa sœur Paolina, on y lit ces mots : « Tu auras des fils malheureux ou lâches, préfère les malheureux ! » Dans un hymne pindarique à un jeune homme vainqueur dans le jeu du ballon, qui passionnait alors en Italie, après les louanges d'usage, il évoque le souvenir amer des humiliations de la patrie : « La saison est passée, personne aujourd'hui ne s'honore d'une telle mère. Mais pour toi, ô jeune homme ! élève là-haut ta pensée. A quoi notre vie est-elle bonne, sinon à la mépriser ? »

Chante-t-il le *printemps*, c'est le regret des illusions à jamais évanouies qui se présente à son esprit : « Hélas ! hélas ! puisque les chambres d'Olympe sont vides et que l'aveugle tonnerre, en errant aux flancs des noires nuées et des montagnes, lance à la fois l'épouvante au sein de l'innocent et du cou-

---

frisson glacé à mesure que je fouille les secrets maudits et terribles de la vie » *Giorduni Epistolario*, I, p. 352-353. Dans une pièce intitulée *A se stesso* (à lui-même), Léopardi s'écrie : « O mon cœur, repose-toi pour toujours, tu as assez palpité. Aucune chose ne mérite tes battements, la terre n'est pas digne de tes soupirs. La vie est amère et sombre, d'ailleurs elle n'est toujours qu'un néant ; le monde est une fange, calme-toi maintenant : Désespère à jamais. Pour notre espèce, le destin n'a que la mort. Et maintenant dédaigne la nature et ce pouvoir brutal qui caché impose un mal commun et l'infinie vanité de tout. »

Ailleurs il écrit : « tout autour de nous passe, une chose seulement est certaine, c'est que la douleur persiste », et ces deux vers semblent être la conclusion de son désanchantement :

Mai non veder la luce
Era, credo, il miglior.

Ne pas voir la lumière, ce serait je crois le meilleur.

Le mieux pour les enfants de la terre serait de n'être pas né, a dit Théognis dans ses élégies, v. 425.

pable, puisque le sol natal, devenu étranger à sa race, ne nourrit que des âmes contristées, c'est à toi d'accueillir les plaintes amères et les indignes destinées des mortels, ô belle nature, à toi de rendre à mon esprit l'antique étincelle, si toutefois tu vis, et s'il existe telle chose dans le ciel, si telle chose sur la terre féconde ou au sein des mers, qui soit, oh ! non pas compatissante à nos peines, mais au moins spectatrice ! (*pietosa no, ma spettatrice almeno!*) »

Pour avoir une idée de l'originalité du talent de Léopardi, il ne faut pas oublier le livre dans lequel il a recueilli, en 1827, sous le titre *d'operette morali*, diverses œuvres en prose publiées dans différents journaux ou recueils. Il y a des contes pleins d'une amère ironie, des dialogues d'un tour saisissant.

Le grand anatomiste Ruysch est éveillé par un bruit étrange. Les momies de sa collection sont sorties vivantes de leurs boîtes séculaires et se livrent, dans son cabinet, à une danse échevelée tout en chantant les louanges de la mort. Ruysch, malgré toute sa science, a peur ; il entre cependant et gourmande ses morts : « Mes enfants, à quel jeu jouez-vous? ne vous souvenez-vous plus que vous êtes mort? que signifie ce tintamarre? » Une des momies prend alors la parole et lui explique qu'il s'agit de fêter la grande année mathématique par un sabbat de circonstance qui ne doit plus durer qu'un quart d'heure. Sans perdre de temps, Ruysch, en homme avisé, essaie d'employer ces quelques minutes à obtenir de ses momies des renseignements sur tout ce qu'un mort doit pouvoir apprendre à un vivant. Mais soit malice, soit fatalité, le quart d'heure se passe avant que la curiosité du philosophe soit satisfaite ; les momies rentrent dans leurs cercueils, le calme se fait subitement dans le cabinet et le doute reste dans l'esprit du savant.

Voici maintenant en scène un marchand d'almanachs et un passant. Le marchand vante sa marchandise et en même temps l'année nouvelle, sûrement elle sera beaucoup plus heureuse que la précédente.

« — Ne vous plairait-il pas, demande le passant, que l'année nouvelle fût comme n'importe laquelle de ces dernières années? — Non, Monsieur, il ne me plairait pas. — Combien d'années nouvelles se sont écoulées depuis que vous vendez des almanachs ? — Il va y avoir vingt ans, illustrissime. — A laquelle de ces vingt années voudriez-vous que ressemblât l'année qui vient? — Moi, je ne sais pas. — Ne vous souvenez-vous d'aucune année en particulier qui vous ait paru heureuse? — Non, en vérité, illustrissime. — Et cependant, la vie est une belle chose, n'est-il pas vrai? — On sait cela. — Ne consentiriez-vous pas à revivre ces vingt ans et même tout le temps qui s'est écoulé depuis votre naissance? — Eh ! mon cher monsieur, plût à Dieu que cela se pût ! — Mais si vous aviez à revivre la vie que vous avez vécue, avec tous ses plaisirs et toutes ses peines, ni plus, ni moins? — Je ne voudrais pas. — Et quelle autre vie voudriez-vous revivre ? La mienne, celle d'un prince ou celle d'un autre ? Ne croyez-vous pas que moi, le prince ou un autre, nous répondrions comme vous, et qu'ayant à recommencer la même vie, personne n'y consentirait? — Je le crois. — Ainsi à cette condition vous ne recommenceriez pas? — Non, Monsieur, non, vraiment, je ne recommencerais pas. — Quelle vie voudriez-vous donc? — Je voudrais une vie faite comme Dieu me la ferait, sans autre condition. — Une vie au hasard dont on ne saurait rien d'avance, comme on ne sait rien de l'année nouvelle? — Précisément, oui, c'est ce que je voudrais, si j'avais à revivre, c'est ce que voudrait tout le monde. — Cela signifie qu'il n'est jusqu'à ce jour personne que le hasard n'ait traité mal. Chacun est d'avis que la somme du mal a été pour lui plus grande que celle du bien : personne ne voudrait renaître à condition de recommencer la même vie avec tous ses biens et tous ses maux. Cette vie, qui est une belle chose, n'est pas celle qu'on connaît, mais celle qu'on ne connaît pas, non la vie passée, mais la vie à venir. L'année prochaine le sort commencera à bien nous traiter tous deux et tous les autres avec nous ; ce sera le commencement de la vie heureuse. N'est-ce pas vrai? — Espérons-le. — Montrez-moi le plus beau de vos almanachs. — Voici, illustrissime, il vaut trente sous. »

Les accents désespérés de la muse de Léopardi éclatent surtout dans deux poésies célèbres : *Bruto minore* et *l'Amour et la Mort*.

Dans *Bruto minore* qui, lui-même nous l'apprend, renferme sa véritable pensée, il s'agit du vaincu des plaines de Philippes qui, après s'être percé de son épée, se serait écrié : « O vertu tu n'étais qu'un nom ! »

Voici les dernières paroles que le poëte place dans la bouche de Brutus : « O caprices du sort ! ô espèce fragile ! nous sommes la moindre partie des choses; les glèbes teintes de notre sang, les cavernes où hurle l'hôte qui nous déchire, ne sont point troublées de nos désastres et l'angoisse humaine ne fait point pâlir les étoiles.

« Je ne fais pas appel, en mourant, aux rois sourds de l'Olympe et du Cocyte, ni à l'indigne terre, ni à la nuit, je ne t'invoque point non plus, dernier rayon dans l'ombre de la mort, ô conscience de l'âge futur ! La morne fierté du tombeau se laissa-t-elle jamais apaiser par les pleurs, ou orner par les hommages et les offrandes d'une foule vile ? Les temps se précipitent et empirent, c'est à tort que l'on confierait à des neveux gâtés l'honneur des âmes fortes et la vengeance suprême des vaincus. Qu'autour de moi le sombre vautour agite en rond ses ailes; que la bête féroce serre sa proie, ou que l'orage entraîne ma dépouille inconnue, et que le vent accueille mon nom et ma mémoire. »

L'amour et la mort, cette pièce où le génie de Léopardi a réuni la grâce antique et le désespoir le plus moderne, est peut-être l'une des plus étonnantes productions de l'art contemporain.

M. Sainte-Beuve en a tenté une heureuse traduction à laquelle nous empruntons les vers suivants :

> Frère et sœur à la fois, naquirent fils du Sort,
> Eclos le même jour, et l'Amour et la Mort.
> Le monde ni le ciel n'ont vu choses si belles :
> De l'un naît tout le bien aux natures mortelles,
> Et le plus grand plaisir ici-bas départi.
>
> L'autre à son tour fait taire, apaise en souveraine
> Tout mal, toute douleur si vive qu'elle prenne.
> C'est une enfant très belle, et non point telle à voir

Que de lâches effrois la veulent concevoir.
L'enfant Amour souvent l'accompagne et l'emmène ;
Ils volent de concert sur cette route humaine,
Portant à tout cœur sage allégeance et confort.
Et cœur ne fut jamais plus sage ni plus fort
Qu'atteint d'amour : jamais mieux qu'alors il ne prise
La vie à son vrai taux, et souvent il la brise ;
Car, partout où l'amour se fait maître et seigneur,
Le courage s'implante ou renaît plein d'honneur,
Et la sagesse alors, non celle qu'on renomme,
Mais celle d'action, devient aisée à l'homme.

Lorsque nouvellement au sein d'un cœur profond
Naît un germe d'amour, du même instant, au fond,
Chargé d'une fatigue insinuante et tendre
Un désir de mourir tout bas se fait entendre.
Comment? je ne sais trop ; mais telle est, en effet,
D'amour puissant et vrai la marque et le bienfait.
. . . .
Puis quand le rude maître a pris en plein sa proie,
Quand l'invincible éclair se déchaîne et foudroie,
Combien, ô Mort, combien au pire du tourment,
Monte vers toi le cri du malheureux amant !
. . . .
Et souvent aux accents de la cloche dernière,
Aux funèbres échos de l'hymne qui conduit
Les morts sans souvenir à l'éternelle nuit,
Avec d'ardents soupirs et d'un élan sincère
Il envia celui que le sépulcre enserre.

Même l'homme du peuple, et le moindre garçon
A qui certes jamais Zénon ne fit leçon,
Même la jeune fille, humble enfant qui s'ignore,
Qui se sentait dresser les cheveux hier encore
Au seul mot de mourir, tout d'un coup enhardis,
Ils vont oser régler ces apprêts si maudits,
Méditer longuement, d'un œil plein de constance,
Le poison ou le fer, leur unique assistance ;

Et dans un cœur inculte, et du reste ignorant,
La grâce de la mort à la fin se comprend :
Tant cette grâce est vraie et tant la discipline
De l'amour vers la mort, doucement nous incline !
Souvent lorsqu'à l'excès le soupir enflammé
Ne laisse plus de souffle au mortel consumé,
Ou bien le frêle corps, mourant de ce qu'il aime,
Sous l'effort du dedans se dissout de lui-même;
Et la Mort, par son frère, en ce cas-là prévaut ;
Ou bien l'Amour au fond redouble tant l'assaut,
Que n'y pouvant tenir et fatigués d'attendre,
Le simple villageois, la jeune fille tendre,
D'une énergique main jettent leurs nœuds brisés,
Et couchent au tombeau leurs membres reposés.
Le monde en rit, n'y voit que démence ou faiblesse,
Le monde à qui le ciel fasse paix et vieillesse !

Mais aux bons, aux fervents, aux mortels généreux,
Puisse en partage échoir l'un ou l'autre des deux,
Amour ou mort, seigneurs du terrestre domaine,
O les plus vrais amis de la famille humaine,
Que nul pouvoir n'égale ou prochain ou lointain,
Et qui dans l'univers ne cédez qu'au Destin !
Et toi qu'enfant déjà j'honorais si présente,
Belle Mort, ici-bas seule compatissante
A nos tristes ennuis, si jamais je tentai
Aux vulgaires affronts d'arracher ta beauté
Et de venger l'éclat de ta pâleur divine,
Ne tarde plus, descends et que ton front s'incline
En faveur de ces vœux trop inaccoutumés !
Je souffre et je suis las, endors mes yeux calmés,
Souveraine du temps. A quelque heure fidèle
Qu'il te plaise venir m'enfermer dans ton aile,
Sois certaine de moi : toujours fier et debout,
Résistant au Destin et luttant malgré tout,
Refusant de bénir le dur fouet dont je saigne
Et de flatter la main qui dans mon sang se baigne,

> Comme fit de tout temps le vil troupeau mortel,
> Sois-en certaine, ô Mort, tu me trouveras tel ;
> Et rejetant encore toute espérance folle,
> Tout leurre où, vieil enfant, le monde se console ;
> Comptant sur toi, toi seule, et pour mon ciel d'azur
> N'attendant que le jour impérissable et sûr
> Où je reposerai ma fatigue endormie
> Sur ton sein virginal, ô la plus chaste amie !

Est-il possible de revêtir de plus de grâce une plus désolante doctrine ? et comment songer sans effroi aux conséquences pratiques auxquelles de pareilles pensées conduiraient fatalement des âmes moins noblement trempées que celle de Léopardi (1) ?

Avant de quitter cette séduisante figure, un mot encore sur les causes du pessimisme de Léopardi. Après la fière protestation du poète, ne parlons plus de ses souffrances particulières, des circonstances matérielles qui l'ont accablé. Et cependant personne ne peut se soustraire complètement aux impulsions de sa nature propre, et l'âme la plus énergique en

---

(1) La littérature italienne moderne pourrait nous fournir d'autres traces de l'influence des doctrines pessimistes. Nous en citerons deux exemples seulement.

Le chef-d'œuvre de M. Scavo, né à Palerme en 1838, mort en 1863, est incontestablement le *Carme* intitulé *il conforto*, dans lequel le poète invoque la mort avec un enthousiasme qui fait songer à Léopardi.

M. Livaditi, philosophe moraliste, a publié des *Operette morali e filosofiche* qui rappellent par la forme (et ceci est un grand éloge), comme aussi par l'inspiration, les *Operette morali* de Léopardi (voir notamment les dialogues intitulés *Erasme et la folie*, *Cuvier et un os*). Un autre de ses traités sur l'amour de la patrie porte également l'empreinte d'un scepticisme incurable qui aboutit nécessairement au pessimisme.

subit comme malgré elle l'influence secrète. Il en est de même du choc répété des événements dont la vie est faite ; tout en les dominant, le cœur le plus ferme en est ébranlé. Mais là n'est pas la véritable cause du calme désespoir dont son âme est remplie ; d'autres ont été malheureux comme lui, sans tomber dans cette désespérance qui, quoi qu'on puisse penser, reste le pire des maux. M. Sainte-Beuve, dans une très délicate étude sur Léopardi à laquelle nous avons beaucoup emprunté, émet, non sans quelques hésitations, l'explication que voici, nous la notons d'autant plus volontiers qu'elle se trouvera confirmée par la suite de cette étude : « Il semble, dit-il, que lorsqu'on se met en rapport par la croyance, par la confiance, par la prière (et encore mieux selon les rites sacrés qui sont comme des canaux établis), avec la grande âme du monde, on trouve appui, accord, apaisement. Que si la créature humaine s'en détache au contraire et ne trouve pas de raison suffisante pour croire et pour espérer, comme à la rigueur elle en a peut-être le droit, car les preuves de raisonnement laissent à désirer, elle en est à l'instant punie par je ne sais quoi d'aride et de désolé. »

Dieu seul a le droit de juger et de punir, car seul il est vérité et justice ; je ne songe qu'à pleurer sur le malheur de Léopardi. Loin de le condamner, c'est une prière pour lui que je sens monter de mon cœur à mes lèvres. Cette marque d'une amitié réelle, sa grande âme doit la comprendre, elle qui ne croyant plus en Dieu essayait, dans sa détresse, de se donner le change en croyant d'autant plus fermement à l'amitié. Mais, précisant la pensée de M. Sainte-Beuve, je n'hésite pas à voir dans l'incroyance de Léopardi la vraie cause de son pessimisme. Il procède naturellement et nécessairement du scepticisme.

Il y a des incroyants auxquels la vie ne semble pas insupportable ; certaines gens pensent si peu et, quand ils essaient de penser, se piquent si peu d'être conséquents ! Mais, en réalité, quand, après les dogmes révélés, disparaissent ces croyances à la divinité, à la vie future qui forment comme le patrimoine de l'humanité, elles laissent dans le cœur un vide affreux ; si viennent ensuite des infortunes plus qu'ordinaires, le malheureux qui a cessé de croire peut être un vaillant, une âme grande et forte, il peut employer tout son courage à se jeter à corps perdu dans cette philosophie désespérante qui seule lui paraît légitime et vraie. Il peut mettre toute sa grandeur d'âme à supporter fièrement les douloureuses conséquences de la perte de ses espérances, il peut se faire gloire de rejeter toute consolation, regarder la résignation comme une lâcheté ; mais les plus forts sont bien faibles pour un pareil rôle et quelle qu'ait été la cause de leur scepticisme, ils trouvent en lui un châtiment terrible ; Dieu les laisse seuls, inconsolés, aux prises avec le mal.

La disproportion même des combattants peut donner à la lutte je ne sais quoi de sublime, là est le secret du caractère tragique et du saisissant intérêt des œuvres de Léopardi. Mais le héros de la plus admirable tragédie meurt en nous arrachant des pleurs, il souffre en mourant et c'est de sa souffrance que naît l'intérêt même qu'il nous inspire. Nul ne saura jamais tout ce qu'a souffert Léopardi, malheureux par ses infortunes, plus malheureux encore par l'irréparable perte de tout ce qui peut consoler un malheureux en donnant un sens et, par là même, du prix à ses souffrances.

CHAPITRE III

LE PESSIMISME THÉORIQUE

A. — ARTHUR SCHOPENHAUER

Après avoir étudié, en Italie, Léopardi le poète et le chantre de la douleur, il nous faut passer en Allemagne où nous attend Schopenhauer qui en est comme le philosophe et le théoricien.

Avec sa verve satirique, Schopenhauer a comparé quelque part ceux qui s'inquiètent avant tout de la biographie d'un philosophe et d'un penseur, à des gens qui, placés devant un tableau, s'occupent plus du cadre et de sa dorure que de l'œuvre même de l'artiste. Malgré cette boutade qu'expliqueront peut-être certains détails de sa vie, nous ne pouvons pas aborder l'examen de l'œuvre si originale de Schopenhauer, sans nous demander ce qu'a été son auteur, où et comment s'est formée sa pensée. Cette étude est d'autant plus nécessaire que la conception de Schopenhauer a des racines dans le passé ; la vie de Schopenhauer éclaire la genèse de sa philosophie. Grâce aux confidences de ses amis et au zèle de ses admirateurs, cette vie n'a plus de secret pour nous (1).

C'est à Dantzick, sur les bords de la Vistule, que naquit, le 22 février 1788, Arthur Schopenhauer. Son père, Heinrick Floris Schopenhauer, était un riche négociant doué d'un esprit original et d'une gaieté humoristique, très habile d'ailleurs dans sa profession bien que ne bornant pas ses vues aux horizons étroits de sa maison de commerce. Son activité, son énergie, après avoir assuré le succès de ses spéculations, trouvaient à s'employer à la satisfaction des diverses tendances d'une intelligence très ouverte. Le négociant de Dantzick aimait le luxe, les livres, les tableaux, les voyages. A trente-huit ans, il épousa la fille d'un conseiller, Johanna Trosiener, qui avait vingt ans de moins que lui. C'était une femme bel esprit, se piquant de littérature et ayant plus d'intelligence que de cœur (2).

(1) *Arthur Schopenhauer aus personlichen Ungange dargestellt.* Leipsig, 1862, par M. Gwinner, son exécuteur testamentaire. — *Von ihm, über ihn*, Berlin, 1863, deux parties. *Ein Wort der Vortheidigung*, par E. Otto Lindner, et *Memorabilien, Briefe und Nachlasstücke*, par J. Frauenstadt. — *Hegel et Schopenhauer*, Paris, 1862, par Foucher de Careil. — Revue des Deux Mondes (15 mars 1870), *Un contemporain bouddhiste*, par Challemel-Lacour. — *Arthur Schopenhauer*, Berlin, 1871, par Asher. — *Doctor Arthur Schopenhauer, vom medecinischen Standpunkte betractet*, par Carl von Seidlitz, Dorpat, 1872. — *L'Examiner* du 16 février 1876, article sur la biographie de Schopenhauer par miss Zimmern. — *Le pessimisme* par James Sully, traduction par MM. Bertrand et Girard, chap. IV.

(2) Le chevalier Anselme Feuerbach, père du philosophe, écrit en 1815, de Weimar : « Madame la conseillère Schopenhauer, riche veuve, tient ici bureau de bel esprit. Elle parle bien et beaucoup. De l'esprit tant qu'on en veut et pas de cœur ; elle est coquette au possible et se rit à elle-même du matin au soir. Dieu me préserve d'une femme si spirituelle ! »

Deux enfants furent le fruit de cette union, une fille Adèle, et un fils Arthur, ainsi nommé par son père parce que ce nom est le même dans toutes les langues.

Arthur voyagea beaucoup et de bonne heure. A neuf ans nous le trouvons au Havre, chez un négociant; il y passa deux années. En 1803 et 1804, il parcourut la Suisse, la Belgique, la France, l'Angleterre. Il gémissait dans la maison de commerce du sénateur Genisch, à Hambourg, beaucoup plus occupé de phrénologie que du négoce qu'il eut toujours en horreur, quand son père épouvanté par la possibilité d'un revers de fortune se tua (1).

Sa veuve vint s'établir à Weimar où elle vécut dans la sérénité de cette cour optimiste dont Gœthe était le souverain, publiant des romans, des travaux d'esthétique (2), sans s'occuper beaucoup de son fils dont l'esprit inquiet et déjà chagrin n'avait aucune affinité avec le sien.

Elle consentit à lui laisser abandonner le commerce et l'envoya d'abord au gymnase de Gotha, puis à l'Université de Gœtingue (1809) où il se jeta avec ardeur dans l'étude de l'histoire, des sciences naturelles et de la médecine. En même temps, un philosophe de l'école de Kant, Schulze, l'initia à l'art

---

(1) Ce suicide est généralement considéré comme un acte de folie. On a d'ailleurs, remarqué dans la famille plusieurs cas d'affections cérébrales. La grand' mère d'Arthur Schopenhauer avait le cerveau mal équilibré, un de ses oncles était faible d'esprit, un autre à moitié fou. V. James Sully, *le pessimisme*, tr. p. Bertrand, p. 72.

(2) On a d'elle une monographie sur Jean van Eyck et plusieurs romans dont un notamment intitulé *Gabrielle* a eu un certain succès.

de penser en le familiarisant surtout avec les œuvres de Platon et de Kant.

Nous le retrouvons en 1811, à Berlin, où les leçons de Fichte furent pour lui une déception, en 1813 à Iéna, où il soutint sa thèse de doctorat sur la quadruple racine du principe de la raison suffisante (1). Schopenhauer, qui prétendait ne s'être jamais contredit, attachait un certain prix à cet ouvrage, il aimait à le citer. On y sent une réaction contre la tendance à l'unité dont abusaient Fitche et Hégel, mais Schopenhauer abuse à son tour de la tendance inverse et aboutit à une inutile complication. Il est facile de se convaincre, en effet, que les quatre formes de raison suffisante distinguées par lui comme absolument irréductibles, 1° la raison suffisante logique, 2° la causalité (*ratio sufficiens fiendi*), 3° la motivation et 4° la raison suffisante de l'essence (*ratio sufficiens essendi*), peuvent aisément se ramener au seul principe de causalité, à la *ratio sufficiens fiendi*.

Une fois docteur, Schopenhauer revint à Weimar où habitait sa mère; la citation suivante empruntée à une lettre de celle-ci va nous apprendre comment, à cette date, elle jugeait son fils et pourquoi elle refusait de le loger sous son toit : « Tu n'es pas méchant, lui écrivait-elle, tu as de l'esprit, mais tu es insupportable. Toujours contredisant, jugeant, blâmant, critiquant, tranchant sur tout, voulant régenter tout le monde, te mêlant de tout, toujours en

---

(1) *Ueber die vierfache Wurzel des Stazes von zureichenden Grunde*, Rudolstadt, 1813, 2° édit. Frankfort, 1847.

dispute avec quelqu'un ou quelque chose, toujours maussade, toujours geignant, tu trouves des défauts partout excepté chez toi, tu t'ériges en grand juge de ta sœur et de ta mère, tu as un ton d'oracle, tu me fais des scènes perpétuelles pour rien; la dernière fois que tu es venu me voir, je n'ai respiré qu'après ton départ. J'en ai assez et je suis résolue à ne pas recommencer cette vie-là.

« Mon cher Arthur, il est nécessaire pour mon bonheur de te savoir heureux, mais non d'en être témoin. Si tu veux venir à Weimar, qu'il soit bien entendu que tu ne logeras pas chez moi. Tu pourras venir dîner à une heure, mais tu t'en iras avant trois heures. Tu pourras aussi venir à mes soirées deux fois par semaine et souper ces jours-là avec nous; mais tu n'oublieras jamais que tu es chez moi en visite et que tu n'as ni ordres à donner, ni observations à faire.

« Quand je donnerai de grands dîners, je t'inviterai volontiers, à condition que tu t'abstiendras de te disputer avec mes invités et de gémir sur la sottise du monde et la misère de l'humanité. Tu ennuies les gens et cela me donne toujours de mauvais rêves; j'aime à bien dormir. »

Cette mère qui aime à bien dormir ne montre pas, pour son fils, un cœur très tendre, mais il faut avouer que le jeune pessimiste mal élevé, auquel elle impose si durement ses étranges conditions, est un produit aussi peu sympathique que possible de l'éducation cosmopolite.

Quoi qu'il en soit, à Weimar, Schopenhauer fut naturellement introduit dans le cercle qui gravitait autour de Gœthe. Son court passage dans ce brillant milieu exerça sur son esprit des influences durables. C'est là qu'il se prit d'enthousiasme pour la religion et la philosophie de l'Inde (1) ; l'orientaliste Frédéric Majer l'initia aux mystères du *nirvâna* et jeta dans son esprit des idées que son pessimisme adopta volontiers et tenta de s'assimiler. D'un autre côté, les amours du grand poète ne furent pas sans contribuer à lui faire envisager l'amour comme un simple besoin physiologique.

On retrouve enfin l'influence directe de Gœthe dans un traité *de la vision et des couleurs* (2) qu'il publia pendant son séjour à Dresde où il vécut de 1814 à 1816, étudiant les arts et les femmes « autre-

---

(1) « J'ai eu le bonheur, dit-il, d'être initié aux *Védas*, dont l'entrée m'a été ouverte par les *Upanishads*, grand bienfait à mes yeux ; car, ce siècle est, suivant moi, destiné à recevoir de la littérature sanscrite une impulsion égale à celle que le xvie a reçue de la renaissance des Grecs. » Et ailleurs : « Dans ces cinquante dernières années, trois choses ont agi sur nous ; la philosophie de Kant, les progrès incomparables des sciences physiques, qui font que dans la vie de l'humanité les époques antérieures ne sont plus, en face de la nôtre, qu'une enfance, enfin le commerce des livres sanscrits, du brahmanisme et du bouddhisme, ces deux religions les plus antiques et les plus répandues qu'ait eues l'humanité, c'est-à-dire les premières de toutes au regard du temps et de l'espace ; elles furent même la religion primitive et nationale de notre propre race, car, on le sait, nous venons d'Asie ; aujourd'hui, dans notre nouvelle patrie, nous recevons une seconde génération. » *Le fondement de la morale*, Ueber des Fundament der Moral, traduction de A. Burdeau, Paris, 1879, Germer-Baillière, p. 7. M. Foucher de Careil qui a visité Schopenhauer, raconte qu'il avait fait venir à grands frais un Bouddha, et le montrait avec orgueil et peut-être avec malice à ses visiteurs.

(2) *Ueber das Sehen und die Farben*, 1816, Leipsig.

ment que par ouï-dire et dans les livres (1). » Cette étude toutefois n'absorbait pas tous ses instants, car c'est à Dresde qu'il composa son grand ouvrage, l'œuvre maîtresse de sa vie, qui parut en 1819, sous ce titre : *Le monde comme volonté et représentation* (2).

Avant même qu'il fût sorti des presses de son imprimeur, Schopenhauer quittait Dresde pour aller passer deux ans en Italie où il put rencontrer Léopardi que ses *canzones* avaient déjà rendu célèbre. Là il continua à partager sa vie entre les recherches esthétiques les plus variées et les plaisirs que son pessimisme et surtout l'ascétisme préconisé par lui comme moyen de libération, semblaient devoir lui interdire. Les entraînements contre lesquels notre philosophe se sentit toujours impuissant à réagir expliquent cette humiliante contradiction. Il nous est maintenant facile de deviner dans quelles fréquentations Schopenhauer, qui déjà n'avait pas su ce que c'est qu'une mère, est allé puiser ce mépris profond de la femme qui reste un des traits saillants de son originalité.

En 1820, son humeur vagabonde le ramène à Berlin où il professa pendant quelques mois comme *privat docent*. Mais l'insuccès complet de son grand ouvrage, le silence qui se fit autour de lui, avaient profondément blessé son amour-propre ; il se montra jaloux de l'éclatant succès des leçons de Hégel et de Schleiermacher et commença à concevoir cette

---

(1) Th. Ribot, *la Philosophie de Sch.*, Paris, 1876, Germer-Baillière.
(2) *Die Welt als Wille und Vorstellung*, Leipsig, 1819.

haine contre les universités et leurs professeurs de philosophie qui inspira si souvent sa verve satirique (1).

(1) Voici, entre autres, des passages qui peuvent donner une idée des aménités de son style quand il parle des « sophistes » : « L'histoire entière de la littérature, ancienne et moderne ne peut fournir un exemple de fausse célébrité comparable à celle de la philosophie hégélienne. Jamais et nulle part le complétement mauvais, le faux palpable et l'absurde, que dis-je ? le manifestement idiot et, ajouté à cela ce qu'il y a de plus répugnant et de plus dégoûtant en diction, n'ont été loués avec une aussi révoltante impudence, avec un front d'airain, comme la plus haute sagesse, la chose la plus glorieuse que le monde ait jamais vue, que cette pseudo-philosophie complétement sans valeur. » *Parerga und Paralipomena*; *Werke*, VI, 504.

« Des milliers de têtes en Allemagne ont été gâtées et à jamais faussées par la misérable Hégélerie, cette école de platitude, cette société d'absurdité et de folie, cette sagesse falsifiée bonne à faire perdre la tête, dont on commence pourtant à apprécier la valeur et qui sera bientôt abandonnée au respect de l'Académie de Danemarck, pour qui un lourd charlatan est un *summus philosophus*. » *Die Welt als Wille und Vorstellung*, t. II, p. 785. Ailleurs, il explique son mépris pour la philosophie officielle et les causes de son impuissance : « Aussi longtemps que l'Église subsiste, on ne peut enseigner dans les universités qu'une philosophie qui, obligée à de perpétuels égards envers la religion populaire, ne peut en être que la paraphrase. Pour ceux qui enseignent dans ces conditions, il ne reste rien autre chose que de chercher de nouveaux biais ou de nouvelles formes sous lesquelles ils reproduisent, en l'affadissant et en l'habillant d'expressions abstraites, le contenu de la religion populaire, et c'est là ce qu'ils appellent philosophie... Cependant les philosophes d'université sont toujours joyeux, car leur seul but sérieux est de s'acquérir avec honneur un bon revenu pour eux, leur femme et leurs enfants, et pour obtenir de la renommée dans le public... »

« Le professeur Hégel a trouvé cette heureuse expression : *La religion absolue* grâce à laquelle il a atteint son but. Comme il connaissait bien son public ! D'autres brouillent ensemble la philosophie et la religion ; ils en font un centaure, qu'ils appellent philosophie de la religion ; ils s'efforcent de nous apprendre que la religion et la philosophie sont proprement la même chose, proposition qui paraît être vraie à peu près dans le même sens que cette parole de

Pour fuir ses nouveaux ennemis, Schopenhauer reprend le chemin de l'Italie où il reste de 1822 à 1825; il revient alors à Berlin qu'il quitte bientôt pour se fixer définitivement à Francfort-sur-le-Mein. C'est là qu'il mourut, le 23 septembre 1860, à soixante-douze ans.

En 1836, il publia un nouvel ouvrage : *la Volonté dans la nature* (1), dans lequel il applique sa solution de l'énigme du monde à toutes les sciences possibles, sans oublier la linguistique, le magnétisme animal et la magie. Cette fois encore le succès ne répondit pas à son attente et son irritation contre les universités, leur philosophie et surtout contre leurs professeurs, ne connut plus de borne (2). On sent qu'il les hait et que sa haine, tout allemande, ne pardonnera jamais.

Ce n'est qu'en 1839 que Schopenhauer sortit un peu de l'obscurité qu'il supportait avec impatience. Malgré son amour pour les doctrines bouddhiques, Schopenhauer était né pour l'action. Il ne lui suffisait pas d'avoir la vérité, il voulait remuer le monde

---

François Ier : Ce que mon frère Charles veut, je le veux aussi, — c'est-à-dire Milan. D'autres enfin ne font pas tant de détours, et ils nous parlent d'une philosophie chrétienne, comme qui dirait une arithmétique, qui nous enseignerait que cinq est un nombre pair. » *Parerga und Paralipomena*, t. I, p. 53, 55.

(1) *Ueber den Villen in der Natur*. Frankfurt-am-M. 1836.

(2) Schopenhauer était irascible et violent; on raconte que, dans un accès de colère, il jeta un jour une vieille femme du haut en bas de son escalier. Il dut même, en suite d'une condamnation judiciaire, lui payer une assez forte indemnité. Cette leçon rendit, paraît-il, sa colère plus prudente et depuis il prit soin, avant d'injurier ses adversaires, de consulter un légiste pour ne risquer dans ses diatribes que des expressions échappant à toute répression pénale.

et souffrait de son impuissance. Sa philosophie même qui, pour réaliser la libération du monde, a besoin de l'accord de toutes les volontés individuelles, légitimait à ses yeux le désir de popularité, assez peu philosophique au fond, qui le dévorait. Pour arriver à la notoriété, il employa tous les moyens, essaya de tous les procédés. A cinquante-deux ans, vingt et un ans après la publication de son grand ouvrage, il ne dédaigna pas de prendre part, comme un jeune débutant, à un concours ouvert par l'académie de Drontheim. Dans ces villes du Nord où les interminables nuits d'hiver favorisent les études théoriques et les spéculations de l'esprit, on se plaît à agiter les grands problèmes; la question posée était celle de la liberté. Le mémoire envoyé par Schopenhauer fut couronné (1). Encouragé par ce succès, le premier qui fût venu récompenser ses efforts, Schopenhauer, l'année suivante, adressa un nouveau mémoire (2) à la société royale des sciences de Danemarck qui avait mis au concours la question suivante : « L'origine et le fondement de la morale doivent-ils être cherchés dans l'idée de moralité qui est fournie directement par la conscience et dans les autres no-

---

(1) Ce mémoire était intitulé : *La liberté de la volonté*, il a été traduit en français, sous ce titre, *Essai sur le libre arbitre*.

(2) Ce travail, qui avait pour titre *Ueber der Fundament der Moral*, a été réuni par Schopenhauer au précédent et tous deux ont été publiés sous ce titre *Die beiden Grund probleme der Ethik* (Frankfurt-am-M. 1841). Pour se venger, l'auteur eut soin d'ajouter en parlant du second. « Non couronné par la société royale des sciences de Danemarck, à Copenhague, le 30 janvier 1840. » *Le fondement de la morale* a été traduit en français par A. Burdeau, Germer-Baillière, 1879.

tions premières qui dérivent de cette idée, ou bien dans quelque autre principe de la connaissance? » Mais son irritation contre Fichte et Hégel éclatait dans tout l'ouvrage; ses juges en furent blessés, ils le trouvèrent d'ailleurs insuffisant et lui refusèrent la couronne enviée (1).

Cet échec, habilement exploité, fit autant pour la notoriété de Schopenhauer que son succès à l'académie de Drontheim; le voici attaqué par les uns, défendu par les autres, connu de tous. Ses ouvrages, longtemps dédaignés, trouvent des lecteurs, lui amènent des disciples et, grâce à la réaction qui suivit en Allemagne le mouvement national de 1848, Schopenhauer apparaît comme l'homme du jour; sa métaphysique vient remplacer, à son heure, l'hégéliamisme déclinant.

En 1851, il réunit en deux volumes, sous le titre de *Parerga und Paralipomena*, différents essais de métaphysique et de morale. Cet ouvrage, le dernier qui soit sorti de sa plume, n'ajoute rien à son système général, mais Schopenhauer y montre ses meilleures qualités d'écrivain et s'y révèle profond observateur et piquant moraliste.

La gloire était enfin venue le visiter, mais sans modifier son caractère naturellement porté à la mi-

---

(1) Dans son jugement la société royale reproche à l'auteur de n'avoir pas compris ce qu'elle attendait de lui « une discussion portant principalement sur le lien moral entre la métaphysique et l'éthique; elle trouve d'ailleurs sa tentative pour fonder la morale sur la sympathie, téméraire. » Enfin, ajoute-t-elle, « l'auteur mentionne divers philosophes contemporains, des plus grands, sur un ton d'une telle inconvenance (*tam indecenter*), qu'on aurait droit de s'en offenser gravement. »

santhropie. Chez lui l'intelligence l'emportait de beaucoup sur le cœur, son éducation cosmopolite accentua encore ce défaut d'équilibre. Nous l'avons déjà dit, il ne connut pas l'amour maternel et on sait, par ses confidences, que personne mieux que lui n'a discerné les défauts de sa mère. Elle eut à ses yeux le tort de compromettre sa fortune et jamais son fils ne lui pardonna son manque d'ordre et d'économie. Dès 1819, il avait rompu avec elle et il ne la revit plus, bien qu'elle ne soit morte qu'en 1838. Il ne montra pas plus d'affection pour sa sœur. Sauf son chien, Alma (1), Schopenhauer n'aimait personne que lui-même.

Il détestait les Allemands, prétendait être d'origine hollandaise et ne voyait dans le patriotisme que « la plus sotte des passions et la passion des sots (2). » La religion était pour lui l'ennemie irréconciliable de la philosophie, il la poursuivait sans cesse de ses sarcasmes. En politique, son caractère égoïste faisait de lui un conservateur féroce. Il applaudit aux répressions sanglantes qui suivirent, à Francfort, les agitations de 1848 et laissa par testament toute sa fortune à la caisse des secours fondée à Berlin en faveur des défenseurs de l'ordre dans ces jours troublés. Ceux qui le connaissaient le mieux ont vu surtout, dans ses convictions politiques, le résultat

---

(1) Schopenhauer aimait les chiens, parce que, disait-il, chez eux seulement on trouve l'intelligence sans la dissimulation humaine.

(2) Schopenhauer parlait l'allemand, le français, l'italien, l'anglais et l'espagnol; il avait beaucoup voyagé et vécu à l'étranger et son cosmopolitisme a certainement contribué à développer chez lui les vues pessimistes. Connaître l'immensité et la variété du monde n'est-ce pas pour beaucoup d'esprits, en sentir le vide et l'inutilité?

de la peur, car Schopenhauer était poltron. En 1813, quand l'Allemagne entière s'enrôlait pour lutter contre la France, il acheta un fusil, mais n'eut jamais le courage de partir. Son biographe est obligé d'avouer le fait qu'il dissimule vainement sous cette formule bienveillante : « il lui manqua l'impulsion intérieure. » En 1831, le choléra lui causa la plus vive frayeur et on peut dire que Schopenhauer avait peur de tout et passa sa vie en proie à de folles terreurs qui font involontairement penser au délire des persécutions (1).

Il ne faudrait pas d'ailleurs voir dans Schopenhauer un esprit morose, méprisant tout ce qui fait le charme de l'existence, un désenchanté promenant mélancoliquement son indifférence au milieu des biens de ce monde dont il fait fi. Malgré tout ce qu'il a pu écrire sur le renoncement, Schopenhauer qui, nous l'avons vu, n'était rien moins que misogyne (2), aimait le

---

(1) « Schopenhauer avait peur de la petite vérole, de la phtisie, de la lèpre et de toutes les autres maladies. Il portait un gobelet de cuir dans sa poche afin de ne pas s'exposer aux contagions en buvant dans des verres inconnus... Il avait peur des procès, des voleurs, des incendies, des révolutions, du poison, de ses amis, de son ombre. Il couchait avec une épée et des pistolets chargés, sautait dessus au moindre bruit. A partir de 1836, il ne logea plus qu'au rez-de-chaussée, pour se sauver plus facilement quand la maison brûlerait. Il n'osa jamais se faire faire la barbe, de crainte que le barbier ne lui coupât la gorge... Pendant une année entière, il fut obsédé par l'idée qu'on allait l'accuser d'un crime et lui faire son procès. Une autre fois, il se crut tout de bon empoisonné dans une prise de tabac. En 1813, il s'imagina qu'on voulait l'enrôler de force. Il fut poursuivi toute sa vie par la crainte d'être enterré vif. » Arvède Barine (M™° Vincent), *le père du pessimisme contemporain*, Revue bleue, 18 juillet 1885, p. 68. Schopenhauer était aussi superstitieux que peureux, id. p. 69.

(2) « J'ai enseigné, disait-il à un de ses disciples, ce que c'est

bien-être et les richesses. Ce contemplatif, loin de se perdre dans l'espace, pétillait d'esprit et de malice (1), injuriait ses adversaires et se plaisait à les accabler de ses traits satiriques sans se soucier de mettre personnellement en pratique la théorie de la libération par l'ascétisme qu'il préconisait dans ses ouvrages.

Au résumé, Schopenhauer, avec son prodigieux développement intellectuel et son inébranlable confiance dans sa valeur personnelle, se présente à nous comme un personnage singulier qui étonne plus qu'il n'attire par un assemblage de qualités et de défauts en apparence inconciliables. Quand on se soustrait à la séduction qu'exercent l'originalité de ses œuvres et la précision de son style souvent supérieur à sa pensée, quand on étudie l'homme derrière le système, qu'on rapproche sa conduite de ses doctrines, on se prend à douter de la complète sincérité de Schopenhauer ; on se demande, tout au moins, si cet original qui n'a jamais aimé personne que lui, est un guide sûr et bientôt l'œil désillusionné ne voit plus qu'un masque grimaçant là où

---

qu'un saint, mais je ne suis pas un saint. » Sa vie, et cela jusqu'à un âge assez avancé, fut en effet peu édifiante. Il détestait les femmes, voyait en elles la cause de tous les maux, mais esclave de l'amour, il ne pouvait pas s'en passer ; il eut même un enfant naturel mort en bas âge.

(1) « Quand il causait, la verve du vieillard brodait, sur le canevas un peu lourd de l'allemand, ses brillantes arabesques, latines, grecques, françaises, anglaises, italiennes. C'était un entrain, une profusion de saillies, une richesse de citations, une exactitude de détails qui faisait couler les heures. » Foucher de Careil, *Hégel* et *Schopenhauer*.

l'admiration enthousiaste des panégyristes nous faisait supposer la noble figure d'un sage.

L'homme nous est maintenant connu, il est temps d'aborder l'examen de ses doctrines, et, avant tout, il importe de les replacer dans le milieu qui les vit naître.

L'Allemagne, le pays classique de la spéculation philosophique, le pays des athées dévots et des matérialistes mystiques, était la terre prédestinée sur laquelle le pessimisme devait revêtir une forme scientifique et se transformer en système. Ce fut l'œuvre de Schopenhauer et elle témoigne d'un grand changement dans les esprits d'outre-Rhin. En effet, les grands systèmes philosophiques allemands, qui ont marqué le commencement du siècle, s'inspirent tous d'un optimisme serein. Les discordances de l'univers, les maux de l'humanité, ce n'est point là ce qui frappe alors les philosophes et domine leurs pensées. D'après Hégel, pour ne citer que lui, ne suffit-il pas qu'une chose soit, pour qu'elle se trouve relativement légitime? Schopenhauer va réagir violemment contre ces tendances optimistes, mais il ne se contentera pas, comme Léopardi, de démontrer éloquemment l'infortune du monde, il ne lui suffira pas de s'envelopper dans un fier courage et de pleurer son malheur, une pareille attitude ne convient point à Schopenhauer qui manque évidemment des grandes vertus stoïques. Mais le mal une fois démontré, son esprit systématique prétendra en pénétrer la cause, puis viendra la construction d'une ingénieuse théorie expliquant le monde tel qu'il le conçoit avec ses effroyables misères ; enfin ce gigantesque effort n'ayant pas satisfait son ambition, avec une confiance imperturbable et naïve dans sa vigueur intellectuelle, Schopenhauer se mesure avec le mal qu'il croit avoir expliqué et compris, il aborde le chapitre des remèdes et propose une prétendue solution scientifique.

Quand l'homme se prit à penser, l'intelligence fut l'objet principal de ses études, elle joua le premier rôle dans la philosophie. Platon voit dans *l'idée* le principe unique de la connaissance et de l'existence; dans les temps modernes, Malebranche, Spinoza, Locke, s'accordent à reconnaître la prédominance des phénomènes intellectuels. Kant vint modifier ces vues et ouvrir des voies nouvelles à la philosophie. Dans *la critique de la raison pure*, il démontra que l'intelligence, la faculté de connaître, est renfermée dans d'étroites limites, qu'elle ne peut légitimement sortir du domaine de l'expérience, que ses principes n'ont qu'une valeur toute relative et qu'elle est impuissante à conduire à l'absolu. Ce n'est que par l'acte moral indépendant de toute condition sensible que Kant, après avoir enfermé l'homme dans le subjectif, entr'ouvrait « une porte étroite » donnant accès sur le monde supérieur. On trouve dans l'œuvre de ce grand esprit une double tendance, la tendance critique qui détruit impitoyablement toutes les illusions et se plaît à transformer en illusions ce dont le vulgaire se croit le plus sûr, et la tendance métaphysique qui ramène le philosophe à ces problèmes mystérieux de son origine et de sa destinée qu'il s'obstine à vouloir percer.

Toutefois avec Kant, avec ses disciples surtout, la

tendance optimiste baisse sensiblement. Ce ne sont point encore les doctrines pessimistes que Schopenhauer développera bientôt avec une imperturbable conviction, car si le monde est reconnu mauvais, si ses misères sont nettement avouées, il reste comme consolation les espérances un peu vagues de l'avenir ; le progrès possible aidera à faire oublier les infortunes présentes ; à côté du pessimisme empirique, il y a place encore pour une sorte d'optimisme métaphysique. Mais évidemment, sous l'influence du criticisme de Kant, les esprits s'éloignent de plus en plus des conceptions optimismes de Leibnitz et de Gœthe. « Le monde, dit Fichte, est le pire des mondes possibles. » « Toute douleur, dit Schelling, a sa source dans le seul fait d'exister. »

Schopenhauer a subi très profondément l'influence de Kant. Il avait vingt et un ans, quand il rencontra à l'Université de Gœttingue, Schulze, l'auteur de l'*Œnésidème*, qui lui conseilla de vivre exclusivement dans l'intimité des œuvres de Kant et de Platon et de s'assimiler leurs doctrines avant d'aborder l'étude des autres philosophes. Il suivit cette méthode et avoue que la lecture des ouvrages de Kant fut pour lui une révélation : « La doctrine de Kant produit, dans chaque tête qui l'a une fois saisie, un changement fondamental, tellement profond qu'on peut le considérer comme une renaissance intellectuelle. Elle seule peut véritablement dissiper ce réalisme qui provient de la destination originelle de l'intelligence, tandis que les doctrines de Berkeley et de Malebranche ne peuvent elles-mêmes y réussir... L'effet que produit l'étude de Kant est semblable à celui de l'opération de la cataracte sur un aveugle. Elle produit en nous une renaissance intellectuelle ; une nouvelle manière de philosopher date de lui. »

Toutefois Schopenhauer, malgré son admiration, reste un disciple indépendant et hardi ; on peut lire, à la suite du second volume de son grand ouvrage, *le monde comme volonté et représentation* (1), un appendice intitulé *Kritik der Kantischen Philosophie* dans lequel il reproche notamment à son maître un excès de timidité et attaque vivement le demi-idéalisme auquel aboutirait sa doctrine. Dans son *Œnésidème*, Schulze avait déjà signalé ce soi-disant point faible de la philosophie de Kant et des critiques ont voulu voir là une inconséquence volontaire de sa part pour éviter certaines attaques violentes comme celles auxquelles Fichte s'est trouvé exposé. Nous aimons mieux croire à une préoccupation plus haute, à la volonté sincère de tenir compte de l'expérience totale et de ne pas mutiler la raison sous prétexte d'en étudier les limites.

Pour Kant, l'âme, le monde et Dieu sont comme des idées essentielles à la raison elle-même et devant elles, il semble que son esprit critique hésite n'osant les contraindre à rentrer totalement dans le domaine du subjectif. Schopenhauer s'étonne de ces timidités : « Deux de ces inconditionnés (l'âme, le monde et Dieu) sont, dit-il, conditionnés par un

---

(1) *Die Welt als Wille und Vorstellung*. Leipzig, 1819, le second volume, 1844. Nous indiquerons ainsi nos renvois à cet ouvrage *D. W. a. W. u. V.*

troisième l'âme et le monde par Dieu qui est leur cause primordiale. Mais cette difficulté mise de côté, nous trouvons que ces trois inconditionnés qui, suivant Kant, sont ce qu'il y a d'essentiel à la raison, sont en réalité dus à l'influence du christianisme sur la philosophie, depuis la scholastique jusqu'à Wolf. Si simple et si naturel qu'il paraisse aux philosophes d'attribuer ces idées à la raison, il n'est nullement établi qu'elles aient dû sortir de son développement même, comme quelque chose qui lui soit propre. Pour l'établir, il aurait fallu s'aider des recherches historiques et chercher si les anciens peuples de l'Orient et notamment les Hindous et les plus vieux philosophes de la Grèce étaient réellement parvenus à ces idées; si nous ne les leur attribuons pas trop bonnement, comme les Grecs qui retrouvaient leurs dieux partout ou comme nous traduisons si faussement par « Dieu » le *Brahm* des Hindous et le *Tien* des Chinois; ou si le théisme proprement dit ne se rencontre pas dans le Judaïsme seul et dans les deux religions qui en sont sorties, dont les fidèles renferment sous le nom de païens les sectateurs de toutes les autres religions de l'univers (1). »

Comment Schopenhauer, ce hardi disciple de Kant, comprend-il le rôle de la philosophie? Malgré son criticisme, il est de ceux qui, par la nature même de leur esprit, se refusent à admettre comme illégitime toute vue au delà du monde des expériences et des faits. Il proclame bien haut la nécessité

---

(1) *Kritik der Kantischen Philosophie. D. W. a. W. u. V.*, t. II, p. 576 et 577.

de la métaphysique « ce mode de connaissance qui dépasse la possibilité de l'expérience, la nature, les phénomènes donnés... pour expliquer ce qu'il y a derrière la nature et ce qui la rend possible. »

« L'homme, dit-il, est le seul être qui s'étonne de sa propre existence ; l'animal vit dans son repos et ne s'étonne de rien... Cet étonnement qui se produit surtout en face de la mort, et à la vue de la destruction et de la disparition de tous les êtres, est la source de nos besoins métaphysiques ; c'est par lui que l'homme est un *animal métaphysique*...

« Les temples et les églises, les pagodes et les mosquées, dans tous les pays, dans tous les temps, témoignent du besoin métaphysique de l'homme (1). »

« La religion, écrit ailleurs Schopenhauer (2), est le seul moyen de témoigner et de rendre sensible la haute signification de la vie, aux sens grossiers et à la lourde intelligence de la foule plongée dans les occupations inférieures et le travail matériel... Les fondateurs de religion et les philosophes viennent dans le monde pour le (l'homme) tirer de son engourdissement et lui montrer le sens élevé de son existence, le philosophe pour le petit nombre et les plus raffinés ; le fondateur de religion pour le plus grand nombre, pour le gros de l'humanité... La religion est la métaphysique du peuple... Les diverses religions ne sont que les diverses figures sous lesquelles le peuple essaie de saisir une vérité qu'il ne peut embrasser et se la représente. »

---

(1) *D. W. a. W. u. V.*, t. II, chap. xvii.
(2) *Parerga und Paralipomena*, c. 175.

Schopenhauer revient souvent sur l'infériorité de la foi religieuse, sur l'impossibilité où se trouve un philosophe d'adhérer sincèrement à un dogme révélé qui dépasse la force démonstrative de la raison. Son esprit aristocratique et autoritaire ne s'effraie pas de cette séparation de l'humanité en deux parties bien inégales, les quelques privilégiés, « le petit nombre et les plus raffinés » arrivant à la vérité philosophique, la masse, « le gros de l'humanité » condamnée pour toujours aux mensonges relatifs de religions fausses. « Les religions sont nécessaires au peuple, et sont pour lui un bienfait inappréciable. Même lorsqu'elles s'opposent aux progrès de l'humanité dans la connaissance du vrai, elles ne doivent être mises de côté qu'avec tous les égards possibles. Mais demander qu'un grand esprit, un Gœthe, un Shakespeare, accepte, *bona fide et sensu proprio*, les dogmes d'une religion quelconque, c'est demander qu'un géant chausse les souliers d'un nain. »

En admettant la légitimité de la métaphysique, Schopenhauer reste fidèle à la pensée de Kant qui n'entendait pas interdire à l'esprit humain l'ambition métaphysique. On se tromperait sur le véritable sens de l'œuvre philosophique de Kant si l'on n'y voyait avec Henri Heine (1) qu'une impitoyable destruction. Il peut plaire à l'ironie mordante de cet impitoyable railleur de mettre dans la bouche de Kant, après la publication de la *critique de la raison*

---

(1) « Ce fut alors une triste bataille ; on vit les arguments de l'école battus en brèche, les gardes du corps ontologiques joncher la place, et Dieu privé de démonstration. » Henri Heine, l'*Allemagne*, 1835, p. 148.

pure, cette boutade : « Il faut pourtant un Dieu pour Lampe », et d'expliquer par ce besoin de satisfaire les aspirations religieuses de son valet, la critique de la raison pratique ; mais pas un esprit sérieux ne s'arrêtera à cette odieuse explication d'une des plus loyales tentatives de l'esprit humain.

Kant était sincère, il travaillait aussi bien pour lui que pour son valet, quand il essayait de se frayer un chemin nouveau vers les hauteurs métaphysiques en prenant pour base la morale. On peut trouver cette tentative trop hardie, contester qu'elle ait réussi, mais personne n'a le droit d'en suspecter la loyauté. Pour Kant, comme pour tous les grands mystiques, « le monde qui nous enveloppe et nous tient par tant d'attaches n'est pas le monde réel, le vrai monde ; le vrai monde, c'est le monde des idées, le monde des choses en soi, l'univers sensible n'a de réalité que comme expression et symbole du monde intelligible. Ce monde intelligible qui est le véritable objet de la philosophie comme de la religion, Kant, comme Platon, ne pense pas que nous en ayons une intuition directe, ni même un souvenir ; mais il enseigne que nous y pénétrons par la loi du devoir. C'est la loi du devoir qui nous apprend que nous appartenons à un autre monde que l'univers sensible, corporel et mécanique, à un monde de liberté, de justice et de sainteté, à un *royaume des fins*, dont le souverain ou Dieu est le représentant vivant et la source éternelle de la loi de justice et d'amour, monde où la nature sacrée de l'humanité se manifeste par l'égalité de droits et par l'inviolable dignité de la personne humaine, monde vers lequel gravitent, sans le savoir, les créatures sensibles ou insensibles et que cherchent à réaliser par la vertu les hommes altérés de justice et de vérité (1)... »

Schopenhauer prend les choses de moins haut, s'il refuse de se cantonner dans le domaine étroit des positivistes, s'il écrit cette phrase : « On peut dire que le *credo* nécessaire de tous les justes et des bons est celui-ci : Je crois en une métaphysique (2) », il s'empresse de circonscrire cette métaphysique d'étrange sorte. Pour lui, pas de Dieu, pas d'âme au sens propre du mot ; ne lui parlez pas de l'opposition entre l'âme et le corps, il n'y a ni esprit, ni matière (3).

Existe-t-il en nous quelque chose d'immortel ? devons-nous espérer des récompenses ou redouter des châtiments au delà du tombeau ? Les religions si méprisées croient devoir répondre à ces impérieuses questions; pour Schopenhauer la philosophie n'est qu'une sorte de cosmologie, elle nous apprend à connaître l'essence du monde, mais elle ne se demande ni d'où (*woher*) vient le monde, ni où (*wohin*) il va, ni pourquoi (*warum*) il est, mais simplement ce qu'il est (4). Et Schopenhauer ne se méprend pas

---

(1) Paul Janet, *Kant et la métaphysique*, Revue bleue, 6ᵉ année, t. VI, p. 39, n° du 19 décembre 1868.
(2) *D. W. a. W. u. V.* t. II, ch. XVII.
(3) « La philosophie est essentiellement la connaissance du monde, son problème est le monde ; c'est de lui seul qu'elle s'occupe et elle laisse les dieux en repos, elle espère qu'ils feront de même à son égard. » — Il niait que l'idée de Dieu fût innée. « Le théisme est inculqué par l'éducation. Si on ne parlait jamais de Dieu à un enfant, il n'en saurait jamais rien. » *Memorabilien*, p. 171.
(4) *D. W. a. W. u. V.*, t. I, p. 653.

sur les conséquences de ces vues métaphysiques. La philosophie doit « rester une cosmologie et ne jamais devenir une théologie. Elle doit se limiter à ce monde ; exprimer complètement ce qu'il est, dans son fond le plus intime, c'est là tout ce qu'elle peut dire loyalement. Voilà pourquoi ma doctrine, quand elle a atteint son point culminant, prend un caractère négatif et finit par une négation (1). »

Il s'agit d'embrasser tout l'ensemble des connaissances humaines, de profiter de toutes les lumières qu'elles procurent pour percer l'énigme du monde et satisfaire la curiosité de l'homme. « Ma philosophie, disait Schopenhauer, dénoue véritablement l'énigme du monde dans les bornes de la connaissance humaine (2). » Et ce n'est pas là seulement un langage figuré, c'est l'affirmation d'une méthode. Dans la pensée de Schopenhauer, l'expérience, l'expérience totale résumant toutes les expériences possibles, reste la base de l'édifice qu'il prétend construire. Mais comme la métaphysique, quelque modestes que soient ses vues, aborde nécessairement un terrain sur lequel la vérification expérimentale, cette épreuve suprême de l'hypothèse scientifique, est et sera toujours impossible, le système de Schopenhauer est nécessairement condamné à rester une simple hypothèse indémontrable ; il se résout difficilement à l'admettre et insiste avec complaisance sur le procédé de vérification grâce auquel il prétend établir la vérité de sa thèse. Le monde est, à ses yeux, comme une inscription tracée en caractères inconnus, dans une

---

(1) *D. W. a. W. u. V.*, t. II, p. 700.
(2) *Memorabilien*, p. 155.

langue mystérieuse; inscription dont il s'agit de pénétrer le sens. Les différentes hypothèses sont comme les clefs qui prétendent assurer le déchiffrement de l'inscription et lui arracher son secret. Théoriquement les inventeurs des différentes clefs proposées sont impuissants à démontrer que chacune d'elles est la bonne et cependant il existe un moyen pratique de discerner la véritable, car c'est sûrement celle qui conduira à une traduction intelligible du texte entier, qui, régulièrement appliquée, fera la lumière dans toutes ses parties. Jusqu'à Schopenhauer, les explications étaient partielles, insuffisantes, les misères de la vie protestaient hautement contre l'optimisme plus ou moins déguisé des doctrines, il a enfin trouvé la clef qui permet de lire l'inscription tout entière; sa doctrine va tout expliquer et cette explication complète sera la démonstration de la vérité de l'hypothèse. On reconnaît là l'influence des procédés en usage dans les sciences d'observation; Schopenhauer semble avoir voulu essayer d'introduire dans la métaphysique la méthode expérimentale *a posteriori* si bien exposée par M. Chevreul dans son *Histoire des connaissances chimiques* (1). Reste à savoir s'il a réussi.

Un disciple du maître fait remarquer très justement que, par cette méthode, Schopenhauer vient prendre une position intermédiaire entre Kant d'un côté, Schelling et Hégel de l'autre. Kant dit ne rien savoir, Schelling et Hégel tout savoir, Schopenhauer savoir quelque chose, ce qui est contenu dans l'expérience tout entière.

(1) T. I, passim.

Aussi va-t-il écarter résolument toutes les idées pures, essence, substance, infini; la vraie philosophie ne peut rien construire avec de pareils éléments. L'intelligence, pour lui, loin de pouvoir prétendre à un rôle prépondérant, est une ennemie envahissante qu'il faut remettre à son rang. Sans aller jusqu'à l'idéalisme pur de Berkeley, sans nier la réalité du monde, Schopenhauer traduit sa pensée par cette formule : « le monde est ma représentation ». Nous ne pouvons exposer ici en détail cette théorie de la connaissance qui n'a d'ailleurs qu'un rapport indirect avec le pessimisme, voici cependant comment Schopenhauer explique sa pensée : « Le véritable idéalisme est non pas empirique mais transcendental. Il laisse intacte la réalité empirique du monde, mais il soutient que tout objet, même l'objet réel, empirique, est conditionné par le sujet de deux façons : 1° matériellement, ou comme objet en général, puisqu'un être objectif n'est pensable que par opposition avec un sujet dont il est la représentation; 2° formellement, puisque le mode d'existence de l'objet, c'est-à-dire de sa représentation (temps, espace, causalité) vient du sujet, est prédisposé dans le sujet. » Le temps, l'espace, sont les cadres vides, les formes de l'existence phénoménale. Ces cadres vides, la causalité les remplit. « La matière n'est d'un bout jusqu'à l'autre que causalité. Son être, c'est d'agir, et il est impossible d'en penser aucun autre. C'est comme agissant qu'elle remplit l'espace et le temps (1). »

(1) *D. W. a. W. u. V.*, t. I, liv. I, § 4.

En résumé, le monde, d'après Schopenhauer, n'est que la volonté qui se réfléchit dans l'intelligence comme dans un miroir, l'univers n'est qu'un phénomène cérébral. Pour rendre sa pensée plus sensible, Schopenhauer suppose qu'un génie lui a permis de pénétrer dans un corps humain. « Dans la partie supérieure appelée la tête, et qui, vue du dehors, semblait un objet comme tous les autres, circonscrit dans l'espace, pesant, etc., je trouve quoi ? le monde lui-même, avec l'immensité de l'espace dans lequel le Tout est contenu, et l'immensité du temps, dans lequel le tout se meut, et avec la prodigieuse variété des choses qui remplissent l'espace et le temps, et, ce qui est presque insensé à dire, je m'y aperçus moi-même allant et venant...

« Oui voilà ce que je découvris dans cet objet à peine aussi gros qu'un gros fruit, et que le bourreau peut faire tomber d'un seul coup de manière à plonger d'un même coup dans la nuit le monde qui y est renfermé. Et ce monde n'existerait plus, si cette sorte d'objets ne pullulaient sans cesse, pareils à des champignons, pour recevoir le monde prêt à sombrer dans le néant, et se renvoyer entre eux, comme un ballon, cette grande image identique en tout, dont ils expriment cette identité par le mot d'objet (1). »

Il est certain que nous ne percevons au moyen de nos sens que certaines des qualités de la substance qui, dans son essence, reste pour nous l'inconnu. Nos sens sont disposés de manière à nous

---

(1) *Memorabilien*, p. 285.

procurer la perception de ces qualités, de ces modalités, mais nos sens sont limités quant à leur nombre et quant à leurs facultés perceptives. Les modalités électriques, magnétiques nous échappent généralement, faute d'un sens approprié à leur perception. Notre œil ne voit pas toute la lumière. « Les plaques photographiques qu'on sait préparer aujourd'hui sont non seulement sensibles à tous les rayons élémentaires qui excitent la rétine, mais ils étendent encore leur pouvoir dans les régions ultra-violettes et dans les régions opposées de la chaleur obscure (l'infra-rouge), où l'œil demeure également impuissant (1). » Une observation analogue peut être faite pour le son (2), pour les sensations olfactives (3).

L'homme ne peut pas atteindre l'absolu, il ne connaît donc le monde extérieur que par certaines de ces modalités que lui révèlent ses appareils sensitifs bornés : « Il voit selon la manière dont est conformé son œil ; il entend selon la constitution de son oreille ; il goûte et il sent selon le développement et la délicatesse des houppes nerveuses de la langue et des narines ; il en est de même pour le toucher... On comprend donc que tout serait changé dans la manière dont l'homme perçoit le monde exté-

---

(1) Janssen, *Annuaire du Bureau des longitudes*, 1883, p. 187.

(2) « La chaleur obscure commence à 65 millions de vibrations ; les couleurs visibles sont comprises entre 500 trillions et 800 trillions ; que deviennent les vibrations dont le champ s'étend de 40 mille jusqu'à 65 trillions qui sont trop rapides pour être *sonores* et trop lentes pour se faire sentir comme chaleur ? » Radan, *l'acoustique*, p. 201.

(3) Bernstein, *les Sens*, 1876, p. 252-256.

rieur, et par conséquent dans la science physique qu'il édifie, si la structure des appareils sensitifs venait à être radicalement changée (1). » Mais en quoi la réalité de l'existence du monde se trouve-t-elle compromise par ce fait qu'une mouche ne voit probablement pas les objets extérieurs absolument comme l'homme ? Nous pouvons être certains de l'existence d'une chose dont nous ignorons la substance intime, dont certains attributs nous échappent. Ne suffit-il pas de percevoir l'un de ces attributs pour être certain de la réalité de l'objet dont l'attribut perçu est la manifestation ? Douter de l'existence du monde, sous prétexte que le passage du subjectif à l'objectif n'est pas assuré, c'est l'exagération systématique d'une observation juste, c'est l'abus d'un fait vrai, mais l'abus de la vérité n'est-il pas l'une des causes les plus fréquentes de nos erreurs ?

Quoi qu'il en soit, au delà du Rhin, il est aujourd'hui permis au philosophe de considérer, si bon lui semble, tous les phénomènes comme des formes de l'esprit humain, l'absolu restant inaccessible à l'intelligence. Quant à cet absolu inaccessible, l'esprit de système peut sur lui se donner libre carrière, l'admettre, le nier, l'expliquer. Schopenhauer, qui doute de l'existence des objets extérieurs, a des vues profondes sur l'essence des choses, et comme c'est là précisément la racine de son pessimisme, il nous faut examiner avec attention sa théorie de la *volonté*.

Pour lui, « la volonté est l'essence la plus intime,

(1) Emile Ferrière, *la Matière et l'Energie*, 1887, Félix Alcan, p. 13.

le noyau de chaque chose individuelle et également celui de la totalité de l'existence. » En un mot Schopenhauer réduit le monde avec ses phénomènes si divers, à un seul élément que nous serions tentés d'appeler la *force* et qu'il appelle la *volonté*.

La conception dynamique de l'univers n'est pas une nouveauté, Maine de Biran, lui aussi, avait été amené par ses études psychologiques à placer dans la volonté l'essence de l'âme humaine ; mais ce qui fait l'originalité de Schopenhauer, c'est que pour lui la volonté est unique, elle est une pour tout l'univers et de plus ce n'est pas, comme le mot volonté pourrait le faire supposer, l'acte conscient d'un être libre qui agit après réflexion, c'est une tendance, une force aveugle (1). Interrogeons Schopenhauer pour apprendre de lui comment il a été amené à cette conception, nous rechercherons ensuite quelle peut en être la valeur.

C'est d'après lui-même que l'homme doit chercher à comprendre la nature, or ce qui est le mieux connu dans l'homme c'est la « volonté ». « Si nous ramenons la notion de force à celle de vouloir, nous ramenons l'inconnu à une chose beaucoup plus connue, à la seule chose immédiatement connue, ce qui étend beaucoup notre connaissance (2). » Et Schopenhauer d'exalter la volonté aux dépens de l'intelligence, faisant remarquer le caractère subordonné de celle-ci qui suppose la pensée, fonction

---

(1) Schopenhauer distingue avec soin la *volonté en général* (*Wille*) et la *volonté déterminée par des motifs* (*Willkur*). *Ueber den Villen in der Natur*, 3ᵉ édit., p. 19 et 24.

(2) *D. W. a. W. u. V.*, t. II, ch. xix.

du cerveau et suppose, par conséquent, un organisme. Il étudie soigneusement la volonté, ses caractères ; la retrouve sous forme de cause (*Ursache*), dans le monde inorganique, sous forme d'excitation (*Reiz*) dans le monde végétal, et sous forme de motif (*Motiv*) dans le monde animal. Puis, par des considérations plus ingénieuses peut-être que solides, il ramène toutes ces causes à la volonté. Pour cela, il demande surtout à un langage métaphorique, parfois même à de véritables jeux de mots, ce que ne pourrait lui donner une argumentation rigoureuse. Ainsi il trouvera la preuve que, pour le monde inorganique, la volonté est l'essence des choses, dans la *tendance* des eaux à remplir toutes les cavités, dans le *désir ardent* du fer de s'attacher à l'aimant, dans l'*effort* du cristal pour se constituer, dans l'*affinité* qui dirige le *choix* des corps qui se *cherchent*, se *fuient*, s'*unissent*, se *séparent*. Dans le monde végétal, chaque plante *veut* des conditions spéciales. Dans le règne animal plus compliqué, les mouvements sont commandés par des motifs et ces motifs supposent l'intelligence c'est-à-dire un centre nerveux, un cerveau.

Avec le monde organique qui est le degré le plus élevé de l'*objectivation* de la volonté, naît l'intelligence et avec elle, en elle, par elle « *le monde comme représentation*, avec toutes ses formes, sujet et objet, temps, espace, causalité, pluralité. Le monde a maintenant deux faces. Jusqu'ici pure volonté, il est maintenant en même temps représentation, objet du sujet connaissant. La volonté a passé des ténèbres à la lumière ».

Notons que Schopenhauer tient pour la fixité absolue des espèces, qu'il voit dans l'*unité de composition* des naturalistes la preuve manifeste de l'unité de la volonté qui n'est autre que le principe de la vie et s'objective dans trois sortes de tissus pour correspondre à trois fonctions, la reproduction (tissu cellulaire), l'irritabilité (tissu musculaire), la sensibilité (substance nerveuse).

Il ne faut pas oublier que cette volonté dont Schopenhauer démontre l'indestructibilité, mais dont il supprime la liberté en la soumettant au déterminisme le plus absolu (1), reste pour lui une inconnue. Ou du moins, si elle est connue, elle ne l'est que par l'intermédiaire de l'intelligence, comme phénomène et non point absolument et en elle-même.

« Pour conclure, l'essence universelle et fondamentale de tous les phénomènes, nous l'avons appelée *volonté*, d'après la manifestation dans laquelle elle se fait connaître sous la forme la moins voilée;

---

(1) Pour Schopenhauer, l'homme est libre comme chose en soi, mais il est nécessité comme phénomène : *In esse, nicht in operari, liegt die Freiheit*. « La liberté morale ne doit pas être recherchée dans la nature, mais hors la nature. Elle est métaphysique, mais impossible dans le monde physique. Par suite nos actes ne sont pas libres ; tandis qu'il faut regarder le caractère de chacun comme son acte libre. Il est tel, parce que, une fois pour toutes, il veut être tel. Car la volonté en elle-même et en tant que se manifestant dans son individu et constituant son vouloir primitif et fondamental, est indépendante de toute connaissance, puisqu'elle lui est antérieure. Elle ne tient de la connaissance que les motifs suivant lesquels elle développe successivement son essence et se fait connaître ou se rend sensible ; en elle-même, comme située en dehors du temps, elle est immuable. » *Parerga und paral.*, t. II, § 117. Tout cela ne revient-il pas à dire que l'homme est libre par une volonté qui n'est pas la sienne et qu'il subit ?

mais par ce mot nous n'entendons rien autre chose qu'une X inconnue ; en revanche, nous la considérons comme étant, au moins d'un côté, infiniment plus connue et plus sûre que tout le reste (1). »

En résumé Schopenhauer raisonne ainsi : l'univers observé se présente à nous comme un assemblage de forces. Or la seule force que nous connaissions immédiatement, c'est la volonté ; nous aurons donc fait un grand pas vers la connaissance du monde, si nous convertissons toutes les forces qui le composent en *volontés*, surtout si toutes ces volontés sont identiques. Reste bien une difficulté ; comment placer une volonté intelligente dans des natures brutes ? Cette difficulté, toute sérieuse qu'elle est, n'arrête pas Schopenhauer, elle le conduit seulement, pour assurer la stabilité apparente du système, à enlever toute intelligence à la volonté ; pour lui elle est aveugle.

Et ces affirmations hardies une fois posées, Schopenhauer poursuit résolument le déchiffrement de l'immense et mystérieuse inscription, il explique le monde. C'est dans cette partie de sa tâche que, servi par une plume inimitable, son esprit ingénieux se donne libre carrière ; les arts, les sciences, l'esthétique, l'amour, tout est pour lui matière à théories empruntées souvent de ci, de là, mais toujours renouvelées par des développements originaux, soutenues par des citations piquantes et habilement rattachées au système métaphysique dont ces déve-

(1) *D. W. a. W. u. V.*, t. II, ch. xxv.

loppements sont censés être la démonstration scientifique. Ce que Schopenhauer dépense d'esprit dans cette partie de son œuvre, ceux-là seuls peuvent s'en rendre compte qui lisent d'un bout à l'autre ses ouvrages, mais encore faut-il pouvoir les lire dans l'original pour comprendre la part à attribuer dans le succès de Schopenhauer à son rare talent d'écrivain. Son style incisif, nerveux, perd beaucoup à être traduit, de même que ses théories n'ont plus leur éclat quand on les retrouve, dans une froide analyse, privées des ingénieuses démonstrations qui leur donnent la vie.

Toutefois, malgré toute son habileté, malgré toutes les ressources de son esprit pénétrant, il est un point de l'énigme du monde que ses explications ne parviennent point à éclaircir. Je veux parler du problème de la finalité ; il l'a abordé à différentes reprises, dans son grand ouvrage (1), puis dans *la volonté dans la nature* (1836) : il prétend avoir trouvé la solution, mais l'obscurité même de sa doctrine suffit à provoquer le doute. Et cependant, le problème est un de ceux que Schopenhauer ne pouvait négliger. Le monde nous montre, dans les êtres organiques notamment, des moyens appropriés à des fins ; l'animal a des yeux merveilleusement disposés pour provoquer, sur un point du système nerveux, une image des objets extérieurs qui, par un phénomène encore inexpliqué, engendre la sensation de vision. Voilà un fait ; quelle en est l'explication ? L'animal voit-il parce qu'il a des yeux ? a-t-il des

(1) *D. W. a. W. u. V.*, t. II, ch. xxvi.

yeux pour qu'il puisse voir ? Ces organes supposent-ils une intelligence prévoyante, sont-ils une preuve de l'existence de cette intelligence, ou ne sont-ils que le produit de forces aveugles ?

On devine que Schopenhauer va tenir pour la seconde hypothèse ; mais comment la volonté aveugle va-t-elle, en s'objectivant, créer tous ces organismes dont l'observateur constate la merveilleuse complication ? Si la volonté inconsciente et aveugle est la matière en soi, la base de tout, comment expliquer les organes appropriés à des fins ? Schopenhauer devra-t-il se contredire et transformer en une intelligence cette force qu'il disait aveugle précisément pour expliquer les misères du monde ? Certains critiques prétendent trouver dans son œuvre cette contradiction et en triomphent contre lui. Elle existe peut-être au fond des choses, mais il est trop habile pour ne pas essayer de l'éviter en apparence et il semble avoir voulu la masquer sous l'obscurité d'une théorie qui présente la finalité comme *immanente*. « Notre étonnement à la vue de la perfection infinie et de la finalité des œuvres de la nature, vient, dit-il, de ce que nous les considérons comme nous considérons nos propres œuvres. Dans celles-ci la volonté et l'œuvre sont de deux espèces différentes ; puis entre ces deux choses, il y en a encore deux autres : 1° l'intelligence étrangère à la volonté en elle-même et qui est un milieu que celle-ci doit cependant traverser avant de se réaliser : 2° une matière étrangère à la volonté et qui doit recevoir d'elle une forme et la recevoir de force, parce que cette volonté lutte contre une autre qui est la nature même de cette matière. Il en est tout autrement des œuvres de la nature qui sont une manifestation immédiate, et non médiate de la volonté. Ici la volonté agit dans sa nature primitive, sans connaissance : la volonté et l'œuvre ne sont séparées par aucune représentation intermédiaire, elles ne font qu'un. Et même la matière ne fait qu'un avec elles ; car la matière est simplement la volonté à l'état visible (*die blosse Lichtbarkeit des Willens*). Aussi trouverons-nous ici la matière complètement pénétrée par la forme..... Ici la matière, quand on la sépare de la forme, comme dans l'œuvre d'art, est une abstraction, un être de raison dont il n'y a aucune expérience possible. La matière de l'œuvre d'art, au contraire, est empirique. L'identité de la matière et de la forme est le caractère du produit naturel ; leur diversité, du produit de l'art. » Ce qui peut se traduire ainsi : la volonté qui n'est qu'un aveugle besoin de vivre (*blind Drang zum Leben*), s'objective dans les êtres vivants. Ceux-ci présentent une variété infinie. « Mais l'être vivant ne peut exister que dans certaines *conditions* ; là où elles manquent, il manque. Le besoin aveugle de vivre peut ne rien produire ou produire des monstres, mais il peut aussi produire des êtres organisés. Pour cela, il faut et il suffit qu'il n'y ait dans l'être aucune contradiction interne qui le rende impropre à la vie ; dès lors un organisme se produit, bon ou mauvais, inférieur ou supérieur. La finalité n'est donc pas quelque chose d'extérieur à l'être, à lui surajoutée, elle est immanente. La vie et ses conditions ne font qu'un et comme la vie est la volonté, la finalité dérive donc de la volonté (1). »

M. Ribot, auquel j'emprunte cet exposé, reconnaît que la théorie n'a pas cette netteté dans l'œuvre du maître ; de plus, il laisse entendre que cette théorie ne saurait le satisfaire et que son seul mérite est d'être d'accord avec la doctrine générale de Schopenhauer. Il est certain qu'ici nous n'avons pas l'explication de l'expérience tout entière. Le système, quelque ingénieux que soit son auteur, n'embrasse pas tous les faits connus.

Où sont, en effet, dans la réalité, les monstres innombrables que supposerait l'objectivation indéfinie d'une volonté aveugle ne cessant de créer au hasard des êtres de toutes sortes, sauf à eux à vivre et à se multiplier s'ils se trouvent fortuitement pourvus des organes nécessaires à la vie et à la reproduction ? Dans la nature, nous voyons, sans doute, une infinie variété, des créatures plus ou moins élevées, mais partout règne l'harmonie, partout des moyens se retrouvent appropriés à des fins, rien qui ressemble à l'effroyable et perpétuel désordre que suppose l'étrange conception de Schopenhauer.

Cette conception ne répond pas plus à la nature d'aujourd'hui qu'à celle que nous révèle l'étude des races éteintes. Voici comment Schopenhauer résume les différents âges géologiques de notre planète :
« Pendant les plus anciennes périodes du globe terrestre, antérieurement à l'époque du granit, l'objectivation de la volonté de vivre s'est bornée aux formes les plus inférieures : les forces de la nature

---

(1) Th. Ribot, *la Philosophie de Schopenhauer*, 1874, p. 156.

inorganique se livraient à un conflit qui avait pour théâtre, non la superficie de notre planète, mais sa masse entière : conflit si colossal que l'imagination ne parvient pas à le concevoir. Après que cette lutte gigantesque, ce combat de Titans des forces chimiques eut pris fin, et que le granit, comme une pierre funéraire, eut recouvert les combattants, la volonté de vivre, par un contraste complet, s'objectiva dans un paisible monde de plantes et de forêts sans fin. Ce monde végétal décarbonisa l'air et le rendit propre à la vie animale. L'objectivation de la volonté réalisa une nouvelle forme : le règne animal, poissons et cétacés dans la mer, reptiles gigantesques sur la terre. Puis de degrés en degrés, à travers des formes innombrables de plus en plus parfaites, la volonté de vivre en est venue jusqu'au singe. Mais ce n'était encore que son avant-dernier pas ; mais dans l'homme elle a atteint le dernier (1). »

Est-ce là le spectacle que présenterait la nature si elle était réellement le produit de l'incessante objectivation d'une volonté aveugle ? Schopenhauer, nous l'avons déjà dit, tient pour la fixité absolue de l'espèce et se refuse à admettre les théories transformistes. Son système n'en est que plus étrange, car que penser de cette force aveugle qui, sans se tromper jamais, crée précisément, à chaque période du monde, les êtres qui non seulement s'adaptent au milieu particulier qu'ils doivent habiter, mais qui même sont capables de l'améliorer pour permettre ensuite de nouveaux progrès ?

(1) *Parerga und Paralipomena*, t. II, ch. LXXXVII.

Schopenhauer, il ne faut pas l'oublier, a promis de tout expliquer, c'est là le critérium auquel on reconnaîtra la justesse de ses théories, l'excellence du système. Il a lui-même comparé l'énigme du monde à une longue inscription dans une langue inconnue qu'il s'agit de déchiffrer (1). La clef vraie sera celle qui expliquera l'inscription tout entière. Pour Schopenhauer cette clef vraie c'est la volonté aveugle qui, en dehors de toute lueur de l'intelligence, s'objective pour créer le monde ; au lecteur de juger si cette volonté aveugle explique l'univers tel que nous le connaissons.

Le vrai mérite de l'œuvre de Schopenhauer est d'avoir bien saisi et habilement mis en lumière l'existence dans le monde d'une force supérieure aux individus qui les conduit à sa guise et les associe, à leur insu, au but qu'elle poursuit. Cette force qui se manifeste dans l'instinct des animaux préposé à la conservation des espèces, elle se retrouve chez l'homme et joue dans les mystères de l'amour un rôle qui n'a point échappé à Schopenhauer. Il est naturellement porté à en exagérer l'importance ; toujours est-il qu'elle lui permet une théorie de l'amour sexuel, de l'amour physiologique, le seul auquel il s'arrête, le seul auquel il croie.

L'amour, d'après lui, est une passion spécifique, l'affirmation du vouloir-vivre, l'expression permanente de la tendance aveugle de la volonté à perpé-

---

(1) L'inscription n'est ici qu'une comparaison, aussi n'insistons-nous pas plus qu'il ne convient sur la contradiction que suppose une inscription déchiffrable qui serait le résultat fortuit d'un assemblage de lettres placées à la suite les unes des autres, par une main inconsciente dirigée par une force aveugle.

tuer la vie; mais précisément parce que l'amour a pour but la conservation de l'espèce, l'individu n'est pour lui qu'un instrument, qu'il amène, par des illusions décevantes, à sacrifier ses véritables intérêts alors qu'il croit follement les servir (1).

Pour Schopenhauer, l'amour véritable n'a qu'un

(1) « Qu'on s'imagine un seul instant que l'acte générateur ne résulte ni des excitations de l'instinct, ni de l'attrait de la volupté, et ne soit qu'une affaire de pure réflexion : la race humaine pourrait-elle subsister ? Chacun ne prendrait-il pas en pitié l'avenir de cette génération nouvelle, et ne voudrait-il pas lui épargner le fardeau de l'existence, ou du moins ne refuserait-il pas de prendre sur soi la responsabilité de l'en charger de sang-froid ? » *Parerga und Paralipomena*, t. II, p. 321-322. Ailleurs Schopenhauer écrit : « Le génie de l'espèce est toujours en guerre avec le génie protecteur des individus, il est leur persécuteur et leur ennemi, toujours prêt à détruire sans pitié le bonheur personnel, pour arriver à ses fins ; et on a vu le salut de nations entières dépendre parfois de ses caprices. L'espèce, en effet, en laquelle notre être prend racine, a sur nous un droit antérieur et plus immédiat que l'individu, ses affaires passent avant les nôtres. Les anciens ont senti cela, quand ils ont personnifié le génie de l'espèce dans Cupidon, dieu hostile, dieu cruel, malgré son air enfantin, dieu justement décrié, démon capricieux, despotique, et pourtant maître des dieux et des hommes. Des flèches meurtrières, un bandeau et des ailes sont ses attributs. Les ailes marquent l'inconstance, suite ordinaire de la déception qui accompagne le désir satisfait.

« Comme en effet la passion reposait sur l'illusion d'une félicité personnelle, au profit de l'espèce, le tribut une fois payé à l'espèce l'illusion décevante doit s'évanouir. Le génie de l'espèce, qui avait pris possession de l'individu l'abandonne de nouveau à sa liberté. Délaissé par lui, il retombe dans les bornes étroites de sa pauvreté, et s'étonne de voir qu'après tant d'efforts sublimes, héroïques et infinis, il ne lui reste rien de plus qu'une vulgaire satisfaction des sens ; contre toute attente, il ne se trouve pas plus heureux qu'avant. Il s'aperçoit qu'il a été dupe de la volonté de l'espèce. Aussi, règle générale, Thésée une fois heureux abandonne son Ariane. La passion de Pétrarque eût-elle été satisfaite, son chant aurait cessé comme celui de l'oiseau, dès que les œufs sont posés dans le nid. »

but, la procréation des enfants : « La passion croissante de deux amants l'un pour l'autre n'est à proprement parler que la volonté de vivre du nouvel individu qu'ils peuvent et veulent procréer. » L'homme cherche une femme pour se reproduire comme l'ichneumon cherche une chenille pour y déposer ses œufs; l'un comme l'autre sont poussés par l'instinct.

De là le caractère tragique de l'amour, son importance dans le monde qu'il domine de toutes parts. Si les mariages d'amour sont d'ordinaire malheureux, c'est qu'ils sont commandés par l'intérêt de l'espèce toujours opposé à celui des individus; si la femme, dans le choix de son amant, tient si peu de compte des qualités intellectuelles, c'est qu'à son insu elle est dominée par la volonté qui veut avant tout assurer les intérêts de l'espèce et en réaliser le type; si les bruns aiment les blondes, c'est que l'homme le plus homme cherche la femme la plus femme. Tout s'explique, même les monstrueuses aberrations de l'homme qui le conduisent à l'amour contre nature. Peut-être seriez-vous tenté de voir dans ce fait une objection à la thèse qui veut trouver dans la conservation de l'espèce la cause et la fin de l'amour. Mais Schopenhauer d'observer que l'instinct lui-même a ses erreurs, que la nature ne s'inquiète nullement de la moralité des actes, et que jusque dans les erreurs de l'instinct sexuel, il est facile de retrouver la volonté; entre deux maux, elle choisit le moindre, et, pour conserver l'espèce, éloigne de la génération ceux que l'âge ou la débilité sexuelle rend peu aptes à procréer des rejetons vigoureux.

Ce n'est point ici le lieu de discuter cette théorie de l'amour, qui se borne à l'amour physique, à l'instinct sexuel, sans tenir le moindre compte de tout ce que l'âme vient ajouter au besoin de reproduction étudié par le biologiste ; nous avons hâte de nous trouver en face du pessimisme de Schopenhauer et de voir enfin comment il sort de la cosmologie qui, nous le savons, est toute sa philosophie (1).

Une volonté inconnue, aveugle, voilà le fond essentiel de tout ce qui est. Cette volonté veut, et vouloir c'est faire effort. Tout le monde phénoménal va sortir de cet effort par une opération assez mal définie qui se cache sous le mot d'*objectivation*. La volonté s'objective d'abord sous les formes inorganiques, puis dans le monde végétal, enfin dans le règne animal. L'homme a été le dernier degré de l'objectivation, mais avec lui est née l'intelligence et Schopenhauer nous avertit que le processus de l'objectivation a atteint son plus haut période ; un être supérieur à l'homme, plus intelligent que lui, est impossible ; car il trouverait la vie trop déplorable pour la supporter un seul instant (2).

L'homme est le produit d'une double objectivation ; une première objectivation produit le corps, et, dans ce corps, le pied est la volonté de marcher objectivée, comme la main est la volonté d'appréhender, l'estomac la volonté de digérer, de même les

---

(1) Voir *D. W. a. W. u. V.*, t. I, chap. LVI-LIX, t. II, chap. XLVI. — *Parerga und Paralipomena*, 2ᵉ édit., vol. I, p. 430-439, et vol. II, chap. XI et XII.

(2) *Parerga und Paralipomena*, t. II, ch. LXXXVII.

dents, le pharynx, sont l'appétit objectivé. Une seconde objectivation de la volonté va donner naissance à l'intelligence.

« L'intelligence sort originairement de la volonté elle-même ; elle appartient au plus haut degré de son objectivation, à titre de pur mécanisme, de moyen de secours pour la conservation de l'individu et de l'espèce. » La volonté de vouloir connaître, c'est le cerveau, la volonté de vouloir avec conscience, c'est la conscience.

L'homme comme le monde est donc volonté, il n'est que volonté ; mais la volonté, c'est un effort, tout effort est peine et douleur ; l'homme est donc nécessairement malheureux, de même que le monde est nécessairement mauvais. Voilà l'explication du pessimisme absolu de Schopenhauer, voilà, du moins, comment il le rattache à sa théorie générale, sans que l'on sache si Schopenhauer est pessimiste parce que le monde est volonté, ou si plutôt le monde ne serait pas volonté et volonté nécessairement douloureuse, parce que Schopenhauer est pessimiste.

Ce qui est certain c'est que, sans avoir à se plaindre plus que bien d'autres d'un sort que beaucoup envieraient et qu'il lui aurait été facile d'améliorer, il est pessimiste absolu. Une fois sur ce chapitre des misères de l'humanité, il ne tarit plus. Il semble se complaire dans ses démonstrations, se réjouir de trouver le monde aussi mauvais, à ce point qu'on se prend parfois à soupçonner chez lui, au détriment de la sincérité, quelque chose d'analogue à ce sentiment de satisfaction qu'éprouvent, dit-on, certains avocats habiles à égarer les juges par la puissance de leur art. Quelque brillants qu'ils soient, ces développements sont moins intéressants pour nous que la théorie même dont ils s'autorisent.

Kant, dans son *Anthropologie*, affirme, sans trop insister, que « la douleur doit précéder toute jouissance. » « Le plaisir, dit-il, étant le sentiment de l'effort vital (*Beförderung der Lebens Kraft*), présuppose un empêchement de la vie, car il ne peut y avoir d'effort sans un empêchement à surmonter. Or, puisque tout empêchement de la vie est une peine, le plaisir présuppose la peine (1). »

Schopenhauer s'approprie cette idée : « Les plaisirs sont et restent négatifs ; croire qu'ils rendent heureux est une illusion que l'envie entretient et par laquelle elle se punit elle-même. Les douleurs, au contraire, sont senties positivement (2). » « Le propre de la satisfaction, de la jouissance, du bonheur, c'est d'être purement la cessation d'une privation, l'apaisement d'une douleur, et par suite, d'agir *négativement*. Et c'est bien pour cela que le besoin et le désir sont la condition de toute jouissance... Ainsi ce qui est positif, ce qui de soi-même est manifeste, c'est la douleur, la satisfaction et la jouissance, voilà le négatif ; elles ne sont que la suppression de l'autre état (3). »

Raisonnant sur ce prétendu principe, Schopenhauer de dire : tout effort est une douleur, donc la

---

(1) Kant, *Anthropologie*, § LIX.
(2) Schopenhauer, *Aphorismes sur la sagesse dans la vie*, trad. par G.-A. Cantacuzène, 1880, p. 152.
(3) *Le Fondement de la morale*, trad. par Burdeau, p. 120.

douleur seule est positive, le plaisir n'est que la cessation de la douleur. Le besoin provoque l'effort ; tant qu'il n'est pas satisfait, c'est la douleur. Vient-il à l'être, cette satisfaction n'est que passagère ; nécessairement elle fait place bientôt à un nouveau besoin, à une nouvelle douleur. Vivre, c'est vouloir, vouloir c'est essentiellement souffrir, « toute vie est par essence douleur ».

Ecoutez Schopenhauer développer cette thèse et démontrer pourquoi la vie ne vaut pas la peine de vivre : « Chaque individu, chaque visage humain n'est qu'un rêve de plus, rêve éphémère de l'esprit infini de la nature, de la volonté de vivre persistante et obstinée, ce n'est qu'une image fugitive de plus qu'elle dessine en se jouant sur la page infinie de l'espace et du temps, qu'elle laisse subsister quelques instants d'une brièveté vertigineuse, et qu'aussitôt elle efface pour faire place à d'autres. Cependant, et c'est là le côté de la vie qui donne à penser et à réfléchir, il faut que la volonté de vivre, violente et impétueuse, paye chacune de ces images fugitives, chacune de ces vaines fantaisies au prix de douleurs profondes et sans nombre, et d'une mort amère longtemps redoutée, qui vient enfin. Jusqu'à ce jour où l'individu retombe et se perd dans l'éternelle volonté, sa vie oscille comme un pendule entre la douleur et l'ennui. »

« Le vouloir et l'effort, qui sont l'essence entière de l'homme, ressemblent à une soif inextinguible. La base de tout son être c'est besoin, manque, douleur. Etant l'objectivation la plus complète de la volonté, il est par là même le plus besoigneux de tous les êtres. Il est, dans sa totalité, un vouloir et un besoin concret; un agrégat de mille besoins. La vie n'est qu'une lutte pour l'existence, avec la certitude d'être vaincu. »

« La vie est une chasse incessante, où tantôt chasseurs et tantôt chassés, les êtres se disputent les lambeaux d'une horrible curée; une guerre de tous contre tous; une sorte d'histoire naturelle de la douleur qui se résume ainsi : Vouloir sans motif, toujours souffrir, toujours lutter, puis mourir, et ainsi de suite, dans les siècles des siècles jusqu'à ce que la croûte de notre planète s'écaille en tout petits morceaux. »

L'observation vient confirmer la théorie; plus la vie s'élève, plus l'homme se civilise, plus la douleur augmente d'intensité. L'homme civilisé, avec son système nerveux aiguisé, frémit à la seule pensée des tortures que supporte impassible le sauvage, et à la longue liste des douleurs physiques qui l'assiègent, viennent se joindre les douleurs morales, l'ennui, ces misères nées des complications de notre existence moderne.

Le caractère positif de la douleur résulte d'ailleurs de ce fait que la poésie ne cesse de la prendre pour thème éternel de ses chants, alors qu'elle est impuissante à dépeindre le bonheur. Le Dante, en empruntant à notre humanité les maux qui la désolent, a pu, sans trop d'efforts, constituer un enfer très suffisant; au contraire, son paradis est vide, des discours, des conversations viennent, par une sorte d'artifice nécessaire, remplacer des descriptions impossibles.

Et une fois sur le terrain pratique, Schopenhauer triomphe; les champs de bataille où l'homme s'égorge, les hôpitaux où il râle, les chambres d'opérations où il souffre, les prisons où il gémit, les fabriques où il travaille douze et parfois quatorze heures par jour (1), tout lui est bon pour appuyer sa thèse. Il la développe avec une âpre joie, multipliant les observations frappantes et les citations les plus inattendues.

En vain objecteriez-vous l'horreur instinctive de la mort, les quelques charmes de la vie et l'amour de l'homme pour l'existence même misérable qu'il traîne ici-bas; n'en est-il pas de tout cela comme des séductions décevantes de l'amour sexuel qui, nous l'avons vu plus haut, masquent les fins de la *volonté* et assurent, malgré l'intérêt contraire de l'individu trompé, la perpétuité de l'espèce.

Il faut donc l'aveuglement intérieur des professeurs de philosophie officiels pour s'obstiner, malgré la logique et les faits, dans un optimisme de convention et ne pas conclure avec Voltaire : « Le bonheur n'est qu'un rêve et la douleur est réelle. Il y a quatre-vingts ans que je l'éprouve. Je n'y sais autre chose que m'y résigner et me dire : les mouches sont nées pour être dévorées par les araignées et les hommes pour être dévorés par le chagrin » (2).

La morale de Schopenhauer se rattache étroite-

---

(1) « Ils entrent à l'âge de cinq ans dans une filature ou toute autre fabrique ; et successivement, pendant dix heures d'abord, puis douze, puis quatorze heures de la journée, ils restent assis, exécutant constamment le même travail mécanique. C'est payer cher le plaisir de respirer. » *D. W. a. W. u. V.*, t, II, 661.

(2) *D. W. a. W. u. V.*, t. I, liv. IV, § 56.

ment à son pessimisme, mais elle ressemble peu à ce que l'on désigne ordinairement sous ce mot de morale. En effet, elle n'a rien de pratique ; elle n'a aucune prétention à rendre les hommes vertueux (1), ne se reconnaît aucune mission pour leur parler de devoirs. La philosophie tout entière est théorie ; le philosophe, qui construit son système de morale, examine les faits tels que les donne l'observation, pour les étudier et les éclairer par la connaissance abstraite de la raison.

Ainsi, dans le système de Schopenhauer, de même qu'il n'y a pas de Dieu, d'âme, il n'y a pas de devoirs, il n'y a même pas, en réalité, de liberté, car Schopenhauer n'admet la liberté que comme chose en soi ; dans le monde des phénomènes régnerait, à l'entendre, le déterminisme le plus absolu. « De même que toute chose dans la nature a ses propriétés et ses qualités qui, sous une action déterminée, donnent une réaction déterminée et font connaître son caractère ; de même l'homme a son caractère dont les motifs provoquent ses actes avec nécessité. » « Le méchant tient sa méchanceté de naissance, comme le serpent ses crochets et ses poches à venin : ils peuvent aussi peu l'un que l'autre se débarrasser. *Velle non discitur*, a dit le précepteur de Néron.... Dans ce monde, tout être agit selon son immuable nature, selon qu'il est en soi, selon son *essentia* ; et

---

(1) « La vertu ne s'apprend pas plus que le génie ; les notions abstraites sont aussi infructueuses pour elle que pour l'art. Il serait aussi insensé de croire que nos systèmes de morale et nos éthiques produiront des gens vertueux et des saints que de penser que nos esthétiques feront naître des poètes, des musiciens et des peintres. » *D. W. a. W. u. V.*, t. I, ch. LIII.

l'homme de même. Tel vous êtes, telles seront, telles doivent être vos actions : le *liberum arbitrium indifferentiæ* n'est qu'une invention, depuis longtemps sifflée, de la philosophie dans son bas âge ; et il n'y a plus pour traîner ce bagage que quelques vieilles femmes en bonnet de docteur » (1).

Il faut citer encore Schopenhauer, car sa pensée est ici difficile à saisir et l'on pourrait craindre de la trahir en l'analysant. « Ce monde avec tous ses phénomènes est l'objectivation de la volonté, qui, elle, n'est pas un phénomène, ni une idée, ni un objet, mais une chose en soi, non soumise au principe de raison suffisante, forme de tout objet, non soumise au rapport de conséquence à principe ; comme telle, elle ne connaît aucune nécessité, c'est-à-dire qu'*elle est libre*. Le concept de liberté est ainsi, à proprement parler, purement négatif, puisqu'il ne contient que la négation de la nécessité, c'est-à-dire d'un rapport de principe à conséquence suivant l'axiome de raison suffisante. » Ainsi Schopenhauer, tout en admettant la liberté, la relègue dans le monde des concepts ; si nous saisissions sa pensée assez subtile, l'homme est une manifestation de la chose en soi. Comme agent, il n'est qu'un phénomène soumis aux lois nécessaires du déterminisme ; mais, en tant qu'il est, il est en dehors des formes de la nécessité, il est libre. Tel serait le sens de cet axiome : *In esse, nicht in operari liegt die Freiheit*, axiome sur lequel Schopenhauer insiste et qu'il développe ainsi : « L'*operari* d'un homme donné est déterminé, extérieu-

---

(1) *Le Fondement de la morale*, trad. par Burdeau, p. 166 et 169.

rement par les motifs, intérieurement par son caractère, et cela d'une façon nécessaire ; chacun de ses actes est un événement nécessaire. Mais c'est dans son *esse* que se retrouve la liberté. Il pouvait être autre ; et tout ce en quoi il est coupable ou méritant, c'est d'être ce qu'il est. Car quant à ce qu'il fait, cela en résulte jusque dans le détail comme corollaire (1). »

« La liberté morale ne doit pas être cherchée dans la nature, mais hors de la nature. Elle est métaphysique. Par suite nos actes ne sont pas libres ; tandis qu'il faut regarder le caractère de chacun comme son acte libre. Il est tel parce que, une fois pour toutes, il veut être tel. Car la volonté en elle-même et en tant que se manifestant dans un individu et constituant son vouloir primitif et fondamental est indépendante de toute connaissance, puisqu'elle lui est antérieure. Elle ne tient de la connaissance que les motifs suivant lesquels elle développe successivement son essence et se fait connaître ou se rend sensible, en elle-même comme située en dehors du temps, elle est immuable (2). »

Avec de pareilles conceptions, il ne saurait être question d'obligation morale, de moralité proprement dite, et nous verrons bientôt que le peu de liberté théorique réservée par Schopenhauer ne paraît pas avoir d'autre raison d'être que le désir de préparer la possibilité de la libération qui est le couronnement inattendu de son système.

Pour Schopenhauer, la lutte dont notre conscience

---

(1) *Le Fondement de la morale*, tr. par Burdeau, p. 83.
(2) *Parerga und Paralipomena*, t. II, § 117.

est le théâtre douloureux, ce sera la lutte entre la volonté aveugle qui veut vivre et l'intelligence qui, comprenant enfin que la réalité est une illusion, la vie une douleur, se prend à persuader à la volonté que le mieux pour elle est de ne plus vouloir et de rendre par là impossible la vie, c'est-à-dire l'effort et la souffrance. Et toute sa morale, qui se rattache ainsi à sa théorie générale, consiste dans cette opposition entre l'affirmation du vouloir-vivre (*die Bejahung des Willens zum Leben*) et la négation du vouloir-vivre (*die Verneinung des Villens zum Leben*).

« L'affirmation du vouloir-vivre est la racine du monde phénoménal, de la diversité des êtres, de l'individualité, de l'égoïsme, de la haine et de la méchanceté (1). »L'acte moral consiste à lutter contre l'égoïsme après avoir reconnu que le moi n'est rien et que le principe d'individuation n'a qu'une portée illusoire. La pitié, la philanthropie (*Menschenliebe*), sont les bases de la morale, parce qu'elles supposent la négation de l'égoïsme et une sorte d'affirmation par l'individu de l'identité de tous les êtres.

La pitié est ce fait étonnant, mystérieux (2), par lequel nous voyons la ligne de démarcation qui, aux yeux de la raison, sépare totalement un être d'un autre, s'effacer et le non-moi devenir en quelque façon le moi. « Cette pitié, voilà le seul principe

---

(1) *D. W. a. W. u. V.*, t. II, chap. XLVIII.

(2) « Ce phénomène est, je le répète, un *mystère;* c'est une chose dont on ne saurait rendre directement compte et dont l'expérience ne saurait découvrir les causes. » *Le Fondement de la morale*, tr. par Burdeau, p. 143.

réel de toute justice spontanée et de toute vraie charité (1). »

Mais la justice n'a de valeur que parce qu'elle suppose un sacrifice absolu, parce qu' « elle est un moyen de se nier et de nier son vouloir-vivre ». Or cette négation du vouloir-vivre, c'est le but suprême de la morale, c'est le but poursuivi par l'ascète, par les pénitents de tous les temps et de tous les pays, par les dévots de l'Inde comme par les saints catholiques (2). C'est le plus sublime effort auquel l'homme puisse s'élever, de là la valeur morale de la chasteté absolue et volontaire ; seule elle réduit à l'impuissance le grand coupable, l'amour, qui en trompant l'individu perpétue en même temps la vie et la douleur.

Le peu de liberté que Schopenhauer attribue à l'homme doit précisément lui servir à nier le vouloir-vivre et à opérer ainsi la rédemption du monde. Déjà, en étudiant l'esthétique, Schopenhauer avait été amené à admettre quelque atténuation à sa théorie qui ramène tout à la volonté. Si le monde est mauvais, le plus mauvais monde possible, comment

---

(1) *Le Fondement de la morale*, tr. par Burdeau, p. 118.

(2) Schopenhauer, qui, au fond, méprise toutes les religions, ne peut s'empêcher de faire quelque cas du catholicisme. D'abord ses docteurs ont éloquemment parlé des misères de ce monde et, pour Schopenhauer, peu importe le caractère monothéiste, panthéiste ou polythéiste d'une religion ; est-elle optimiste ou pessimiste, tout est là. Aussi met-il en bon rang le catholicisme romain parce qu'il prêche la chasteté volontaire et le renoncement, tandis qu'il raille le protestantisme qui, en supprimant le célibat, a supprimé l'essence même du christianisme pour aboutir « à un plat rationalisme, à une religion qui n'est bonne que pour des pasteurs aimant le confortable. »

expliquer les jouissances esthétiques qu'il nous réserve? comment l'artiste, empruntant ses éléments à ce monde maudit, pourra-t-il arriver au beau? Pour résoudre cette difficulté, Schopenhauer attribue aux idées une sorte de réalité toute platonicienne; sa théorie sur ce point est assez obscure. Voici comment la résume M. Ribot (1) qui excelle dans ces analyses délicates : « L'idée est l'intermédiaire entre le monde de la représentation phénoménale et le monde de la volonté, c'est la volonté de la nature aveugle et mauvaise qui, peu à peu, s'amende et se corrige par l'oubli d'elle-même et de ses besoins, c'est l'imperfection qui travaille à son propre néant. L'idée est un des degrés de ce progrès vers le néant : elle est affranchie à la fois des limites de la représentation et de l'égoïsme de la volonté, elle est bien le véritable symbole de l'art qui, également éloigné de la science et de l'intérêt, atteint la beauté par ce double renoncement, et achemine les âmes au renoncement suprême de la volonté (2). »

Le but de l'art serait précisément de corriger l'égoïsme, d'affranchir le sujet; Schopenhauer est trop artiste pour nier, de parti pris, la jouissance esthétique, il est trop pessimiste pour l'expliquer autrement que par une prétendue victoire de l'intuition et de la contemplation sur la volonté : « Tant que nous nous livrons à la foule précipitée des vœux, des espérances et des craintes continues, nous restons sujets de la volonté et alors nous n'aurons ja-

---

(1) Th. Ribot, *la Philosophie de Schopenhauer*, Paris, Germer-Baillière, 1874, p. 96.
(2) Voir *D. W. a. W. u. V.*, t. I, liv. III, § 30, 31.

mais ni plaisir durable, ni repos ; le sujet de la volonté reste sous la roue tournante d'Ixion. Mais lorsqu'une circonstance extérieure nous élève subitement au-dessus du torrent infini du vouloir, lorsque la connaissance affranchie saisit les choses libres de tout rapport avec la volonté, c'est-à-dire en dehors de tout intérêt personnel, s'abandonnant tout à fait à elle en tant que représentations pures, et non en tant que motifs, alors le repos inutilement cherché ailleurs pénètre en nous et nous remplit de bien-être (autant du moins que cela est possible, le bien-être ne pouvant être que la suppression de la souffrance). C'est l'état sans douleur qu'Epicure estimait le plus grand bien et comme la manière d'être habituelle des dieux. Nous sommes délivrés de l'aride effort de la volonté. C'est comme le repos du sabbat que nous célébrons en nous sentant pour un instant affranchis du travail dans la prison correctionnelle du vouloir. Pour un instant la roue d'Ixion s'arrête...

« L'esprit se perd alors avec la conscience de lui-même, il ne subsiste plus que comme un sujet pur, affranchi de tout lien avec le vouloir, comme un miroir clair de l'objet, en sorte qu'il semble que l'objet soit seul là, sans personne pour le percevoir... Celui qui a l'intuition ne se sépare plus de l'intuition elle-même ; l'un et l'autre ne font plus qu'un (1). »

Mais la jouissance esthétique n'est qu'un expédient, l'affranchissement qu'elle procure à l'homme

---

(1) *D. W. a. W. u. V.*, t. I, p. 234 et 240.

n'est que momentané, c'est une distraction et non pas un remède à son mal. « Bientôt revient le moment où chacun devra agir avec ses semblables dans le grand jeu des marionnettes de la vie et où le contemplateur, rappelé brusquement à son rôle, sentira la ficelle par laquelle il est suspendu et mis en mouvement (1). » « L'art n'est pas un chemin pour sortir de la vie, c'est une consolation pour y rester ; jusqu'à ce qu'enfin, fatigué du jeu, on en vienne aux choses sérieuses. »

Les choses sérieuses, c'est ce quiétisme de la volonté, ce *nirvâna* hindou qui affranchit l'homme et le délivre des maux de cette vie. « Celui chez qui le renoncement du vouloir vivre est amené, si pauvre, si privée de joie, si pleine de besoins que sa condition puisse être, quand on le juge du dehors, est plein d'une joie intime et d'un véritable repos céleste. Ce n'est pas l'impulsion inquiète de la vie, la joie exubérante, qui a une violente souffrance comme son antécédent ou sa conséquence nécessaire, telle que celle qui remplit le genre de vie du bon vivant, mais c'est une paix imperturbable, un profond repos, une joie intime. »

Toutefois l'anéantissement de la volonté par la contemplation est réservé au sage : dans les masses le pessimisme éveille naturellement la pensée du suicide qui apparaît comme un moyen de délivrance surtout quand il n'y a plus pour arrêter la main du désespéré ni Dieu, ni jugement. Le pessimiste convaincu, après avoir démasqué les ruses

---

(1) *Parerga und Paralipomena*, 452.

de la volonté, n'a plus qu'un but, échapper aux maux dont sa clairvoyance lui a enfin révélé la douloureuse nécessité. Les disciples d'Hégésias se suicidaient, si bien que l'autorité dut s'inquiéter du pessimisme du maître et interdire ses leçons (1). Les disciples de Schopenhauer pourraient être tentés d'en faire autant et il veut bien prendre la peine de les détourner d'une résolution si funeste. Non point qu'il la trouve en soi immorale et blâmable, car il disait un jour : « Si j'étais né pauvre et s'il m'avait fallu vivre de la philosophie et conformer ma doctrine aux prescriptions officielles, j'aurais mieux aimé m'envoyer une balle dans la tête. » Il ne faudrait pas voir là une simple boutade, car voici ce qu'il dit du suicide dans *le Fondement de la morale* : « Ce qu'on entend communément par ces devoirs envers nous-mêmes, c'est d'abord un raisonnement tout inspiré de préjugés et fondé sur les idées les plus superficielles, contre le suicide. Seul, et différent en cela de la bête, l'homme n'est point exposé aux douleurs *physiques* seulement, à ces douleurs tout enfermées dans le présent ; il est encore livré en proie à des douleurs incomparables, dont la nature est de déborder sur l'avenir et sur le passé, aux douleurs *morales* ; aussi, *en compensation, la Nature lui a accordé ce* PRIVILÈGE *de pouvoir, alors qu'elle-même n'impose pas encore un terme à sa vie, la terminer à son gré*; et ainsi de ne pas vivre, comme la bête, aussi longtemps qu'il *peut*, mais aussi longtemps qu'il *veut*. Maintenant ce privilège,

---

(1) Voir supra, p. 12.

doit-il, en vertu de certaines vertus de morale, y renoncer? c'est là une *question difficile*; et en tous cas, ce n'est pas avec les arguments superficiels d'usage en cette matière qu'on peut en décider. Même les raisonnements contre le suicide, que n'a pas dédaigné d'offrir Kant (p. 53, R. 48; et p. 67, R. 57), je ne peux en bonne conscience les traiter autrement que de pauvretés indignes qu'on y réponde. Il n'y a qu'à rire, s'il se trouve un homme pour imaginer qu'à un Caton, à une Cléopâtre, à un Cocceius Nerva (Tacite, *Ann.*, VI, 26), à une Arria, femme de Pætus (Pline, Ep. III, 16), des réflexions de cette force auraient dû arracher le poignard des mains. *S'il existe* des raisons vraiment morales contre le suicide, en tous cas, il faudrait aller les chercher à une profondeur où n'arrive pas la sonde de la morale vulgaire; elles se révèlent uniquement à une pensée placée bien au-dessus du point de vue où noussommes dans cet essai (1). »

Si Schopenhauer écarte le suicide, ce n'est pas parce qu'il est défendu de tuer, mais parce que le suicide est une solution insuffisante, reposant sur une idée fausse. D'abord ce n'est pas la vraie négation du vouloir vivre qui consiste à nier la vie elle-même avec ses plaisirs si elle paraît en avoir et qui seule a une valeur morale. Celui qui se tue refuse la douleur, mais il veut la vie, il la voudrait heureuse et c'est par dépit qu'il en sort. Le suicide nie l'individu, non l'espèce. Puis la volonté est indestructible; Schopenhauer qui a avec les religions de l'Inde

---

(1) Voir *D. W. u. W. a. V.*, t. I, ch. LXIX.

des affinités mystérieuses, leur emprunte, sous le nom de *palingénésie* et en la transformant un peu, la vieille croyance à la métempsycose. Pour lui la volonté immortelle se sépare de l'intelligence mortelle, au moment de la mort, et s'objective dans un autre corps par la génération (1). Avez-vous quelque doute, rappelez-vous l'élévation du chiffre des naissances après les épidémies meurtrières, après les grandes guerres.

Ces considérations systématiques toucheront peu, je le crains, le désespéré qui cherche à en finir avec une vie de misères sans cesse renaissantes. Car on sent toujours plus vivement son propre mal que la somme générale de tous les maux d'autrui et la pensée qu'en se tuant il pourra bien léguer sa volonté inconsciente à quelque malheureux, n'arrêtera guère le pessimiste en quête d'un procédé de suicide.

Quoi qu'il en soit, l'affranchissement résultant de la jouissance esthétique n'est que momentané, il n'est pas d'ailleurs à la portée de tous. Le suicide est un procédé égoïste qui perpétue le mal en le passant à un autre. Schopenhauer veut détruire la

---

(1) Schopenhauer semble se souvenir de ces vers de Lucrèce (III, 980).

Materies opus est, ut crescant postera secla :
Quæ tamen omnia te, vita perfuncta, sequentur :
Nec minus ergo ante hæc, quam tu, cecidere cadentque.
Sic alid ex alio nunquam desistet oriri ;
Vita que mancipio nulli datur, omnibus usu.

« Ces matières sont indispensables à la croissance des races futures qui elles-mêmes ne feront que traverser la vie pour te suivre. Ce qui fut avant toi a donc succombé, on succombera de même. La chaîne des existences se prolonge sans interruption ; nul n'est plein propriétaire de la vie, tous n'en ont que l'usage. »

douleur. Il croit avoir démontré que vivre c'est souffrir, que l'être c'est le mal, il n'y a donc qu'un remède efficace, supprimer la vie en supprimant la volonté. Le corps c'est la volonté à son plus haut degré d'objectivation, nier le corps par l'ascétisme, c'est nier la volonté. La génération seule assure la permanence de l'espèce, seule elle perpétue la douleur en perpétuant la vie; la chasteté absolue supprimera la douleur et libérera l'humanité.

Convaincre tous les hommes de la nécessité de déjouer enfin les ruses du génie de l'espèce, les amener à se refuser à perpétuer le mal par la génération, voilà le grand secret. En résumé, Schopenhauer convie l'humanité à une sorte de suicide en masse par abstention (1). Quel serait le résultat de cette expérience, à supposer que l'unanimité des humains se décidât à la tenter, et nous sommes, en supposant cette unanimité, dans le domaine du rêve? L'humanité va disparaître; avec elle disparaîtra la douleur humaine tout au moins, mais, si le système de Schopenhauer est vrai, la volonté qui a fini par s'objectiver dans l'homme après s'être objectivée dans le monde inorganique d'abord, puis dans le monde végétal et enfin dans le règne animal, cette volonté ne s'avisera-t-elle pas de vouloir s'objectiver à nouveau dans un être intelligent? Qui pourrait l'en empêcher? L'opération de l'anéantissement, opération fort difficile, serait alors à recommencer, le remède se trouverait inefficace. « Je crois pouvoir admettre, répond Schopenhauer, que toutes les manifes-

(1) *D. W. a. W. u. V.*, t. II, p. 474.

tations phénoménales de la Volonté se tiennent entre elles, que la disparition de l'humanité, qui est la manifestation la plus haute de la Volonté, entraînerait celle de l'animal qui n'est qu'un reflet affaibli de l'humanité, et aussi celle des autres règnes de la nature qui représentent les degrés inférieurs de la volonté. C'est ainsi que devant la pleine clarté du jour, le phénomène du rêve s'évanouit. »

L'inventeur lui-même ne semble pas avoir une confiance absolue dans son procédé; car comment démontrer que la disparition de l'homme entraînerait nécessairement celle de l'animal et de la plante? la remarque relative au rêve que fait évanouir la clarté du jour ne suffit pas à me rassurer et fût-elle décisive, comment démontrer que cette victoire remportée sur la volonté rendrait impossible de sa part tout retour offensif? En effet, en prenant le monde tel que le fait Schopenhauer, la volonté est la substance même du monde, quant à l'homme il n'est qu'une pure manifestation. Dès lors est-il admissible que la substance soit détruite par ce qui n'est qu'une manifestation, une objectivation de la volonté? Mais si le phénomène seul est détruit, la volonté, chose en soi, subsiste avec son vouloir aveugle et dès lors la douleur réapparaîtra nécessairement avec une forme nouvelle de la volonté.

Les admirateurs de Schopenhauer glissent volontiers sur ce qui touche à cette solution hardie du grand problème; peut-être craignent-ils de provoquer un sourire ou une raillerie de la part de ceux qui connaissent Schopenhauer et ses mœurs. Quelques-uns de ses disciples ont essayé d'améliorer le procédé, nous verrons notamment ce qu'a tenté dans ce sens, Ed. de Hartmann. Mais avant d'aller plus loin peut-être convient-il de soumettre à la critique le système dont nous venons de retracer les grandes lignes.

Le mérite de l'œuvre de Schopenhauer est surtout dans les développements et dans les détails ; le style de l'écrivain, l'ingénieuse insistance d'un esprit ardent qui excelle à tirer parti des ressources les plus diverses pour répandre ses idées, entrent certainement pour une grand part dans l'impression ressentie. Et cependant la conception générale est faible et on s'aperçoit vite de la fragilité du lien qui semble réunir toutes les parties de l'édifice.

Et d'abord, que penser du rôle que Schopenhauer donne à ce qu'il appelle la volonté ? Pour lui, c'est la chose en soi ; elle donne naissance à tous les phénomènes qui affectent nos sens, et constituent, par leur réunion, ce monde dont nous faisons partie. C'est elle qui, par une opération que Schopenhauer se garde bien d'analyser et couvre du mot d'*objectivation*, suscite non seulement les objets inanimés, mais les plantes, les animaux et l'homme lui-même avec son intelligence et sa conscience. Voilà, selon Schopenhauer, la grande découverte qui va lui livrer la clef de l'inscription énigmatique qu'il prétend déchiffrer et dont le sens profond a échappé jusqu'ici aux efforts des plus grands esprits. Aussi intitule-t-il son grand ouvrage : « *Le Monde comme volonté et comme représentation.* »

Pour établir le rôle prépondérant de la volonté, Schopenhauer s'appuie sur une série de considérations dont aucune n'a de valeur démonstrative et qui tendent tout au plus à rendre l'hypothèse probable, puis, pour passer de la constatation de cette possibilité de l'hypothèse à la démonstration de sa vérité, Schopenhauer se contente de soutenir et d'essayer de prouver que cette hypothèse donne raison de tout. Le fait fût-il vrai, et il ne l'est pas, la volonté de Schopenhauer pût-elle, sans antinomie, sans contradiction, expliquer à elle seule toute la somme des phénomènes connus, elle ne serait encore qu'une hypothèse à la merci de la découverte d'un fait nouveau inexplicable par elle; elle ne serait encore qu'une interprétation à mettre en balance avec d'autres que Schopenhauer méprise, mais qui, elles aussi, comme la sienne et même mieux que la sienne, donnent un sens à l'énigme du monde.

Nous sommes donc en droit de demander à cette nouvelle venue, la volonté, quels sont ses titres au rôle éminent qu'il plaît à Schopenhauer de lui attribuer. Je l'entends bien s'efforcer de rabaisser l'intelligence et énumérer avec complaisance ses défauts (1); elle est successive, elle a un caractère fragmentaire, elle se trouve sujette à l'oubli, elle vieillit avec le cerveau et perd avec l'âge son énergie; mais n'en peut-on pas dire autant de la volonté telle que nous la connaissons ? et ne faut-il pas toute la confiance de Schopenhauer dans sa découverte pour conserver la moindre illusion sur la valeur de la prétendue démonstration sans laquelle cette décou-

(1) *D. W. a. W. u. V.* t. II, ch. xv.

verte n'est qu'une affirmation gratuite? Voici, au reste, le passage où Schopenhauer révèle son secret, sa méthode pour arriver au principe même des choses; nous le reproduisons car là est la base de tout le système et la soi-disant raison d'être du pessimisme : « L'homme a sa racine dans ce monde, il s'y trouve comme individu, c'est-à-dire que sa connaissance qui est le support du monde comme représentation, dépend d'un corps dont les affections sont le point de départ de nos intuitions du monde. Ce corps est, pour le sujet purement pensant, une représentation parmi les autres représentations, un objet parmi d'autres objets; les mouvements et les actions de ce corps ne sont connus du sujet purement pensant, que comme les changements de tous les autres objets sensibles, et ils lui seraient aussi étrangers, aussi incompréhensibles, si leur signification ne lui était révélée d'une autre manière. Il verrait ses actes suivre les motifs, avec la constance d'une loi naturelle, comme le font les autres objets qui obéissent à des causes de diverses espèces. Il ne comprendrait pas plus l'influence des motifs que le lien de tout autre effet avec sa cause. Il pourrait à son gré nommer la force, qualité ou caractère, l'intime et incompréhensible essence de ses actes, mais il n'en saurait pas plus long.

« Il n'en est pas ainsi : il y a un mot qui explique l'énigme du sujet de la connaissance; ce mot, c'est la *Volonté*. Ce mot, et ce mot seul, lui donne la clef de lui-même comme phénomène, lui en révèle le sens, lui montre le ressort intérieur de son être, de ses actes, de ses mouvements. Au sujet de la connaissance qui, par son identité avec le corps, existe comme individu, ce corps est donné de deux façons différentes : comme représentation ou intuition, comme objet parmi des objets et soumis comme tel aux lois objectives ; en même temps, il est *ce que chacun connaît immédiatement*, ce qu'exprime ce mot *volonté*.

« Tout acte véritable de la volonté est immanquablement aussi un mouvement de son corps ; il ne peut vouloir l'acte réellement, sans percevoir en même temps qu'il se manifeste comme mouvement du corps. L'acte volontaire et l'action du corps ne sont pas deux états, différant objectivement et reliés par le lien de la causalité ; il n'y a pas entre eux un rapport de cause à effet, ils sont une seule et même chose, donnée seulement de deux manières totalement différentes, d'une part immédiatement, d'autre part dans l'intuition intellectuelle. L'action du corps n'est autre chose que l'acte de la volonté objectivée, c'est-à-dire manifestée dans l'intuition... Ce n'est que pour la réflexion que faire et vouloir diffèrent ; en réalité, ils sont un (1). »

Telle est la méthode intérieure à l'aide de laquelle Schopenhauer arrive à la chose en soi. Son procédé consiste à comprendre la nature d'après nous-mêmes et non pas nous-mêmes d'après la nature. L'homme ne connaît donc la *volonté* et ne comprend la nature que par la connaissance immédiate qu'il trouve en lui-même de la *volonté*. Mais ici Schopenhauer, et c'est une critique que nous lui adressons, parle

---

(1) *D. W. a. W. u. V.*, t. I, liv. II, ch. xviii.

un langage qui n'est pas le langage usuel. Sans nécessité, il donne au mot volonté un sens différent de son sens vrai et provoque ainsi une équivoque qui n'est pas seulement dans les mots, mais dans les choses. Le mot volonté éveille nécessairement l'idée d'un être intelligent et libre ; nous ne pouvons concevoir la volonté que comme un phénomène intellectuel et l'intelligence est pour nous supérieure à la volonté dont elle est une condition. La volonté de Schopenhauer, au contraire, précède l'intelligence, elle est aveugle et ce n'est qu'après s'être objectivée qu'elle permet à l'intelligence de juger son œuvre et de la condamner. La volonté de Schopenhauer n'est donc pas une *volonté*. Et cependant il insiste sur cette idée que la volonté nous est connue par la conscience et c'est là la raison même de sa méthode. C'est notre volonté immédiatement connue qui va servir à expliquer d'autres volontés inconnues. La méthode se comprendrait si la volonté était un fait absolument simple et si l'identité de nature de toutes ces volontés était démontrée, mais que penser de cette méthode alors que c'est la dissemblance profonde de ces volontés qui est évidente ? Car ce que Schopenhauer suppose être la chose en soi, ce n'est pas la volonté connue, fait complexe, supposant des motifs, une délibération et aboutissant à des actes. Un fait complexe ne peut être la chose en soi, aussi Schopenhauer, sous prétexte que l'intelligence est accidentelle, supprime de la *volonté* la conscience, les motifs. Que reste-t-il ? Un vouloir incompréhensible, un vouloir qu'on ne sait comment nommer parce qu'on ne peut pas représenter par un mot satisfaisant une idée qui n'est pas claire. En réalité, la volonté aveugle et inconsciente de Schopenhauer ne ressemble en rien à ce que nous appelons la volonté ; c'est un je ne sais quoi qui se rapprocherait bien plutôt de la notion de force. La méthode qu'il préconise ne mène donc à rien, elle ne se soutient pas rationnellement et repose simplement sur un argument par analogie, le plus décevant de tous les arguments, elle se réduit à une comparaison et encore à une comparaison entre deux choses hétérogènes !

Et cependant, tout n'est pas à rejeter dans les conceptions de Schopenhauer ; il a certainement contribué à démontrer que l'idée de matière est pour nous, malgré les apparences contraires, une idée obscure, impossible à élucider complètement et ne correspondant certainement pas à ce que suppose le vulgaire (1), et en même temps l'exagération

---

(1) Lotze (Hermann), professeur à l'université de Gœtingue, insiste, comme suit, sur l'obscurité de l'idée de matière :

« Notre intelligence ne se fait absolument aucune idée de cet être mort, immobile, qui au premier abord nous semblait si facile à concevoir, car il s'offre à nous, au dehors, comme un point de liaison très commode pour les différents rapports qui sont l'objet de la science ; nous n'avons une intuition positive et immédiate que de ce qui est vivant et actif ; c'est cela seul que nous comprenons, avec cela seulement nous pouvons sympathiser parce que nous en pénétrons l'essence : la matière est toujours pour nous une figure étrangère. Quoiqu'elle soit très bien et très rigoureusement définie par la détermination de la forme, de la situation, du mouvement et des autres modes d'action qui s'y rattachent, la matière reste toujours pour nous, dans toutes nos intuitions, une substance *obscure*, qui se meut dans un brillant réseau de relations, soumises elles-mêmes à des lois que nous connaissons en grande partie et qui nous permettent souvent de prédire les phénomènes, les formes qu'elle

même du rôle par lui donné à la volonté l'a conduit à mettre en lumière l'idée de force sur laquelle les découvertes modernes attirent de plus en plus l'attention. On a remarqué que la métaphysique subissait presque toujours l'influence des doctrines scientifiques régnantes et que, le plus souvent, les systèmes philosophiques n'étaient que la mise en œuvre plus ou moins habile des connaissances d'une époque. Schopenhauer édifiant à son tour un système ne pouvait pas échapper à ces influences. Aujourd'hui la science tend à ne voir derrière les phénomènes que des forces, à tout expliquer par des mouvements (1) qui ne sont que la manifestation des forces. Mais les conséquences que l'on peut légitimement déduire de ces théories scientifiques sont loin de conduire nécessairement au système de Schopenhauer et à son pessimisme désolant, je n'en veux pour preuve que le beau travail de M. F. Magy intitulé « De la science et de la nature ». Lui aussi ne voit dans « l'univers qu'un dynamisme immense, composé d'une infinité de forces simples (2) »; lui aussi admet que la conscience, l'intuition du sens intime nous donnent quelque idée de la force. « Il faut rejeter entièrement le témoignage de la

---

prendra, sans que nous puissions cependant dissiper les ténèbres qui la dérobent en elle-même à nos regards. »

Lotze (Hermann), *Principes généraux de psychologie physiologiste*, trad. p. Penjon. Paris, Germer-Baillière, 1876, p. 51.

(1) Au reste, il ne faut pas s'exagérer la valeur de l'explication ; le mouvement lui aussi, est mystérieux. « La nature de cette modification singulière, par laquelle un corps est transporté d'un lieu dans un autre est et sera toujours inconnue. » Laplace, cité par Magy, *De la science de la nature*, Paris, Ladrange, 1865, p. 323.

(2) Magy, p. 311.

conscience et des sens, dit-il, ou on doit reconnaître que la force est un attribut essentiel de tout être (1) »; mais à ses yeux, la force elle-même se ramène à l'esprit, elle n'est pas sa propre cause. « Ces forces, en effet, c'est M. Magy qui parle, ou sont par elles-mêmes d'une existence éternelle, c'est le système de l'athéisme ; ou elles dérivent par émanation d'une substance unique qui en est la source, c'est le système du panthéisme ; ou enfin elles tiennent chacune leur être d'une cause première et indépendante, c'est le système du théisme. Or, de ces trois hypothèses sur l'origine des forces cosmiques, la première implique visiblement contradiction. Car si toute force, en tant que force, possède une substance propre et distincte de toute autre, comment concevoir que des forces distinctes, éternelles, nécessaires, c'est-à-dire qui, avec l'indépendance de la substance, ont encore l'indépendance d'origine, comment concevoir que, dans l'état actuel de la nature, elles se trouvent unies par tant de rapports, que la science découvre et formule de jour en jour ? Comment expliquer que cette correspondance se soutienne entre les forces les plus dissemblables, comme le prouve ce commerce perpétuel entre les forces douées de raison et de libre arbitre et les forces inconscientes et brutes ; celles-ci auxiliaires naturels des premières et objet le plus ordinaire de leur action ; celles-là capables de les modifier de tant de manières et de les assujettir à tant de conditions artificielles. Les athées ont beau dire. L'athéisme

---

(1) Magy, p. 322.

fléchit et succombe devant le principe inéluctable de la distinction des forces que leur impose le dynamisme, mais qu'en vertu de leur hypothèse, ils sont obligés d'exagérer jusqu'à l'indépendance d'origine, et que dès lors ils ne peuvent concilier avec le fait tout aussi certain de l'harmonie universelle. Et cela est si vrai que c'est précisément cette impuissance qui suscite contre eux l'hypothèse adverse du panthéisme.

« Autre erreur cependant, à laquelle le même principe de la distinction des forces oppose encore une invincible barrière. Car cette substance unique, d'où s'échappent en nombre infini tous les êtres qui composent l'univers, elle est une force sans doute, puisqu'elle est la force de toute action comme de tout être, et que d'ailleurs, comme on l'a vu, la force est caractéristique de la substance. De là l'impossibilité manifeste qu'elle se divise et s'épanche dans l'immensité de l'espace, cette division en éléments identiques ou analogues ne pouvant convenir qu'à l'étendue, dont tous les attributs répugnent à la force. Il faut donc revenir de cette vaine idole qu'on nous propose comme le Dieu de la raison, et qui n'est que le Dieu de l'imagination encore sous la sujétion des sens, à un Dieu distinct du monde, à ce Dieu que l'âme humaine, aux époques mêmes de scepticisme et de défaillance, n'a jamais cessé de revendiquer comme le vrai Dieu de la nature et de l'humanité. L'homogénéité des forces cosmiques s'explique par son unicité, leur variété, par sa toute puissance, leur harmonie, par sa sagesse. Et c'est de lui seul qu'on peut dire à juste titre, avec le grand apôtre du christianisme, qu'il n'est pas loin de chacun de nous, et qu'en lui nous avons l'être, la vie, le mouvement. « *In illo vivimus, et movemur et sumus* (1). »

Cette citation montre bien ce qu'il y a de spécieux dans la conception dynamique du monde, et, en même temps, elle montre clairement que cette explication de la grande énigme, inspirée par les plus récentes découvertes des sciences physiques, n'impose pas nécessairement la négation d'un Dieu personnel, distinct du monde.

Schopenhauer ne s'est donc pas seulement trompé quand il a donné le nom de volonté à ce dont il fait le principe du monde, mais c'est son explication même du monde qui est inadmissible, parce qu'elle n'explique rien en réalité, alors que sa seule raison d'être, sa seule démonstration consistent dans ce fait qu'elle serait la clef de tout le mystère.

Evidemment, en substituant la force à la volonté, on améliore la conception de Schopenhauer puisque la notion de force est plus générale que la notion de volonté et qu'elle est d'ailleurs tout aussi connue, car nous avons conscience de la force dans l'analyse même des phénomènes de la pensée. Mais cette substitution ne suffit pas à légitimer le système de Schopenhauer, il reste toujours à expliquer l'origine des forces. Sont-elles leur propre cause? ont-elles chacune leur origine propre et indépendante? La réponse négative à ces questions ne ferait que reculer la difficulté qui se poserait alors

---

(1) Magy, *De la science et de la nature*, p. 317-318-320.

pour celles de ces forces qui auraient donné naissance aux autres. La réponse affirmative rendrait plus indéchiffrable encore l'énigme du monde, car si un fait s'impose avec évidence comme un point que tout système digne d'attention doive expliquer avant tout, c'est bien cette harmonie merveilleuse qui règne dans le monde où elle frappe l'observateur superficiel et confond le penseur. Or comment les forces élémentaires qui, je le veux bien, constituent la nature intime des choses, qui sont originairement et numériquement distinctes, peuvent-elles concourir à un résultat harmonique, si on n'admet pas une cause commune qui les a créées ce qu'elles sont et qui n'est autre que Dieu lui-même ?

Aussi Schopenhauer reste-t-il embarrassé par cette question de la finalité qui a suscité récemment en Allemagne de nombreux travaux (1), et ses plus fidèles commentateurs sont obligés de reconnaître que sa téléologie reste extrêmement obscure ; nous avons essayé de saisir et de résumer sa pensée, et, si nous avons réussi à la comprendre, sur ce point encore, Schopenhauer ne tient pas ce qu'il avait promis. Je vois sans doute la clef d'or qui devait ouvrir toutes les portes, j'entends même son grincement dans la serrure. Schopenhauer s'efforce de me faire comprendre ce qui se passe dans cette serrure au mécanisme compliqué, je saisis peut-être mal son explication ; mais, après tout, je vois bien que la porte reste fermée.

Schopenhauer ne semble donc pas avoir été très

(1) Liebig, Moleschott, Vogt, Büchner et bien d'autres s'en sont occupés.

heureux avec son panthélisme dont il doit avoir pris l'idée dans Schelling et dans Jacques Bœhme pour en faire la base de sa philosophie. Au reste, cette philosophie est beaucoup moins le développement systématique de cette idée qu'un assemblage ingénieux et habile de théories empruntées à des sources diverses.

Sans doute ce qu'un philosophe doit à ses disciples ce ne sont pas des nouveautés plus ou moins séduisantes, c'est la vérité, quel que soit celui de ses devanciers qui l'ait découverte ou soupçonnée avant lui. Mais il n'en est pas moins dangereux d'emprunter de toutes mains; on peut, il est vrai, avec une certaine originalité dans la forme, composer ainsi un ensemble qui frappe au premier abord par la richesse des aperçus, mais il est malaisé d'éviter les contradictions et les disparates naissant de l'incompatibilité des éléments divers mis en œuvre.

Quoi qu'il en soit, Schopenhauer a emprunté à Kant la base même de son pessimisme, le caractère positif de la douleur; il a pris, à l'esthétique et à l'analytique transcendantales du même philosophe l'idéalisme subjectif, cette doctrine d'après laquelle les formes de nos intuitions et de nos pensées n'ont qu'une valeur et une signification subjectives. L'idéalisme objectif, il semblerait l'avoir trouvé dans les lettres de Maupertuis (1), s'il ne le devait pas certainement à la théorie des idées platoniciennes et à Schelling. Le matérialisme est chez lui le résultat de

(1) *Œuvres de Maupertuis*, Lyon, 1768, Bruyset, t. II, p. 230, Lettre IV, sur la manière dont nous apercevons.

l'influence du courant scientifique moderne ; quant au pessimisme, il le développa, en partie, d'après ses dispositions personnelles, en partie d'après les germes répandus çà et là dans les œuvres de Kant. Sa teinte ascétique et quiétiste, ce pessimiste la reçut de la connaissance des religions de l'Inde ; ce fut elle aussi qui le confirma dans un idéalisme rêveur et lui fournit sa palingénésie ainsi que ses vues sur la libération possible de l'humanité. Quant à la prédominance du rôle assigné à la volonté dans la conscience, c'est le trait fondamental de la philosophie de Fichte. Il n'est pas jusqu'à sa *perle*, sa théorie de l'amour qu'on ne retrouve en germe, mais nettement indiquée dans un passage de Chamfort (1) que Schopenhauer a dû connaître, car il goûtait ses œuvres et les cite volontiers (2).

Nous avons déjà signalé quelques-unes des con-

(1) Voici le passage auquel nous faisons allusion : « La nature ne songe qu'au maintien de l'espèce, et, pour la perpétuer, elle n'a que faire de notre sottise. Qu'étant ivre, je m'adresse à une servante de cabaret ou à une fille, le but de la nature peut être aussi bien rempli que si j'eusse obtenu Clarisse après deux ans de soins, au lieu que ma raison me sauverait de la servante, de la fille et de Clarisse même peut-être. A ne consulter que la raison, quel est l'homme qui voudrait être père et se préparer tant de soucis pour un long avenir? Quelle femme, pour une épilepsie de quelques minutes, se donnerait une maladie d'une année entière ? La nature, en nous dérobant à notre raison, assure mieux son empire : et voilà pourquoi elle a mis de niveau sur ce point Zénobie et sa fille de basse-cour, Marc-Aurèle et son palefrenier. »

(2) Schopenhauer dans les *Parerga und Paralipomena*, t. II, ch. xxvii, à propos du caractère des femmes, emprunte notamment à Chamfort les pensées suivantes. « Les femmes sont de grands enfants... Il existe entre les femmes et les hommes des sympathies d'épiderme et très peu de sympathies d'esprit, d'âme et de caractère. »

tradictions qui se sont glissées dans l'œuvre de Schopenhauer, cette mosaïque brillante où l'esprit de système dissimule mal l'absence d'unité. Plus on voudra approfondir cette œuvre, plus apparaîtra l'impossibilité de supprimer les oppositions qui existent entre les éléments artificiels dont elle se compose. Ainsi, pour en donner encore un exemple, par sa théorie de l'intelligence, Schopenhauer tente d'expliquer comment la volonté une et identique devient, pour nous tout au moins, la pluralité infinie des phénomènes observés. Tout être n'est qu'une apparence, le monde n'est que représentation. Mais comment concilier cette théorie avec le matérialisme ? Dans la conception de Schopenhauer le monde n'existe que par sa représentation dans le cerveau, il n'apparaît qu'avec l'intelligence et dépend d'elle. Et cependant l'intelligence, pour lui, dépend du cerveau, c'est un phénomène *tertiaire* qui suppose le corps, lequel suppose la volonté.

Comment, d'ailleurs, la volonté peut-elle s'objectiver dans les corps supposant la pluralité, le changement, antérieurement à l'intelligence qui, dans l'hypothèse, est la cause même de la pluralité et du changement ? J'entends bien Schopenhauer dire que la chose en soi est tout entière dans chaque être (*ganz und ungetheilt in jedem Wesen*) (1), que chaque être est tout entier dans la nature, et la nature tout entière dans chaque être (*jedes ist ganz in ihr, und sie ist ganz in jedem*) (2), mais je suis obligé

---

(1) *D. W. a. W. u. V.*, t. II, ch. xxv.
(2) *D. W. a. W. u. V.*, t. I, § 54.

d'avouer, avec un des critiques du système (1), que si Schopenhauer continue à se comprendre, je ne le comprends plus.

Il n'entre pas dans le cadre de cette étude de soumettre à un examen détaillé chacune des thèses de Schopenhauer. Sans revenir sur les idées types empruntées à Platon et qui font une si étrange figure dans un système ayant pour base la volonté en dehors de toute connaissance, et préexistant à toute connaissance, sans revenir sur la théorie de la finalité si difficile à concilier avec la volonté aveugle et inconsciente que Schopenhauer substitue aux forces de la nature et identifie avec la chose en soi, nous avons hâte d'examiner de plus près les raisons d'être de son pessimisme.

Mais avant tout, il importe de distiguer la philosophie de Schopenhauer et son pessimisme. Il s'efforce, sans doute, de les unir étroitement, il voudrait bien les rattacher par des liens logiques, mais il ne parvient qu'à les superposer (2). Ce n'est pas sa conception du monde qui le conduit au pessimisme, ce n'est pas ce pessimisme qui lui livre le secret de l'énigme. On pourrait admettre le rôle prépondérant par lui attribué à la volonté, sa conception dy-

---

(1) M. L.-A. Dumont, *la Philosophie scientifique en Allemagne*, Revue scientifique, t. XII, p. 84.

(2) Un fervent disciple de Schopenhauer, le Dr David Asher, auquel le maître a légué, outre ses lunettes d'or (*nebst der goldenen Brille*), un exemplaire de son dernier ouvrage et une sorte d'attestation d'orthodoxie, ne craint pas de rejeter comme des accessoires inutiles les doctrines pessimistes. Voir le singulier livre intitulé *le Résultat final de la philosophie de Schopenhauer dans son accord avec une des plus anciennes religions*. Leipsick, 1885, in-8, 100 p.

namique de l'univers, sans tenir pour constant que le monde est mauvais, que le mal y surpasse le bien et de beaucoup.

Il y a plus, et là est le point faible de la doctrine, elle ne nous livre pas l'explication de la douleur, qui reste aussi mystérieuse après la lecture des écrits de Schopenhauer qu'avant, même pour l'esprit docile qui veut bien passer, sans résistance, dans les sentiers où le conduit le maître. Pourquoi la volonté en s'objectivant crée-t-elle (car c'est une véritable création que cache ce mot étrange d'objectivation), un monde absolument mauvais? Schopenhauer le sait si peu que pour essayer de répondre, il s'empresse de priver cette volonté de liberté et de lumière, il la fait inconsciente (*unbewustlos*) et aveugle (*blind*), sauf à lui prêter ensuite des ruses habiles et des vues intelligentes incompatibles avec la conception primitive.

Vainement tente-t-il de rattacher la volonté à son pessimisme en affirmant que tout acte de la *volonté* est nécessairement un effort, un effort pénible, douloureux, en sorte que la *volonté* en s'objectivant ne ferait que céder à un douloureux besoin, comme les amants ne cèdent, dans leurs amoureux transports, qu'à la volonté des générations futures qui aspirent à la vie et s'agitent dans leur sein. Si l'on cherche ce qu'il peut y avoir derrière ces figures de langage, il est impossible de comprendre comment la *volonté* qui est seule à l'origine, sans limitation, peut trouver hors d'elle un obstacle à son vouloir ; comment peut naître, pour elle, cette nécessité, cette possibilité même d'un effort, qui ne se comprend que là où se trouve un obstacle à vaincre ; comment surtout peut naître, pour elle, la possibilité d'un effort douloureux. Car, dans le système, la volonté absolue est toute seule et seule elle pourrait s'opposer à elle-même pour provoquer une résistance et, par suite, nécessiter un effort ; mais ce serait alors, en même temps, vouloir et ne vouloir pas.

Il y a plus, la théorie même de Schopenhauer sur le plaisir et la douleur, cette théorie qui est la base de sa morale, qui devient la raison d'être de ses procédés de libération, après avoir été la raison d'être de son pessimisme, repose sur des vues très contestables, très superficielles, aveuglément empruntées à Kant qui lui-même semble les avoir reçues d'Alexandre Verri. Ce littérateur philosophe a publié, en 1781, un discours *sull'indole del piacere e del dolore* où l'on lit les affirmations suivantes : *Il piacere non e nu essere positivo ; ... Il piacere altro non e che una cessazione d'un male, el solo principio motore d'ell' nomo e il dolore. Il dolore precede ogni piacere.... I piacere delle Belle Arti nascono dai dolori innominati.* »

C'est ce que répète Kant dans un passage de son *Anthropologie* que nous avons déjà cité (1) et cette théorie se rattache historiquement à la philosophie épicurienne (2) pour laquelle le plaisir et la douleur

---

(1) Voir supra, p. 92, note 1.
(2) V. Diogène de Laerte, *Vies et doctrines des philosophies de l'antiquité*, trad. p. Ch. Zévort, 1847, t. II. Epicure : « Le comble du plaisir est l'absence de la douleur. Ce but une fois atteint, tout le temps que le plaisir subsiste il n'y a pour nous ni plaisir ni tristesse, » p. 304. « Une fois que la douleur, suite du besoin, a été soulagée, les plaisirs du corps ne peuvent plus s'accroître, » p. 306.

se trouvaient exclusivement sous la dépendance des phénomènes de désir et de volonté, la peine naissant de la présence d'un obstacle à la satisfaction de nos besoins réels ou imaginaires, le plaisir naissant de la suppression de l'obstacle et n'étant que la cessation de la douleur.

On retrouve la même idée dans les œuvres de Cardan pour lequel « *voluptas omnis ac delectatio dolorem præsupponit aut tristitiam* » (1).

On sait comment Schopenhauer argumente de ce caractère négatif de toute sensation agréable pour conclure logiquement au pessimisme le plus absolu. L'argumentation peut être en forme, les preuves accessoires sont abondantes et brillamment présentées, pourquoi faut-il que la base même, la majeure du syllogisme, soit une erreur démontrée et comment

On peut rapprocher de cette proposition le vers suivant d'Ennius, cité par Cicéron, *De finibus bonorum*, II, 43 :

Nimium boni est, cui nihil est mali.

(1) Cardan est né en 1505 et mort en 1576. *De subtilitate*, XIII, p. 573, *Hieronymi Cardani opera*, Lugduni, 1663... « Tertia ratio est, ut in omnibus meliora delectent, post deteriora ; versa vice vero offendant. Sic lux post tenebras, dulce post amarum, rosæ post ancethum, cansonæ voces post dissonas. Delectatio enim ac voluptas necessario in aliquo sensu sunt : sensus autem omnis cum mutatione est, mutatio autem ex contrariis : igitur vel ex bono in malum, atque huc est tristitia, delectatio igitur mutatione mali in bonum erit, malum igitur præfuisse necesse est. Quis edendo voluptatem capit absque fame ? libendo absque siti ? Veneris usu, non præcedente tentigine ? Lucrando absque cupiditate ? Inde ludenti voluptas adeo magna, propter vicissitudinem frequentem amittendi, lucrandique. Hinc etiam delectationis iteratio frequens. Et in discendo quoque voluptas est ; quia quæ non novimus, discimus. Utrum vero in contemplatione eorum quæ jam novimus, delectatio sit ? Certe aut nulla aut minor, quam quæ fit, dum discimus, ... Videntur igitur pauperes, divitibus, et principibus majore frui delectatione, quia majore tristitia afficiuntur. »

Schopenhauer qui a tout lu, qui cite tous les auteurs, a-t-il pu ignorer les réfutations aussi anciennes que péremptoires qui ont à tout jamais renversé l'opinion dont il fait la base de sa morale?

Platon dont Schopenhauer a longuement étudié les œuvres, auquel il a emprunté sa théorie des idées, Platon a contredit le prétendu caractère négatif du plaisir. Pour lui le plaisir et la douleur se rattachent non pas à la volonté, non pas même à l'intelligence, comme l'ont prétendu, à tort, les cartésiens (1), mais à l'exercice normal et régulier de toutes nos facultés.

(1) Descartes, qui ne voyait dans la conscience que des phénomènes de pensée, a été naturellement amené à rattacher à l'intelligence le plaisir et la peine. A ses yeux, le plaisir est la connaissance de nos perfections ou des biens qui appartiennent à l'âme, la douleur est la connaissance de nos imperfections. « Tout notre contentement ne consiste qu'au témoignage intérieur que nous avons d'avoir quelque perfection... chaque plaisir se devrait mesurer par la grandeur de la perfection qui le produit. » (Lettre à Mme Elisabeth, princesse Palatine, *Œuvres de Descartes*, p.p. V. Cousin, t. IX, p. 225 et 226). Les cartésiens sont, en général restés fidèles, sur ce point, à la doctrine du maître. Voir Sylvain Régis, *Cours entier de philosophie selon les principes de M. Descartes*, De la physique, chap. IV; — Bertrand, *Essai sur le plaisir*, Neuchâtel, 1777; — Kœstener, *Réflexions sur l'origine des plaisirs*.

Cette théorie impuissante à rendre compte des phénomènes observés est d'ailleurs en contradiction avec plusieurs d'entre eux. Il est évident que la sensation douloureuse ou agréable précède tout jugement.

On doit noter que Descartes, dans un ouvrage de sa jeunesse, a été amené, par son sujet même, à des vues plus pratiques sur les sensations agréables et semble avoir trouvé la cause du plaisir dans la conformité entre un objet et nos facultés. On lit, en effet, dans l'*Abrégé de la musique*, composé en 1618, à Breda, par Descartes alors âgé de vingt-deux ans, mais qui n'a été imprimé qu'en 1650 : « Le plaisir des sens consiste en une certaine proportion et correspondance de l'objet avec les sens ; d'où vient par exemple qu'une décharge de mousqueterie ou que le bruit du tonnerre seroit un son peu propre pour la musique, d'autant plus qu'il blesseroit l'oreille,

Platon admet un état intermédiaire entre le plaisir et la peine, donc pour lui être exempt de douleur ce n'est pas éprouver le plaisir (1). Il insiste même et fait remarquer que les vrais plaisirs ne sont précédés d'aucune douleur. A cette question de Protarque : « Quels sont donc les plaisirs qu'on peut à juste titre regarder comme vrais », Socrate répond : « Ce sont ceux qui ont pour objet les belles couleurs et les belles figures, la plupart de ceux qui naissent des odeurs et des sons, tous ceux, en un mot, dont la privation n'est ni sensible ni douloureuse et dont la jouissance est accompagnée d'une sensation agréable, sans aucun mélange de douleur (2). Il faut encore ajouter à ceci les plaisirs qui accompagnent les sciences, s'il nous paraît que ces plaisirs ne sont pas joints à une certaine soif d'apprendre, et que cette soif de savoir ne cause dès le commencement aucune douleur (3). »

de même que l'éclat brillant des rayons du soleil blesse les yeux de celui qui le regarde directement. » *Œuvres de Descartes*, p. p. V. Cousin, t. V, p. 446.

(1) « Socrate. — .... Voyez par rapport à chaque animal, lorsqu'il n'éprouve ni altération, ni rétablissement, quelle doit être dans cette situation sa manière d'être. N'est-il pas de toute nécessité que, durant cet intervalle, l'animal ne ressente aucune douleur, aucun plaisir ni grand ni petit ?

Protarque. — C'est une nécessité.

Socrate. — Voilà donc un troisième état pour nous, différent de celui-ci où l'on goûte du plaisir, et de celui où l'on ressent de la douleur.

Protarque. — Oui. »

Philèbe. Œuvres de Platon, tr. p. V. Cousin, t. II, p. 334.

(2) Socrate vient de dire : « Je ne suis nullement de l'opinion de ceux qui prétendent que tous les plaisirs ne sont qu'une cessation de la douleur. » *Philèbe*, id., p. 418.

(3) *Œuvres de Platon*, tr. p. V. Cousin, *Philèbe*, p. 419 et 421.

Aristote reproduit la même observation : « Le plaisir n'est pas une satisfaction comme on le prétend. Cette théorie semble avoir été tirée des plaisirs et des souffrances que nous pouvons éprouver en ce qui concerne les aliments. Quand on a été privé de nourriture et qu'on a préalablement souffert, on sent une vive jouissance à satisfaire son besoin. Mais il est bien loin d'en être ainsi pour tous les plaisirs. Ainsi les plaisirs que donne la culture des sciences n'ont pas pour condition d'être précédés de douleur. Même parmi les plaisirs des sens, ceux de l'odorat, de l'ouïe et de la vue n'en sont pas accompagnés davantage ; et quant aux plaisirs de la mémoire et de l'espérance, il en est un bon nombre que la douleur n'accompagne jamais. Ces plaisirs ne correspondent à aucun besoin dont ils puissent devenir la satisfaction naturelle (1). »

On a lieu de s'étonner que l'esprit pénétrant de Schopenhauer n'ait pas essayé tout au moins de répondre à cette objection. Evidemment sa théorie étroite ne s'applique qu'à une partie des faits ; loin de comprendre toute l'expérience, elle se limite à ce qui cadre avec une donnée trop facilement admise et néglige systématiquement tout le reste. C'est un procédé familier à l'avocat, mais que penser d'un philosophe qui y a recours ?

La théorie des sensations agréables et doulou-

---

(1) Aristote, *Ethique à Nicomaque*, t. X, ch. II.
D'après les cyrénaïques qui se sont eux aussi occupés de la théorie du bonheur, « le plaisir est quelque chose de positif, et non la simple délivrance d'une peine, la satisfaction d'un besoin : c'est une sorte de mouvement de l'âme. » Tissot, *Histoire abrégée de la philosophie*, p. 118.

reuses n'a pas fait de grands progrès depuis Platon et Aristote et la cause en est peut-être dans l'impossibilité de mesurer l'intensité des sensations, ce qui rend les observations peu concluantes et amène, en cette matière, les étranges contradictions de jugement justement signalées par le bon sens populaire. Cependant ces questions n'ont pas été sans attirer, accessoirement tout au moins, l'attention des philosophes et des physiologistes et, si l'on suit, dans le cours des siècles, les différentes opinions émises, on arrive facilement à se convaincre que l'idée juste est celle qui, loin d'identifier systématiquement l'effort et la douleur, rapporte ces sensations à l'exercice même de nos différentes facultés. Voici comment M. Bouillier résume cette théorie à laquelle il donne une entière adhésion : « Il y a plaisir toutes les fois que l'activité de l'âme s'exerce librement dans le sens des voies de notre nature, ou bien lorsqu'elle triomphe des obstacles qui lui étaient opposés. Il y a douleur, au contraire, toutes les fois que ce même effort est empêché, comprimé, arrêté par quelque obstacle du dehors ou du dedans. Tous les modes de notre activité, sans exception, soit ceux de l'activité motrice et vitale, soit ceux de l'activité intellectuelle volontaire, sont nécessairement accompagnés de plaisir ou de douleur, selon qu'ils s'exercent conformément à ce but de la conservation et du développement de notre être, ou selon qu'ils échouent vaincus et impuissants (1). »

Cette explication d'un ensemble de phénomènes

---

(1) F. Bouillier, *le Plaisir et la Douleur*, 1865, ch. III.

très complexes, d'une observation fort difficile, malgré les apparences contraires, rend compte, sinon de tous les faits, au moins d'un très grand nombre d'entre eux et elle n'est formellement contredite par aucun. Elle l'emporte donc de beaucoup en probabilité sur celle dont Schopenhauer a fait la base de toute une partie de son édifice, malgré les contradictions qu'elle soulève.

En effet, l'observation la plus superficielle conduit à assigner la même origine à la peine et au plaisir, une simple modification dans l'intensité suffit, le plus souvent, pour transformer une sensation agréable en une sensation pénible et même douloureuse (1). Il

(1) « Le plaisir peut diminuer ou augmenter par degrés ; en diminuant il tend à s'éteindre, et il s'évanouit avec la sensation. En augmentant, au contraire, il peut conduire jusqu'à la douleur, parce que l'impression devient trop forte pour l'organe. Ainsi il y a deux termes dans le plaisir : le plus faible est où la sensation commence avec le moins de force, c'est le premier pas du néant au sentiment ; le plus fort est où la sensation ne peut augmenter sans cesser d'être agréable ; c'est l'état le plus voisin de la douleur. » Condillac, *Traité de la sensation*, 1754, ch. II, § 23.

« Nous ne pouvons pas plus définir le plaisir ou la douleur qu'une sensation quelconque. Nous savons seulement que toute sensation tient à un mouvement, et un mouvement plus ou moins fort, plus ou moins accéléré fait naître la douleur ou le plaisir. La plus légère sensation ne diffère du chatouillement le plus vif, et celui-ci de la douleur, que par le degré ; et c'est au degré du mouvement que répond dans l'âme ce sentiment que nous exprimons par le terme de plaisir ou de douleur ; comme c'est à l'espèce du mouvement ou de la fibre que répond la sensation que nous exprimons par les termes *d'odeur de rose ou d'œillet*. Ainsi la même fibre qui produit le plaisir lorsque ces vibrations sont accélérées dans un certain degré, fait naître la douleur lorsque ces vibrations sont accélérées au point de séparer trop les unes des autres les molécules de la fibre. La douleur sera à son dernier terme, si cette séparation va jusqu'à la solution de continuité. » *Œuvres d'histoire naturelle et de philosophie*, de Charles Bonnet, t. XIII, ch. x, n° 118, p. 98.

y a plus, la même sensation peut être agréable ou douloureuse suivant la disposition du sujet, aussi importe-t-il de rapporter les sensations non pas à un type absolu, mais aux conditions relatives dans lesquelles se trouve l'individu, au moment où elles se produisent.

On explique ainsi comment l'attente et la poursuite d'un plaisir sont souvent plus agréables que le plaisir lui-même ; comment une sensation agréable devient pénible par une augmentation d'intensité disproportionnée avec la faculté perceptive de l'organe, ou même par la simple prolongation de sa durée ; comment les plaisirs varient avec l'âge, le caractère, la disposition d'esprit, les habitudes, le degré de civilisation ou de culture intellectuelle.

Il suffit de considérer chacune de nos diverses classes de facultés auxquelles correspondent diverses sortes de plaisir et de douleur (1), il suffit de ne

(1) C'est ce que refusent de faire certains philosophes qui attribuent une prépondérance exclusive aux sensations du bien-être physique et négligent systématiquement tout le reste. On peut voir, à ce sujet, la critique faite par Maine de Biran de cette affirmation de Cabanis. « Le bonheur consiste dans le libre exercice des facultés, dans le sentiment de la force et de l'aisance avec lesquelles on les met en action. » Nous ne citerons que les deux passages suivants qui montrent bien la pensée de Maine de Biran : « Quoiqu'il soit physiologiquement vrai que le bien-être de l'individu tient au sentiment immédiat de l'énergie vitale, luttant avec succès contre toutes les résistances internes et externes, il n'est pas moins psychologiquement vrai qu'il y a un sentiment de bonheur, de paix, de calme intérieur qui, loin de se proportionner à l'énergie vitale et au bon état des fonctions, est au contraire opposé à cette plénitude de vie animale, et ne se lie qu'à un certain état de faiblesse relative de cette vie... Au point où la vie s'arrête et cesse d'être entière, où tous les organes cessent de sentir et d'agir fortement, commence une autre vie, un autre bien-être, un autre bonheur proprement

pas se méprendre sur la valeur relative des différentes sensations et de les bien « hiérarchiser » suivant leur excellence propre, pour rendre compte de presque tous les phénomènes observés. Toutes nos jouissances et, par conséquent, toutes nos peines peuvent se rapporter,

1° A la sensation proprement dite (sensibilité matérielle) comprenant : A, ce qui se rattache à la force reproductive et assure la conservation de l'organe (manger, boire, repos, sommeil) : B, ce qui se rattache à l'exercice des organes, à leur activité ;

2° Aux facultés intellectuelles (étudier, méditer, inventer, cultiver les sciences, les arts, etc.) ;

3° Aux facultés morales (justice, charité, perfectionnement de l'individu, satisfaction de la conscience).

Il est facile de se convaincre que les jouissances intellectuelles l'emportent en noblesse sur les jouissances purement « sensorielles », comme un critique d'art l'emporte sur un *gourmet piqueur de vins* (1) ; les jouissances d'ordre moral l'emportent sur les jouissances intellectuelles elles-mêmes, comme un saint l'emporte sur un savant qui ne serait qu'un savant. Schopenhauer, qui ne voit dans l'amour que l'amour sexuel, l'instrument physiologique de la re-

moral, qui n'est nullement, comme dit Cabanis, un résultat particulier du bien-être physique, ce même bien-être considéré sous un autre point vue, puisqu'il peut se trouver joint au mal-être physique le plus prononcé, et exclu par le bien-être de l'organisme le plus sain et le mieux disposé. » Maine de Biran, *Œuvres philosophiques*, publiées p. V. Cousin, t. III, p. 317, 321, 322.

(1) Les gourmets piqueurs de vin sont des commissionnaires créés par le décret du 15 décembre 1813 et attachés pour la dégustation à l'entrepôt de Bercy.

production, dans la pudeur que la crainte de deux amants sentant la faute qu'ils vont commettre en perpétuant la vie nécessairement malheureuse (1), Schopenhauer ne tient même pas compte des jouissances morales en tant que jouissances tout au moins; enchaîné par le prétendu caractère négatif du plaisir, il ne les considère que comme des moyens de libération! Une semblable manière de voir explique peut-être son pessimisme, mais elle ne le justifie pas rationnellement, car qui serait surpris de trouver le monde aussi mauvais après en avoir systématiquement enlevé les jouissances les plus nobles, sinon les plus vives; celles qui, pour le sage, font équilibre aux misères les plus extrêmes, l'emportent même sur elles, celles qui restent, malgré tout, à la disposition de chacun de nous et que personne ne peut nous ravir?

Il est vrai que certains faits demeurent encore inexpliqués surtout dans les sensations matérielles. Pourquoi telle substance mise en contact avec les papilles de la langue provoque-t-elle une sensation pénible, tandis que telle autre nous procure une jouissance? Toutes deux cependant provoquent l'exercice normal d'une de nos facultés? Cette objection, qui a été notamment formulée par G. Stuart Mill (2), est loin d'avoir la portée qu'il lui suppose.

---

(1) « Voyez ces deux êtres qui se cherchent réciproquement du regard : pourquoi le mystère dont ils s'enveloppent ? pourquoi leur air craintif et embarrassé ? C'est qu'ils sont deux traîtres qui cherchent à perpétuer dans l'ombre tous ces tourments et toutes ces peines dont la fin, sans leur trahison, ne se ferait pas longtemps attendre. »

(2) « Je goûte à des instants différents, deux objets : une orange

Une théorie n'est pas infirmée parce qu'elle se trouve impuissante, dans l'état de nos connaissances, à rendre compte d'un phénomène particulier que n'explique nullement, d'ailleurs, Schopenhauer. Il en est surtout ainsi alors que ce phénomène est enveloppé, pour nous, d'obscurité et qu'on ne peut même pas démontrer que la théorie soit fausse à son égard.

Il est même possible d'entrevoir la solution de la difficulté ; les sensations de répugnance, les douleurs du goût, tiennent vraisemblablement à un défaut de convenance entre notre nature et l'objet que ces sensations nous font rejeter. Ce défaut de convenance peut être réel, ou simplement supposé d'après certaines analogies qui, tout en nous trompant, sont loin d'infirmer notre observation.

A l'appui de ces idées on peut invoquer l'autorité de Bossuet qui, malgré sa fidélité aux doctrines cartésiennes, se refuse à voir dans le plaisir et la douleur un pur phénomène d'intelligence et rattache ces sentiments à la convenance des objets. « Nous pouvons, écrit-il, dans le *Traité de la connaissance de Dieu et de soi-même* (1), définir le plaisir, un sentiment agréable qui convient à la nature, et la

---

et de la rhubarbe. Dans les deux cas, toutes les conditions sont remplies ; l'objet est présent et en contact avec les organes, et dans les deux cas, on a pris soin d'écarter tout ce qui pouvait empêcher l'action libre et naturelle de l'objet sur mes organes du goût. Cependant le résultat est dans un cas un plaisir, et dans l'autre une sensation nauséabonde. » G. Stuart Mill, *Examen de la philosophie de sir William Hamilton*, ch. xxv.

(1) Chap. i, 2.

douleur un sentiment fâcheux contraire à la nature. » Mais c'est surtout William Hamilton (1) qui, de nos jours, a le plus profondément creusé et le plus largement développé la vieille théorie d'Aristote. Voici le résumé de ses idées sur le sujet qui nous occupe (2) : « La sensibilité est la capacité d'éprouver du plaisir ou de la peine; une modification de plaisir accompagne tout exercice spontané et libre de nos pouvoirs, elle en est le reflet, nous éprouvons, au contraire, de la peine toutes les fois que l'énergie d'une de nos facultés est contrainte ou empêchée de s'exercer (3). Ainsi l'homme, en tant qu'il se sent exister et agir, qu'il a conscience de vivre, est le sujet du plaisir ou de la peine; et, comme il n'existe qu'en tant qu'il exerce certains pouvoirs

---

(1) Voir *Revue d'Edimbourg*, octobre 1832. *Discussions on phylosophy*, 1853, p. 113-767. — *Lectures on metaphysics*, 1859, ch. XLI à XLVI.

(2) Nous empruntons ce résumé à un ouvrage intitulé *Des causes du rire* (Paris, 1862), p. 59. Son auteur est M. Léon Dumont qui a lui aussi contribué par ses travaux à préciser les lois qui président au plaisir et à la peine. V. notamment *Revue scientifique*, 1873, II, p. 433, *Histoire des théories du plaisir*.

(3) « Nous avons dit que nous éprouvons un sentiment de plaisir, quand une de nos facultés s'exerce d'une manière convenable et que nous en avons conscience, c'est-à-dire quand d'une part, nous n'avons conscience d'aucune contrainte sur l'activité que cette faculté est prête à déployer spontanément, ni, d'autre part, d'aucun effort de sa part pour manifester plus d'énergie en degré ou en durée, qu'elle n'était prête à en exercer librement. En d'autres termes, nous sentons un plaisir positif, dans la mesure où nos facultés s'exercent, mais non quand elles exagèrent leur action ; nous sentons une peine positive dans la mesure où nous sommes contraints à ne pas faire ou à faire trop. Tout plaisir prend donc naissance dans le libre jeu de nos facultés et aptitudes ; toute peine dans leur répression ou leur activité forcées. » *Lectures*, II, 477.

déterminés, c'est seulement par l'exercice de ces pouvoirs qu'il devient le sujet d'une sensation ou d'un sentiment : chaque pouvoir est, par lui-même, la faculté d'une énergie spéciale, et, en même temps, la capacité d'un plaisir ou d'une peine qui lui sont propres et qui correspondent à cette énergie. Plus l'énergie est parfaite, plus le plaisir qui l'accompagne est grand; plus elle est imparfaite, plus elle est pénible. La perfection d'une énergie est double : 1° relativement au pouvoir dont elle est l'exercice ; 2° relativement à l'objet auquel elle se rapporte. La première relation fournit ce qu'on pourrait appeler sa condition subjective ; la dernière, ce qu'on peut appeler sa condition objective.

« Relativement au pouvoir, l'énergie est parfaite quand elle équivaut à la somme complète que ce pouvoir est capable d'exercer librement ou spontanément, et n'excède pas cette somme ; elle est imparfaite : 1° quand ce même pouvoir est empêché de produire toute la somme d'énergie qu'il est disposé à exercer ; 2° quand ce pouvoir est forcé de produire plus d'énergie qu'il n'est disposé à en exercer. La quantité d'énergie est de deux espèces, suivant qu'elle s'exerce davantage en intensité ou en durée ; c'est-à-dire, dans le premier cas, à un plus haut degré ; dans le second, pendant un temps plus long. Une énergie parfaite est, par conséquent, celle qui est exercée par un pouvoir au degré et pendant le temps qu'il est disposé à l'exercer sans y être contraint.

« Relativement à l'objet, c'est-à-dire à la cause qui détermine le pouvoir à agir, son énergie est parfaite, quand cet objet est de nature à lui fournir toutes les conditions d'une activité complète et spontanée ; imparfaite, quand cet objet exige de lui une activité trop intense ou trop prolongée, ou quand il l'empêche de réaliser sa tendance à agir. »

Cette théorie est le développement de celle d'Aristote (1); on la trouve également en germe dans les œuvres de Louis Vivès, philosophe espagnol du XVI° siècle (2). Elle a été très généralement admise au XVIII° siècle (3) et elle prend d'autant plus de faveur qu'elle semble trouver sa confirmation dans les travaux scientifiques les plus récents. Ainsi M. G. Delbœuf, qui a continué les recherches de Fechner et

---

(1) « Le plaisir, c'est l'activité de nos facultés s'exerçant sans entraves... Les sens ne s'exercent parfaitement que sur des objets sensibles ; ils ne s'exercent parfaitement que sur ceux de leurs objets qui sont eux-mêmes parfaits ; cette énergie, la plus parfaite est en même temps la plus agréable. Chaque sens a son plaisir, il en est de même de la pensée et de l'imagination, leur activité la plus parfaite est celle qui s'exerce sur l'objet qui lui convient le mieux. » *Éthique à Nicomaque*, l. VII, c. XII ; l. X, ch. IV.

(2) « Delectatio sita est in congruentia, quam invenire non est sine proportionis ratione aliqua inter facultatem et objectum, ut quædam sit quasi similitudo inter illa, tum ne notabiliter sit majus, quod affert delectationem, nec notabiliter minus quam ea vis quæ recipit voluptatem, ea utique parte qua recipitur. Ideo mediocris lux gratior est oculis quam ingens, et subobscura gratiora sunt hebeti visui ; eumdem in modum de sonis. » G. Louis Vivès, *De anima*, lib. III.

(3) Lévesque de Pouilly (1691-1750), *Théorie des sentiments agréables*, Genève, 1747. « Tout ce qui exerce les organes sans les affaiblir est accompagné d'un sentiment agréable. L'aversion des enfants pour le repos marque assez combien le mouvement a de charmes pour eux. Dans la jeunesse, la danse et la chasse l'emportent sur tout autre amusement, et elles sont d'autant plus agréables qu'elles sont plus vives. Les vieillards, eux-mêmes, en qui l'âge a émoussé tout autre sentiment, se plaisent encore à un exer-

de Weber, s'est notamment attaché à la mesure des sensations ; ses études (1), sur ce point, aboutissent aux deux propositions suivantes :

A. L'intensité de la sensation ne dépend pas uniquement de l'intensité de la cause excitante, mais encore de la masse de sensibilité ou de force que les organes intérieurs possèdent à ce moment, masse continuellement entamée par l'excitation.

B. Il existe une quantité de force et de sensibilité nécessaire à la régularité des fonctions spéciales des organes et que l'excitation ne peut atteindre sans le compromettre.

Il suit de là que l'excitation extérieure vient impressionner un organe et entame la masse de force disponible dans cet organe. Tant que l'excitation est modérée, la réparation peut s'opérer intégralement, il y a alors jouissance d'autant plus vive que la dépense et la réparation qui la suit immédiatement sont plus intenses. Si l'excitation vient à être trop violente ou trop prolongée, la réparation est insuffi-

---

cice modéré. M. Pascal a cru que c'était du désir d'éviter la vue de soi-même que naissait le goût des hommes pour toutes sortes de divertissements, et d'occupations vives, mais il me semble que la source en est dans le plaisir attaché à l'exercice de nos différentes facultés. Quelque peu sensible que soit l'impression de ce plaisir, elle n'en est pas moins réelle. Ne voit-on pas tous les jours des femmes se garantir de l'ennui par un léger travail, dont elles ne se proposent d'autre fruit qu'un simple amusement. »

Pour Diderot (*Encyclopédie*, v° Plaisir), le plaisir produit par la musique naît de l'exercice de l'ouïe, sans fatigue.

(1) G. Delbœuf, *La mesure des sensations. Etude psycho-psychique. — Recherches théoriques et expérimentales sur la mesure des sensations de lumière et de fatigue.* Bulletin de l'Académie des sciences de Bruxelles, 1873.

sante et alors la sensation change de qualité et tend à se transformer en douleur (1).

Cette transformation n'indique-t-elle pas le véritable rôle de la douleur physique dans le monde, rôle que Schopenhauer ne semble pas même avoir soupçonné. Il suppose, en effet, que la douleur est nécessairement mauvaise en soi; aussi se défend-il quelque part de toute tendance panthéistique en faisant observer que le monde est essentiellement mauvais, et que, dès lors, il convient de l'identifier, non pas avec Dieu qui est perfection, mais plutôt avec le diable (2). Si notre raison se trouble à la pensée du mal qui se mêle, sans l'altérer cependant, à l'œuvre de Dieu, c'est que nous ne comprenons ni Dieu, ni le mal et que nous apportons dans nos jugements des idées vulgaires absolument contraires à la réalité. Si, par la pensée, on retranche des maux dont Schopenhauer nous fait un tableau si complet, tous ceux

---

(1) Dans un ouvrage récent, *Der mensliche Wille* (Berlin, 1882), M.-G.-H. Schneider, adoptant d'ailleurs en cela les vues de Lotze, fait consister le plaisir et la douleur en un accord ou un désaccord entre l'excitation et les tendances du système nerveux fixées par l'hérédité, les tendances physiologiques du processus vital vers la conservation aussi complète que possible de l'individu et de la race. D'après lui, la sensation du plaisir serait vraisemblablement liée à ce qui augmente le processus vital, la sensation de douleur à ce qui le diminue.

Ces vues qui se rattachent aux découvertes de la physiologie sur le travail moléculaire de consommation et d'emmagasinement de force vive qui se produit dans les nerfs, sont en opposition avec les affirmations de Schopenhauer sur le caractère du plaisir et de la douleur.

(2) *Parerga und Paralipomena*, t. II, § 70. L'argument est assez étrange dans la bouche d'un philosophe qui ne croit pas en Dieu.

créés par les abus de la liberté humaine, si des maux nécessaires, de ceux qui resteront, on retranche encore tout ce que l'homme y ajoute, comme intensité, par sa sottise et par ses vices, la douleur apparaîtra, dans bien des cas, comme un précieux auxiliaire de la vie.

L'organisme humain avec ses complications infinies est sans cesse exposé à mille dangers ; la douleur et le plaisir sont comme deux forces antagonistes qui viennent à tout instant assurer l'exercice normal de nos différents organes. On pourrait comparer leur action à celle d'un merveilleux avertisseur automatique commandant le mouvement de tout l'ensemble et le protégeant contre les chances de destruction. L'activité propre à nos organes vient-elle à se ralentir, et par suite à compromettre leur fonctionnement, la douleur réveille l'activité. Celle-ci, s'augmentant sous l'aiguillon de la douleur, ramène les sensations agréables qui accompagnent le jeu régulier de nos organes. Elles cesseraient pour faire place à la douleur, si une activité excessive menaçait d'épuiser l'organisme.

Loin donc de maudire la douleur, de la considérer comme absolument mauvaise, le sage, celui qui sait pénétrer au delà de ces opinions de surface pour chercher la raison des choses, devrait voir en elle l'indispensable conseillère de l'homme. Elle lui est aussi utile que les sensations agréables qui la supposent nécessairement, car on ne peut pas plus comprendre le plaisir sans la souffrance que l'amour sans la haine qui n'est qu'un amour renversé. Même avec ces merveilleux avertissements, l'homme entraîné par les différentes passions qui l'agitent, distrait par les préoccupations qu'il se crée, commet des imprudences continuelles. Un physiologiste célèbre n'est-il pas allé jusqu'à affirmer que l'homme ne meurt pas mais qu'il se tue? Que serait-ce donc de lui si la douleur avec toutes ses formes, faim, soif, appétits de toutes sortes, ne venait pas lui rappeler fidèlement, pour chaque fonction importante, l'instant d'un exercice utile sinon nécessaire? Que deviendrait l'homme si sa docilité à obéir à ces avertissements de la douleur n'était suivie d'un sentiment de bien-être qui concourt au même but en confirmant, par une expérience incessante, l'exactitude des indications que l'organisme ne pourrait méconnaître sans danger?

La douleur plus poignante, plus cruelle qui accompagne un trouble morbide, une lésion traumatique, n'est pas un moindre bienfait. La vie est menacée; la douleur ici encore est un signal d'alarme d'autant plus énergique que le péril est plus grand. Les tiraillements de l'estomac annoncent un besoin qu'il faut satisfaire sans doute, mais qui, le plus souvent, peut attendre; aussi la faim modérée, l'appétit ne sont pas des douleurs. En cas de troubles graves dans l'organisme, la douleur devient immédiatement plus intense, plus impérieuse. Il faut un prompt remède, la douleur parle haut, d'autant plus haut que la partie de l'organisme atteinte est plus essentielle et que la lésion, par son siège ou par son importance est plus dangereuse pour la conservation de la vie. Il n'y a pas jusqu'à ces douleurs épouvantables qui précèdent d'ordinaire la dissolution de l'organisme dont on ne puisse deviner le rôle; les affres de la mort sont un puissant moyen d'assurer la conservation de la vie et d'amener l'homme même malheureux à éviter soigneusement tout ce qui pourrait la compromettre.

Au point de vue moral, comment méconnaître l'utilité pratique de la douleur? n'a-t-elle pas son rôle à jouer dans l'épreuve de la vie? L'homme n'est que trop disposé à laisser prédominer ses appétits matériels; la douleur le rappelle à la réalité; elle est pour lui l'occasion d'exercer et de développer ses facultés les plus hautes; rien ne nous rend si grands qu'une grande douleur et Jouffroy a pu dire : « La vie actuelle est éminemment bonne, parce qu'elle est éminemment mauvaise. Sa bonté est dans le mal qu'elle contient; car au prix de ce mal est la moralité, la personnalité. »

La douleur n'est donc pas essentiellement mauvaise; elle est bien plutôt salutaire. Modérée elle se mêle à des sensations agréables et peut aiguiser le plaisir; plus intense elle suppose du moins le plaisir. La vie consciente est accompagnée, par cela seul qu'elle permet le libre exercice de nos facultés, d'un sentiment de bien-être qui est l'amour de la vie, la passion la plus vraie, la plus indestructible de celles qui influent sur nos actes. Cette vie consciente est donc par elle-même un plaisir: l'être vivant qui sent ce plaisir de vivre a horreur d'être troublé dans sa vie consciente et ce trouble, quand il se produit, provoque des sensations pénibles qui sont la douleur.

C'est donc et ce sera là notre conclusion, par une

méconnaissance des faits, que Schopenhauer affirme le caractère positif de la douleur.

Il se trompe également quand, par une sorte de malentendu, il semble vouloir mesurer la valeur de la vie de l'homme d'après la somme des plaisirs qu'elle procure et d'après la somme de douleurs qui l'accompagnent. Les jouissances matérielles ne sont pas tout pour l'homme, ce ne sont même pas elles qui, à ses yeux, donnent à la vie sa véritable valeur. La preuve en est dans l'opinion commune qui envie les hommes heureux plus qu'elle ne les estime, qui méprise les hommes de jouissance et réserve son admiration pour les hommes de devoir et de dévouement. Non, les jouissances matérielles et les jouissances esthétiques ne sont pas tout pour l'homme. Il y a autre chose qu'il estime dans la vie, qui lui donne son véritable prix. Il y a une autre source de jouissances qui peuvent, soit se surajouter aux jouissances matérielles, soit les remplacer et neutraliser même, dans une large mesure, les sensations douloureuses les plus réelles. En un mot, il peut y avoir, en fait, contentement dans la douleur, comme on peut voir le mécontentement se mêler au plaisir et l'empoisonner, parce que l'homme est un être moral et que, chez lui, à ses facultés morales, les plus nobles de toutes, correspondent des jouissances très vives et des douleurs très poignantes.

La satisfaction de la conscience et les remords rongeurs sont des faits d'expérience que les pessimistes négligent volontiers ou traitent de chimères, parce qu'ils viendraient déranger leurs raisonnements et jeter le trouble dans leurs calculs raffinés sur les joies et les souffrances formant le bilan de la vie.

Schopenhauer parle beaucoup d'ascétisme, il n'y voit qu'une tendance à restreindre la *volonté* et surtout la volonté de vivre, une lutte de l'homme contre cette force mystérieuse qui est la raison d'être du monde et de tous les maux. Son ascétisme conduit à de folles conceptions contraires à la nature de l'homme et dangereuses pour sa moralité, comme pour sa raison. L'ascétisme légitime est bien différent, il trouve sa raison d'être dans la double nature de l'homme et dans l'invincible conviction de la supériorité de l'esprit sur la matière. Maine de Biran, dans un passage que nous avons déjà cité (1), justifie cet ascétisme quand il constate comme physiologiquement vraie l'existence d'un sentiment de bonheur, de paix, de calme intérieur qui, loin de se proportionner à l'énergie vitale, semble, au contraire, opposée à la plénitude de la vie animale. Subordonner la vie animale et les jouissances qui en dépendent à la vie de l'esprit, à la raison, donner la première place à ces joies intérieures qui se rattachent à l'accomplissement de la loi morale, voilà le véritable but de cette discipline qui a valu à l'ascète son nom (2). Mais loin de faire fi de la vie, de se demander, comme le pessimiste, si elle vaut la peine de vivre, et de répondre avec lui par des aspirations au non-être, l'ascète ne méprise la terre et ses biens que parce qu'il les compare à des biens

---

(1) Voir supra, p. 132, note 1.
(2) L'ἀσκητής est celui qui s'exerce, d'ἀσκέω.

plus solides, plus durables, que la foi lui propose comme récompense de la vertu. Dès lors, le jugement qu'il porte sur le monde ne le conduit pas à maudire le créateur parce qu'il lui a donné la vie, à aspirer à un néant impossible comme à une libérao n; bien plus, le bonheur intime, le bonheur le plus vrai et le plus solide est la récompense de ses efforts. Il trouve dans son ascétisme la joie et la paix, tandis que le pessimisme ne saurait engendrer que l'irritation et le désespoir.

Nous pouvons maintenant apprécier l'œuvre de Schopenhauer. Il avait promis de nous livrer l'explication totale de l'univers. C'était même là le *criterium* auquel nous devions reconnaître la vérité de ses conceptions métaphysiques. La promesse n'a pas été tenue, le sphynx n'a pas laissé pénétrer son secret. Et pour m'en tenir à un point spécial, Schopenhauer a complètement échoué dans l'explication de la douleur. Il la tient pour identique à l'effort, malgré le démenti formel de l'observation; il affirme le caractère exclusivement négatif des sensations agréables, soutient que la douleur seule est directement sentie, le plaisir ne l'étant jamais qu'indirectement, alors que cette théorie contredite par Platon n'a pas cessé de perdre du terrain et constitue aujourd'hui une position intenable.

La base rationnelle manque à son pessimisme qui n'est plus que la résultante de ses vues personnelles et de son caractère. D'où vient donc le succès de son œuvre? La verve de l'écrivain, le mérite littéraire de ses ouvrages ne suffisent pas à l'expliquer. Comment donc Schopenhauer, après avoir été longtemps réduit à se venger, par des sarcasmes, du dédain de ses contemporains, est-il tout d'un coup arrivé à une célébrité éclatante ? Nous trouverons l'explication de ce fait dans la merveilleuse conformité des vues pessimistes de Schopenhauer avec la disposition générale des esprits dans ce temps d'avortements de toutes sortes. Il est si doux de pouvoir expliquer son échec par une théorie scientifique qui le rendait inévitable, il est si commode d'abriter son découragement et son indolence sous l'autorité d'un philosophe !

Mais avant de pousser plus loin ces observations sur lesquelles nous aurons à revenir en étudiant les causes générales qui ont valu, de nos jours, au pessimisme une faveur nouvelle, il convient de poursuivre notre examen historique et de rechercher ce qu'est devenu le système de Schopenhauer et quels ont été les fruits et les conséquences pratiques de ses enseignements. Car si Schopenhauer n'a jamais professé ses doctrines dans une chaire, s'il ne peut pas être, à proprement parler, considéré comme un chef d'école, sa philosophie n'en a pas moins exercé sur la marche des idées une incontestable influence.

B. — ÉDOUARD DE HARTMANN

Parmi les continuateurs et les émules de Schopenhauer, il en est un, Edouard de Hartmann, qui jouit d'une véritable célébrité en Allemagne. Imitant, en cela, la plupart des disciples du maître, il a profondément modifié sa doctrine ; mais il tient, comme lui, le monde pour mauvais, comme lui cherche dans l'anéantissement de la vie le seul remède aux misères de l'existence ; à ces traits on reconnaît le pessimisme et on comprend que l'exposé des vues philosophiques d'Edouard de Hartmann doit trouver place dans cette étude.

Frappé de la stérilité du panthélisme, persuadé qu'il ne pouvait compléter ce principe pour arriver à développer son système, qu'en faisant appel à l'idéalisme objectif qui a inspiré le dernier système de Schelling, Edouard de Hartmann a tenté de former un tout en réunissant le panlogisme de Hégel et le panthélisme de Schopenhauer ; l'idée pour lui n'est plus, comme pour Schopenhauer, un produit secondaire de la volonté, mais celle-ci ne devient pas, comme pour Hégel, un élément subordonné de l'idée.

Voici, du reste, comment il explique et précise lui-même le but poursuivi et les procédés employés : « Idée et volonté sont reconnues comme des attributs coordonnés, inséparables d'une troisième chose, de la substance absolue ou du sujet absolu, qui, par leur possession, devient l'esprit absolu. Une pareille métaphysique doit produire la réconciliation de la philosophie et des sciences naturelles, en élevant d'un côté par un dynamisme atomistique la matière jusqu'à l'apparition de la volonté, et d'un autre côté en mettant fin, par une synthèse plus élevée, à la lutte entre les deux conceptions du monde, mécanique et téléologique. Pour cela il faut qu'elle repose sur la base théorique d'un réalisme transcendantal, et que, sous le rapport pratique, tout en reconnaissant dans sa vérité le pessimisme eudémonologique de Schopenhauer, elle en fasse disparaître les conséquences funestes en le combinant avec un optimisme téléologique ou évolutionniste (1). »

Ce n'est pas sans un sentiment de surprise, que le lecteur français, peu familiarisé avec les spéculations métaphysiques d'outre-Rhin, aborde ces œuvres étranges dans lesquelles le philosophe allemand, partant de je ne sais quelle vue personnelle, entreprend, sans la moindre hésitation, d'expliquer, depuis le commencement jusqu'à la fin, le monde entier. Ces tentatives de synthèse sont rares en France ; en Allemagne, on les recommence sans cesse, ce qui semble prouver que les œuvres de ce genre vieillissent vite et sont toutes exposées à ne satisfaire que leur auteur et un nombre plus ou moins grand de ses contemporains ; mais les insuccès ne découragent personne et tous ces vaincus restent honorés comme si les irréfutables contradictions que soulèvent tour à tour tous ces systèmes n'atteignaient en rien ceux qui ont eu l'honneur de les imaginer.

L'esprit français fait, en général, peu de cas de ces vastes machines qui, sous prétexte de tout expliquer, ne font guère que commenter systématiquement des faits connus ; nous réservons plutôt les encouragements au chercheur qui, spécialisant ses efforts, les pousse plus loin que personne dans une direction et se rend maître d'un petit coin de la

---

(1) Edouard de Hartmann, *l'Ecole de Schopenhauer*, Revue philosophique, t. XVI, p. 130.

science dont il fait pour ainsi dire son domaine.

Est-ce affaire de méthode, de tempérament, de race ? Peu importe ; il fallait signaler le contraste, et, sans vouloir juger le mérite des procédés (notre décision serait certainement taxée de partialité), nous osons risquer une observation toute de fait : Ces grands systèmes dont les Allemands sont si fiers et dont ils font volontiers la spécialité de leur génie, sont tous mauvais en ce sens que l'explication promise par chacun d'eux n'explique rien, parce qu'elle n'explique pas tout ; mais chacun des philosophes qui, à son tour, entre dans la lice et s'essaie à ses rudes combats, y apporte ses dispositions et ses vues personnelles. Tout en parcourant le cercle immense des connaissances humaines, tout en s'efforçant de tout plier à l'idée mère du système, il fait, lui aussi, œuvre de spécialiste. C'est avec amour qu'il étudie les points réellement expliqués par l'idée qu'il tente vainement de transformer en une solution absolue et générale et ces grandes machines ne valent, le plus souvent, que par les détails. Le système tombe en tant que système, et c'est justice ; il ne reste de l'œuvre, un instant retentissante, que la notoriété qu'elle a value à son auteur et quelques progrès modestes mais réels dont d'autres profiteront. Schopenhauer s'est illustré avec un système incohérent qui ne résiste pas, en tant que système, à la critique, que ses disciples eux-mêmes s'empressent de transformer, faute de pouvoir le défendre tel qu'il est, mais du moins a-t-il élucidé la notion de force, le caractère dynamique du monde et jeté de brillantes clartés sur différents points de détail. La philosophie de l'inconscient, qu'Edouard de Hartmann propose de substituer à la philosophie de la volonté, va nous faire assister à un spectacle semblable.

Cette fois c'est un jeune homme de vingt-sept ans qui nous apporte la vérité et nous promet la solution de la grande énigme. Le succès qu'a obtenu son œuvre fut un véritable événement en Allemagne ; avant d'examiner sa doctrine, quelques détails sur l'auteur ne seront peut-être pas inutiles.

Edouard de Hartmann est né à Berlin, en 1842. Il a lui-même raconté (1) comment il a été élevé et les premières impressions produites sur son esprit par les leçons de ses maîtres. Les études littéraires eurent pour lui peu d'attrait. Cicéron lui paraît vide, Démosthène trop tendu, la naïveté d'Homère le laisse froid, Thucydide et Sophocle lui révèlent seuls l'incomparable perfection de l'art hellénique qu'il préfère de beaucoup à l'art latin et dont il voudrait aujourd'hui faire la base de l'enseignement (2) pour réagir contre les tendances utilitaires qui étouffent les jeunes esprits.

Les études scientifiques, les sciences naturelles et mathématiques avaient toutes ses préférences. Il ne comprenait rien à l'histoire et voici comment il résume lui-même ses impressions d'écolier : « L'école était pour moi un pesant fardeau que j'étais loin, comme mes camarades, de supporter patiem-

---

(1) Premier numéro des *Etudes et essais. Histoire de mon développement.*
(2) Ed. de Hartmann, *Réforme de l'enseignement supérieur.* Berlin, 1875.

ment et sans réflexion. Je me révoltais vivement, au contraire, contre un système d'enseignement qui, sur bien des points, n'était qu'une perte de temps évidente; qui sur d'autres exigeait que l'on se rendît maître de connaissances auxquelles je ne découvrais pas la moindre utilité; on me demandait des choses surprenantes... »

Ainsi, dès sa jeunesse, Edouard de Hartmann montre un esprit original, une personnalité vigoureuse qui raisonne et n'accepte pas sans résistance la formation qui lui est imposée. Ce n'est pas la paresse qui critique le programme imposé à l'écolier, car notre futur philosophe était, malgré ses résistances, un élève laborieux ; sans négliger en rien ses études, il sut cultiver de remarquables facultés naturelles pour les arts du dessin et de la musique.

En 1858, au sortir du gymnase et après de brillants examens, Edouard de Hartmann, que les universités n'attiraient point, embrassa, comme l'avait fait son père, général d'artillerie, la carrière militaire. Il servit comme volontaire dans le régiment d'artillerie de la garde et passa ensuite trois ans à l'école d'artillerie de Berlin.

Sa famille était riche et très considérée et le jeune élève de l'école d'artillerie, tout en se livrant avec ardeur à ses études professionnelles, continue de cultiver les arts et de fréquenter assidûment la haute société de Berlin où son caractère et sa distinction étaient très appréciés. Notons en passant qu'Edouard de Hartmann, qui s'est trouvé ainsi en relation avec la société la plus distinguée de Berlin, professe pour la femme un respect qui contraste vivement avec les sentiments de Schopenhauer (1).

Après quelques années de service, Edouard de Hartmann fut obligé de quitter une carrière qu'il aimait et où il devait réussir ; une affection rhumatismale qui semble s'être localisée au genou et qu'une contusion vint comme exaspérer, lui imposa cette pénible résolution. On a voulu voir dans cette infirmité la cause de son pessimisme ; des adversaires cruels sont même allés jusqu'à attribuer à des excès honteux le délabrement de sa santé. Edouard de Hartmann proteste hautement contre ces imputations que rien ne semble justifier.

Au reste, Edouard de Hartmann ne manquait pas de ressources dans son infortune. Une large aisance lui était assurée et ses goûts artistiques suffisaient à écarter l'ennui. Un instant, il voulut essayer de se faire un nom dans les arts, mais là aussi des déceptions l'attendaient, elles furent sensibles à son amour-propre, car lui-même parle de « la banqueroute de ses ambitions ».

C'est à la pensée, la seule chose qui lui restât, qu'il demanda des consolations ; elle les lui prodigua et lui donna bientôt la célébrité qu'il avait vainement demandée aux armes et aux beaux-arts.

Jamais, du reste, il n'avait abandonné complètement les spéculations philosophiques ; à un âge où beaucoup, à sa place, n'auraient songé qu'à jouir

---

(1) Il pensait certainement à ce dernier en écrivant cette phrase : « La brutalité d'appréciation que beaucoup d'hommes de mérite portent dans leur jugement sur les femmes pourrait bien tenir souvent à ce qu'ils n'ont pas eu occasion de connaître de près de nobles natures de femmes. « *La Philosophie de l'inconscient*, tr. p. Nolen, Introd., p. xv. C'est cette traduction que nous citerons.

d'une vie facile, Edouard de Hartmann, officier d'artillerie, utilisait ses loisirs de garnison en s'essayant aux études philosophiques. La psychologie et la métaphysique l'attiraient tout particulièrement. Mais l'homme conservait les défiances de l'écolier pour l'enseignement officiel; ce n'est donc pas aux leçons des professeurs en renom qu'Edouard de Hartmann va demander la vérité. Par un effort plus personnel, il entend la puiser dans les œuvres des grands penseurs, Hégel, Schelling, Schopenhauer sont ses véritables maîtres. C'est pour la forme et juste assez pour obtenir, à Rostock, en 1867, le titre de docteur, qu'il assiste à quelques cours de l'Université. A cette date d'ailleurs, son grand ouvrage était achevé. Il a été composé de 1864 à 1867 et Edouard de Hartmann, que n'aiguillonnait pas le besoin, aurait peut-être voulu le perfectionner encore avant de le livrer au public, mais un hasard heureux, la rencontre d'un éditeur qui devina un succès, hâta sa publication.

C'est par ses réflexions et ses études psychologiques qu'Edouard de Hartmann fut conduit à l'idée mère de son système. Il remarqua, et d'autres l'avaient fait avant lui, que la conscience ne révèle pas tous les phénomènes qui se passent en nous et son attention une fois attirée sur les phénomènes inconscients, il vit ceux-ci se multiplier; ce fut pour lui un trait de lumière. L'*inconscient* allait expliquer le monde. Et voilà Edouard de Hartmann, jeune, ardent, interrogeant avidement toutes les sciences, colligeant des faits aux sources les plus diverses et, par ce phénomène bien connu de tous ceux qui ont la bonne fortune d'exploiter une idée quelque peu heureuse et féconde, trouvant partout la confirmation ou l'application de ses vues. Dix ans après la publication de son œuvre, après les retentissants éclats du succès, Edouard de Hartmann, dans la préface de la traduction française, dit avec une sincérité trop rare pour ne pas être remarquée : « *La Philosophie de l'Inconscient* n'est pas un système ; elle se borne à tracer les linéaments principaux. Elle n'est pas la conclusion, mais le programme d'une vie entière de travail : pour achever l'œuvre, la santé et une longue vie seraient nécessaires. Elle n'est pas le produit de la réflexion et de la maturité, mais l'essai téméraire d'un talent juvénile, et présente tous les défauts et qualités d'une œuvre de jeunesse (1). » Ailleurs, Edouard de Hartmann semble reconnaître que, dans les nombreux faits par lui recueillis, tous n'ont pas une égale valeur, que quelques-uns même peuvent être contestés : « Le lecteur, dit-il, pourra trouver insuffisantes les preuves de tel ou tel chapitre, sans que la solidité des autres preuves soit ébranlée pour cela. Ainsi dans un vaste faisceau, on peut enlever une ou plusieurs armes, sans que pour cela le faisceau s'écroule. Je demande enfin l'indulgence pour les faits physiologiques et zoologiques que j'invoque comme exemple. Un profane peut commettre une erreur ; mais l'ensemble de la démonstration n'en saurait être sérieusement modifié (2). »

---

(1) *La Ph. de l'Inc.*, tr. p. D. Nolen. Paris, 1877, Germer-Baillière, t. I, p. III.

(2) Ibid., t. I, p. 17.

Les deux premières parties de l'ouvrage, qui en renferme trois, sont entièrement remplies par l'exposé des phénomènes qui établissent la réalité de l'idée inconsciente, ou du moins qui semblent ne pouvoir s'expliquer que par elle. « Réunir tous ces phénomènes, s'appuyer sur chacun d'eux pour rendre vraisemblable l'existence d'idées inconscientes et d'une volonté inconsciente ; à l'aide de cet ensemble de faits démontrer avec une vraisemblance qui s'élève jusqu'aux limites de la certitude, l'existence du principe qui les explique tous, tel est l'objet des deux premières parties de ce livre. La première observe les faits par lesquels se manifeste la vie physiologique et zoopsychique de la nature ; la seconde se renferme dans l'étude de l'esprit humain (1). »

Après avoir appliqué la théorie de l'inconscient aux phénomènes les plus divers, Edouard de Hartmann expose ses vues métaphysiques sur les premiers principes, l'origine de la conscience, la matière, l'individuation, le monde, son processus et ses destinées.

Schopenhauer a fait de la volonté la base de tout son système ; Dieu, l'âme, autant de mots, pour lui, vides de sens. L'homme n'est pas libre, l'éducation ne peut rien changer au caractère, l'illusion seule fait supposer une finalité dans la nature ; en réalité, pour le philosophe, il n'y a pas plus de téléologie que de théologie.

Edouard de Hartmann est doué d'un tempérament spiritualiste accentué ; s'il évite de parler positive-

---

(1) *La Ph. de l'Inc.*, t. I, p. 3.

ment de Dieu, il voit, du moins, son action partout ; non seulement il a recours à son intervention pour expliquer tous les phénomènes dont la raison scientifique lui échappe, mais, en cas de doute, entre deux explications également admissibles, il penche instinctivement vers celle qui suppose l'action providentielle directe, l'intervention de l'Inconscient.

On sait les efforts tentés par Darwin et ses émules pour établir les ingénieuses hypothèses à l'aide desquelles s'expliqueraient les évolutions des espèces, le perfectionnement des êtres, l'instinct des animaux, etc. Ce ne sont encore là que des hypothèses compromises parfois par les exagérations de ceux qui les défendent, mais tout fait prévoir que, laissant de côté les questions d'origine, de création, les observations relatives à la sélection, à la concurrence vitale, mettent sur la voie de la vérité et conduiront à des résultats scientifiques. Darwin s'ingénie pour éliminer du domaine de la nature l'action directe d'une intelligence supérieure.

Edouard de Hartmann, se plaçant à un point de vue tout opposé, s'efforce de multiplier les cas d'intervention de l'intelligence supérieure ; pour lui, par exemple, la sélection n'est qu'un moyen employé par cette intelligence pour arriver à ses fins. Et, dans cette voie, il multiplie les observations, accumule les faits, sans craindre d'aller de la zoologie à la magie, notant même, avec complaisance, la seconde vue dans laquelle il trouve une preuve de plus de l'existence de l'inconscient.

La Philosophie de l'inconscient, tel est le titre de son grand ouvrage, et il en indique et la méthode et l'esprit par ces mots : « *résultats spéculatifs obtenus par la méthode inductive des sciences de la nature.* »

Les idées de *conscience* et *d'inconscience* prennent, dans l'œuvre d'Edouard de Hartmann, une grande importance ; il y a même, chez lui, une tendance à exagérer le domaine de l'inconscient. On développe volontiers son idée propre et plusieurs circonstances, qui prêtent à l'équivoque, favorisent ici ces **exagérations.**

Il y a longtemps que les observateurs ont remarqué dans l'homme des phénomènes qui échappent à la conscience plus ou moins complètement. Kant paraît être le premier qui ait admis les idées inconscientes et Edouard de Hartmann, tout au début de son introduction, rappelle le §5 de l'*Anthropologie* qui est intitulé : « *Des idées que nous avons sans en avoir conscience.* » Pour Kant, il y a lieu de distinguer l'idée en général et l'idée perçue par le moi, l'idée consciente ; cette dernière étant une espèce et l'idée inconsciente, le genre.

Cette théorie de la conscience est restée d'autant plus obscure que chacun y apporte volontiers ses vues personnelles et le souvenir de ses études spéciales. Le psychologue, le moraliste et le physiologiste en parlent d'ordinaire très différemment. Il suffit de signaler le champ immense qui sépare la conscience, opération complexe de l'esprit, supposant un acte d'intelligence et de discernement, de la simple sensation échappant souvent au moi inattentif et provoquant parfois ces perceptions obscures, vagues, que Leibnitz appelle *cogitationes cœcœ* et qui ont suggéré à Edouard de Hartmann la première pensée de ses recherches (1).

Leibnitz en signalant ces différences de degré et en essayant d'appliquer aux opérations de l'intelligence les données du calcul infinitésimal, n'avait en vue que l'inconscience relative. « Il ne s'ensuit pas, dit-il, de ce qu'on ne s'aperçoit pas de la pensée, qu'elle cesse pour cela (2); » ce qui prouve bien qu'il ne s'agit que de l'inconscience relativement au moi, d'une sorte de minimum de conscience, plutôt que de l'absence complète de conscience.

Les phénomènes qui s'accomplissent dans l'organisme humain, sans que le moi en soit positivement averti, sont inconscients relativement au moi. Ils sont pour lui comme n'existant pas, plus inexistants que s'ils se passaient en dehors du moi, dans un autre organisme qui pourrait les faire connaître et révéler leur nature consciente (3).

(1) *La Ph. de l'Inc.*, Introd., p. 49.
(2) *Nouveaux Essais sur l'entendement humain*, liv. II, ch. I, § 10.
(3) On peut consulter à ce sujet l'ouvrage de M. E. Colsenet, intitulé *la Vie inconsciente de l'esprit* (Paris, Germer-Baillière, 1880). L'auteur y propose une hypothèse métaphysique d'après laquelle la vie inconsciente de l'esprit serait en réalité la vie perpétuellement consciente de l'esprit. Chaque pensée après qu'elle s'est présentée à nous serait comme confiée à quelqu'un qui n'est plus nous puisque nous n'avons pas directement conscience de son action, mais qui est encore quelque chose de nous et qui se la redit sans cesse afin de nous la redire à nous-mêmes.
Cette hypothèse se rapproche de la théorie de l'esprit-fonds (*mind stuff*) du professeur W. K. Clifford (v. *Lectures und Essays*, 2 vol. Londres, 1879), d'après laquelle toute molécule possède une quantité d'esprit-fonds qui se perfectionne jusqu'à former la conscience humaine. Ces esprits-fonds ne seraient pas autre chose que des éléments qui par leur réunion constituent la conscience.

Mais ces mêmes phénomènes peuvent être absolument conscients, si, comme le suppose Edouard de Hartmann, les centres ganglionnaires qui président à ces phénomènes ont eux-mêmes conscience de leur activité. En fait, Edouard de Hartmann a trop négligé cette distinction, et, en lisant son livre, s'il ne se laisse pas entraîner par le charme d'une démonstration un peu enthousiaste, le lecteur voit, presque à chaque page, l'auteur passer de l'inconscient relatif à l'inconscient absolu. Bien plus, une étude attentive démontre que sa méthode consiste surtout à amonceler le plus grand nombre possible de faits d'inconscience relative et à en tirer adroitement l'idée de l'inconscient absolu, base de son système.

Aussi a-t-on justement signalé cette singulière anomalie : Edouard de Hartmann, le philosophe de l'inconscient, a contribué plus que personne à étendre le domaine de la conscience. Ainsi il accorde une certaine conscience aux ganglions nerveux, il reconnaît « aux plantes une sensibilité, et qui plus est, une sensibilité consciente, à l'égard de toutes les excitations contre lesquelles elles réagissent, soit instinctivement, soit d'une manière réflexe (1). »

---

(1) *La Ph. de l'Inc.*, t. I, p. 155, t. II, p. 445, 484, 494, 575. Pour Ed. de Hartmann, comme pour les psychologues anglais de l'école de Mill, la conscience suppose toujours un changement d'état et n'existe que là où ce changement se produit. Comme si la force consciente ne pouvait pas avoir conscience de ses états permanents aussi bien que des changements qu'ils subissent. La perception d'un changement ne suppose-t-elle pas, d'ailleurs, la conscience de l'État primitif auquel se substitue un état nouveau? Voir *Ph. de l'Inc.*, t. II, p. 579.

Mais si Edouard de Hartmann, en étudiant les phénomènes de conscience, a relevé de nombreux faits parmi lesquels il en est qui semblent prouver l'existence d'un principe psychique supérieur à la matière, il n'en échoue pas moins dans la démonstration de l'existence de l'Inconscient. Cette intelligence, qui n'a pas conscience d'elle-même, ces représentations (*Vorstellungen*) inconscientes, ces volontés inconscientes, tout cela reste aussi dénué de sens que de démonstration rationnelle.

Il est d'ailleurs facile de trouver la source de ces singulières conceptions, dans le pessimisme d'Edouard de Hartmann. Bien que moins absolu que Schopenhauer, bien que s'appuyant sur une démonstration différente, Edouard de Hartmann lui aussi aboutit à cette conclusion que le mal domine dans le monde. Partant de cette donnée et par un raisonnement *a priori*, il conclut que l'auteur de ce monde ne peut pas avoir conscience de son œuvre. « Si, au moment où le monde se produit, il y a en Dieu quelque chose comme une conscience l'existence du monde serait une impardonnable cruauté, et le développement de ce monde une inutilité absurde. » Et voilà pourquoi le Dieu d'Edouard de Hartmann est inconscient; il doit l'être; ce point acquis, on démontre qu'il l'est, par la méthode inductive.

Ainsi Edouard de Hartmann reconnaît l'insuffisance de la conception de Schopenhauer, la volonté aveugle ne peut être la chose en soi. La finalité qu'il constate partout dans l'univers suppose une intelligence, mais comme le monde est mauvais, qu'une intelligence consciente ne peut, sans déraison, concourir à la production d'un monde mauvais, cette intelligence sera nécessairement inconsciente (1). Et tout se trouve concilié, la volonté aveugle et la finalité du monde, l'idée intelligente qui coopère à la production du monde et le caractère mauvais de l'œuvre produite. A côté de la volonté qui explique l'être, Edouard de Hartmann place l'idée qui explique le concept du monde. Et voilà comment dans le roman métaphysique dont il combine les complications au gré de son imagination pleine de ressources inattendues, idée et volonté qui sont des notions inséparables, sont, en même temps deux principes indépendants, agissant chacun pour son compte et entrant en lutte l'un contre l'autre. La volonté absolument stupide, l'intelligence absolument sage mais dénuée de volonté et inconsciente, forment par leur réunion l'Un-Tout. Le noumène absolu a donc l'intelligence absolue et c'est pour cela qu'il opère logiquement ; mais cette intelligence absolue est inconsciente. L'Un-Tout sait ce qu'il fait, c'est parce qu'il le sait qu'il le fait, mais il ne sait pas qu'il le sait, parce qu'il est inconscient !

Cette conception bizarre est la base de ce qu'on a appelé la philosophie de l'inconscient et cette philosophie a eu un succès immense en Allemagne. Qu'il nous soit permis d'avouer notre étonnement et de dire franchement que notre esprit se refuse

---

(1) « Les considérations présentées jusqu'ici, jointes à celles que nous présenterons plus bas et qui reposent sur l'existence du mal dans le monde sont suffisantes pour démontrer avec évidence l'impossibilité d'une conscience spéciale et divine, d'une conscience de soi dans l'Un-Tout. » *La Ph. de l'Inc.*, t. II, p. 230.

absolument à comprendre une intelligence qui n'a pas conscience d'elle-même, une idée inconsciente. Il est, en effet, impossible d'avoir une idée, de savoir sans que le savoir prime nécessairement cette forme. Je sais, et cette forme, je sais, est la forme même de la conscience (1).

Edouard de Hartmann est panthéiste, mais il a quelque scrupule à employer le mot panthéisme auquel il substitue celui de *monisme* (2). Dans sa terminologie, l'Inconscient est Dieu et quand il arrive au grand problème où échouent tous les systèmes panthéistes, problème qui consiste à concilier l'unité de

(1) M. Louis Dumont constate, lui aussi, l'impossibilité de comprendre une idée absolument inconsciente : « Cette idée (l'idée d'une intelligence qui n'a pas conscience d'elle-même) nous déclarons n'avoir pas réussi à la comprendre : elle nous semble même contradictoire en soi. Qu'est-ce qu'une idée ou une volonté sans la conscience de cette idée ou de cette volonté ? L'idée peut-elle être autre chose qu'une forme de la conscience, comme la volonté en est une autre ? Hartmann a pu rappeler des faits d'intelligence étrangers à la conscience du *moi*, mais sans pouvoir montrer que ces faits fussent inconscients absolument et en eux-mêmes. Qui nous prouve même que le *moi* soit la totalité des phénomènes conscients du cerveau ?... Les doctrines de Hartmann lui-même nous conduiraient au contraire à admettre que les autres centres nerveux, la moelle épinière, les ganglions, etc. sont doués d'une conscience propre ; qu'il y a une conscience particulière dans chaque cellule d'un animal ou d'une plante, peut-être même dans chaque atome matériel ; en un mot, que la conscience coïncide partout avec la réalité, l'inconscient étant hors de faits réels. « Revue scientifique, 7 septembre 1872, *Une philosophie nouvelle en Allemagne*, p. 226.

(2) « La doctrine qui identifie cet être unique (Dieu) avec la totalité des choses ou l'univers, a reçu par suite le nom de panthéisme... Bien compris, ce mot, à coup sûr, est très satisfaisant : pourtant les malentendus auxquels il donne lieu me font préférer le mot de *monisme*, qui pour moi est absolument l'équivalent du mot panthéisme. » *La Ph. de l'Inc.*, t. II, p. 204, 205, III° partie, vii.

la substance divine avec la multiplicité des phénomènes et des êtres, Edouard de Hartmann, au lieu d'une solution impossible, ne nous offre que des images et des expressions vagues. Le monde n'est qu'*une certaine somme d'actions, d'actes volontaires* (*Thœtigkeiten*) de l'Inconscient ; le moi, *une somme différente d'actions ou d'actes volontaires* du même Inconscient. « Chaque fragment de matière n'est qu'un agrégat de forces atomiques, c'est-à-dire d'actes par lesquels l'Inconscient exprime sa volonté d'exercer de ce point de l'espace une certaine force d'attraction, de cet autre une certaine force de répulsion. Que l'Inconscient interrompe ces actes de volonté et cesse de les produire : au même moment ce fragment de matière cesse d'exister. Que l'Inconscient veuille de nouveau les produire, la matière reparaît... Le monde n'est que la série continue des combinaisons spéciales qu'effectue par ses actes la volonté de l'Inconscient. Le monde n'existe qu'autant qu'il est constamment créé. Que l'Inconscient cesse d'en *vouloir* l'existence : et le jeu de ces combinaisons, effectuées par l'Inconscient, cesse aussitôt d'*exister* (1) ».

Tout cela ne jette pas grande lumière, il faut l'avouer, sur l'idée de matière. Le passage suivant en jette-t-il davantage sur l'idée du moi? « Que l'Inconscient change la combinaison des actions ou des actes de sa volonté qui me constituent, et je deviendrai un autre ; qu'il interrompe son action, et je cesserai d'être. *Je* suis un phénomène semblable à l'arc-

---

(1) *La Ph. de l'Inc.*, t. II, p. 212.

en-ciel dans les nuages. Comme lui, *je ne suis qu'un ensemble de rapports ; je change à chaque seconde comme ces rapports eux-mêmes et m'évanouirai avec eux. A la même place, un autre arc-en-ciel pourra s'élever, absolument semblable au premier, sans être pourtant le même que lui : il faudrait pour cela la continuité dans la durée. Ainsi, à ma place, un autre être absolument semblable à moi peut se montrer ; mais ce ne sera plus moi. Et pourtant le *soleil* continuera de briller, lui qui se jouait tout à l'heure dans ces nuages ; et l'*Inconscient* agit éternellement, lui que mon cerveau a reflété un moment* (1). » L'image peut être brillante, mais l'idée ne se dégage pas nette et l'esprit ébloui par l'éclat des mots voudrait du moins plus de précision.

Nous avons analysé, avec quelques détails, la conception de Schopenhauer pour donner une idée de ces grands systèmes allemands et des hardiesses métaphysiques qui président à leur construction ; il serait sans doute curieux de suivre pas à pas Edouard de Hartmann, en comparant ses solutions et ses vues à celles de Schopenhauer ; mais un pareil travail nous entraînerait bien loin et nous retiendrait trop longtemps hors de ce qui doit rester le sujet de cette étude. Cependant, avant d'abandonner la métaphysique de la *philosophie* de l'inconscient, pour revenir au pessimisme d'Edouard de Hartmann, je voudrais mettre en lumière la contradiction qui rend inadmissible le prétendu correctif apporté par lui au système de Schopenhauer. Personne ne me sem-

---

(1) *La Ph. de l'Inc.*, t. II, p. 213.

ble avoir mieux démontré cette contradiction que M. Alfred Weber, de Strasbourg (1). « D'un côté, dit-il, l'on (Edouard de Hartmann) prétend avec raison que tout vouloir implique une idée à titre de but immanent, qu'idée et volonté sont des actions absolument inséparables; d'autre part, ces deux éléments d'une seule et même cause universelle déclarés inséparables sont violemment séparés, constitués dans une indépendance réciproque, transformés en principes antagonistes et portés à l'absolu chacun pour son compte.

« En contradiction directe avec la thèse que tout vouloir implique une idée et ne saurait être conçu sans elle, la volonté de l'absolu est représentée comme *absolument stupide,* tandis qu'en échange l'idée, l'intelligence, la sagesse absolue serait à son tour totalement sans volonté.

« La volonté opère d'une manière complètement indépendante, elle se précipite dans l'existence à ses risques et périls, et ce n'est qu'après en avoir savouré la torture jusqu'à la dernière goutte qu'elle se résout finalement à ne plus vouloir. Et pourtant, aux termes exprès de l'auteur, cette volonté qui a commis la folie de créer le monde était la volonté d'un être tout sage, quoique d'une sagesse inconsciente. Ce n'est pas la volonté qui veut, comme ce n'est pas la représentation qui représente, et dans l'hypothèse, l'être qui veut est un être tout sage.

« Le vice radical se trouve dans la personnification de la volonté et de la représentation, où l'unité de

---

(1) *Wille zum Leben oder Wille zum Guten? Ein Vortrag ueber Ed. von Hartmanns Philosophie,* 1882.

l'absolu disparaît pour faire place au dualisme. On ne saurait entendre que l'être qui veut soit intelligent et la volonté de cet être stupide. La volonté d'un être tout sage participe de cette sagesse et ne saurait commettre une folie (1). »

Contradictions, complications, tels sont les caractères saillants de l'œuvre métaphysique d'Edouard de Hartmann.

Pour son pessimisme qui commande tout le système, car le caractère mauvais du monde est la raison d'être de l'inconscience de l'idée, Edouard de Hartmann le justifie expérimentalement en établissant le bilan de la vie. Il fait la somme de tous les maux qu'elle entraîne, de tous les plaisirs qu'elle procure; de la comparaison des deux sommes ressort cette conclusion que le mal l'emporte sensiblement sur le bien. Le monde n'est pas le plus mauvais monde possible et, à ce point de vue, l'expression *pessimisme* est outrée, mais il reste mauvais.

Le bilan de la vie peut prêter à des développements intéressants, mais c'est une opération longue, délicate, supposant des procédés d'une application contestable, des appréciations toujours relatives et, par conséquent, ne pouvant pas donner un résultat indiscutable. Si, malgré ces inconvénients majeurs, Edouard de Hartmann a recours à ce procédé défectueux, ce n'est pas qu'il le trouve préférable, au point de vue de la rigueur de la démonstration, au

---

(1) Ces lignes sont empruntées à un article de M. Ch. Secrétan, *la Métaphysique de l'eudémonisme, du pessimisme et de l'impératif catégorique*, publié dans la Revue philosophique, t. XV, p. 393.

raisonnement de Schopenhauer, mais c'est qu'il reconnaît que le raisonnement à l'aide duquel Schopenhauer prétend prouver que ce monde est le pire de tous les mondes possibles, n'est « qu'*un sophisme évident* (1) ». Il le blâme « d'avoir méconnu la sagesse qui a présidé à l'organisation du monde pour ne voir que le malheur de l'existence (2) », critique sa théorie du plaisir et de la douleur (3), son concept du caractère négatif et conclut « que le plaisir et la douleur, en général, ne se distinguent que comme le positif et le négatif en mathématiques; on peut indifféremment choisir pour l'un ou l'autre des termes comparés le nom de positif ou celui de négatif (4) ».

Etant donné le monde tel qu'il est, l'existence vaut-elle mieux que le néant? telle est la question que se pose Edouard de Hartmann en commençant un chapitre dont le titre, *la déraison du vouloir vivre et le malheur de l'existence*, fait suffisamment pressentir sa réponse.

Il suppose « un homme qui n'est pas un génie, et n'a reçu que la culture générale de tout homme moderne », qui d'ailleurs n'a pas à se plaindre de la fortune et « n'est ni épuisé, ni blasé par la jouissance »; la mort se présente à lui et lui tient ce langage : « la durée de ta vie est épuisée; l'heure est venue où tu dois devenir la proie du néant. Il dépend de toi pourtant de décider si tu veux recommencer,

---

(1) *La Ph. de l'Inc.*, t. II, p. 363.
(2) Id., p. 363.
(3) Id., p. 364.
(4) Id., p. 369.

dans les mêmes conditions, avec l'oubli complet du passé, la vie qui est maintenant achevée : choisis ». Naturellement, comme dans toutes les suppositions de ce genre qui, précisément pour cela ne sont guère démonstratives, c'est Edouard de Hartmann qui répond et voici sa réponse : « Je doute que notre homme préfère recommencer le jeu précédent de la vie que d'entrer dans le néant... s'il ne laisse pas fausser son jugement par l'intérêt de la vie à tout prix (1). »

Ce qui revient à dire que si notre homme laissé à ses propres inspirations répondait lui-même, Edouard de Hartmann en est persuadé, il accepterait sans hésiter la nouvelle dose de vie proposée. Mais en cela il aurait tort et Edouard de Hartmann va lui démontrer sa folie avec une ardeur impitoyable.

Et d'abord l'amour de la vie n'est qu'un préjugé. En effet, chacun préfère sa vie à celle d'un être inférieur. « Interrogez un bûcheron, un Hottentot, un orang-outang, demandez à chacun d'eux ce qu'il aime le mieux du néant ou d'une vie nouvelle dans le corps d'un hippopotame ou d'un porc. Tous répondront vraisemblablement qu'ils aiment mieux le néant; et l'hippopotame et le porc tiendront le même langage (2). » Pourquoi ? parce que chacun, au moment de répondre, se met, en quelque sorte, avec son intelligence actuelle, à la place et comme dans le corps de l'animal inférieur; il trouve naturellement l'existence de celui-ci insupportable. Mais il

---

(1) *La Ph. de l'Inc.*, t. II, p. 354.
(2) Id., t. II, p. 356.

oublie que le porc lui aussi aime sa vie, parce qu'il a des illusions que l'homme ne partage pas et que ces illusions lui donnent un surcroît de félicité réelle qui lui fait préférer sa vie au néant. D'où il suit qu'à chaque état correspondent des illusions suffisantes pour tromper celui qui les subit. On retrouve là l'œuvre de l'Inconscient qui, voulant la vie en dépit de ses misères, suscite chez les êtres vivants toutes les illusions nécessaires pour leur faire goûter la vie et masquer le malheur de l'existence. Il y a là une cause d'erreur dont on doit tenir compte dans le bilan de la vie. Mais, au fond, une intelligence souverainement sage condamnerait absolument la vie, comme notre intelligence bornée et relative condamne toute vie inférieure à la sienne.

L'humanité trompée par l'Inconscient marche d'illusion en illusion, dès que l'une s'évanouit une autre lui succède. La première, la plus grossière de toutes, consiste à concevoir le bonheur comme un bien réalisable sur cette terre, c'est l'illusion de la jeunesse. On la trouve au début de la vie, chez les nations comme chez les individus.

Pour dissiper cette illusion, Edouard de Hartmann fait les observations suivantes : 1° tout plaisir, surtout s'il est un peu vif, dure peu, car sans cela, la fatigue se produirait bientôt; 2° de plus les douleurs sont nombreuses ici-bas et leur cessation entre pour une large part dans le contingent de plaisir que nous pouvons ressentir. Ce sont là des plaisirs indirects, de peu de valeur et qui sont nécessairement précédés par des douleurs réelles; 3° l'habitude émousse les satisfactions de la volonté; aussi la plus grande partie de ces satisfactions est perdue pour la conscience, tandis que les contrariétés sont ressenties jusqu'à la moindre (1).

On peut donc affirmer, sur ces simples remarques, la prédominance du mal dans notre existence. Surtout si l'on n'oublie pas que le plaisir n'est pas une compensation nécessaire à la douleur. Pétrarque l'a dit dans un vers qu'Edouard de Hartmann cite après Schopenhauer :

Mille piacer non vagliono un tormento.

Il faut tenir compte de l'exagération permise aux poètes, mais Edouard de Hartmann se demande quel coefficient ou exposant on doit donner à un degré de plaisir pour qu'il soit l'équivalent d'un degré de douleur, et, tout en reconnaissant qu'il est

---

(1) « Nous sentons le désir comme la faim et la soif ; aussitôt qu'il est satisfait, il en est de lui comme du morceau savoureux que nous cessons de goûter aussitôt qu'il est avalé. Les jouissances, les joies, nous font amèrement sentir leur absence, aussitôt qu'elles cessent ; les peines, même lorsqu'elles ont duré longtemps avant de disparaître, ne nous font pas immédiatement sentir leur absence. Il faut que nous fassions un effort pour nous les rappeler. Dans la mesure où croissent les plaisirs, diminue la faculté de les ressentir, un plaisir habituel n'est plus un plaisir. Mais l'habitude étend la faculté de la souffrance ; car nous ressentons amèrement la disparition de ce qui nous était devenu habituel. » Schopenhauer, *le Monde comme représentation et comme volonté*, 3ᵉ édit., note II, p. 657. — « De même que nous ne sentons pas la santé générale du corps, mais seulement les petites parties où le soulier nous blesse, aussi nous ne sentons pas la somme des biens qui font la perfection de la vie. Mais une contrariété insignifiante blesse notre sensibilité. » Schopenhauer, *Parerga und Paralipomena*, 2ᵉ édit., vol. II, p. 342.

bien difficile de constater l'égalité des deux sensations à comparer, que d'ailleurs le coefficient cherché peut varier d'homme à homme, il le tient pour supérieur à l'unité. On voit de suite la conséquence : le monde est une loterie. « On doit mettre au jeu exactement toutes les douleurs comme sa vade; mais on n'encaisse les gains qu'avec une retenue qui répond à la différence où sont de l'unité les coefficients constants qu'on emploie dans la comparaison du plaisir et de la douleur (1). »

Et ces observations préliminaires une fois faites, Édouard de Hartmann examine en détail ce que valent les biens de la vie.

La santé, la jeunesse, la liberté, ces conditions nécessaires du bien-être, ont toujours été considérées et non sans raison, comme les biens les plus précieux. Quel plaisir nous procurent-ils? Aucun. « De leur nature, ils sont incapables de nous élever au-dessus de l'état de pure indifférence jusqu'au plaisir, incapables donc de produire un plaisir, si ce n'est en diminuant une peine antérieure... On ne sent un membre que s'il est malade... Il en est de même pour la liberté. Quant à la jeunesse, elle n'est qu'une condition favorable pour jouir, mais cette condition quelque favorable qu'elle soit, n'assure pas la possession, la jouissance. A quoi servent de bonnes dents pour qui n'a pas à manger (2)? »

Le bien-être, la sécurité de la vie n'est encore

---

(1) *La Ph. de l'Inc.*, t. II, p. 374.
(2) Id., t. II, p. 376.

que « la condition *sine qua non* de la vie toute nue (1), » mais « une vie assurée est un tourment, si rien ne vient en combler le vide (2), » à ce point que la souffrance et le malheur nous semblent parfois les bienvenus, s'ils réussissent à chasser l'ennui.

Le travail sera-t-il un remède? « Mais il n'est pas douteux que le travail, pour celui qui doit travailler, est un mal... »

« Personne ne travaille sans y être contraint (3). » Le seul résultat que l'homme puisse espérer du travail c'est « d'apprendre par l'habitude à supporter volontiers ce qu'il ne peut éviter (4) »... « Le repos, le travail ne font autre chose que changer l'homme de position : ainsi le malade dans son lit se tourne d'un côté dans l'espoir de se trouver mieux, et ne tarde pas à reprendre son ancienne position, lorsqu'il sait que la seconde ne vaut pas mieux que la première (5). »

L'homme doué de jeunesse et de santé peut espérer conquérir des moyens de subsister et une certaine liberté relative; s'il sait borner ses désirs, renoncer aux biens extérieurs; si, d'ailleurs, les calamités, les douleurs excessives lui sont épargnées, il jouira de ce contentement extérieur souvent célébré comme le premier des biens. Mais, « s'il est juste de nommer la santé, la jeunesse, la liberté, une existence exempte de souci, les plus grands des biens et d'appeler le contentement de l'âme, la forme la plus

---

(1) *La Ph. de l'Inc.*, t. II, p. 376.
(2) Id., p. 377.
(3) Id., p. 377.
(4-5) Id., p. 378.

haute de la félicité, il faut après cela reconnaître *a priori* que les biens et la félicité positive sont peu de chose, puisqu'on est autorisé à leur préférer des biens purement privatifs, qui ne consistent que dans la pure conscience d'être affranchi de la douleur. Car que nous assure cet affranchissement de la douleur? Rien de plus que ce que le non-être nous assurerait lui-même... Les biens positifs sont toujours mêlés d'une restriction qui les place en général au-dessous du simple contentement de l'âme, au-dessous de l'état de pure indifférence, laquelle est en quelque sorte l'état permanent du non-être; il suit de là évidemment qu'ils sont aussi inférieurs au non-être... »

« *Toute vie vaut donc moins que le contentement absolu, par suite, que le non-être* (1). »

Telle est la conclusion de ces pages où nous avons puisé à dessein des citations nombreuses. On n'y trouve pas, au même degré tout au moins, l'âpre énergie et la mordante ironie de Schopenhauer, mais c'est bien le même procédé, c'est bien aussi le rhéteur qui développe habilement une thèse préconçue, esquivant avec adresse ce qui, dans le bilan qu'il est censé dresser, compromettrait le résultat voulu par un pessimisme *a priori*.

Il est inutile d'insister sur l'inadmissibilité de la conclusion qui n'en arrive à préférer le non être à une vie relativement heureuse qu'en faussant les données du problème. Notre pessimiste s'est trompé sur le sujet de ses opérations plus ou

---

(1) *La Ph. de l'Inc.*, t. II, p. 379.

moins scientifiques : un critique le compare à un astronome qui, croyant mesurer les révolutions de la lune, observait les ailes d'un moulin à vent. En effet, ce n'est pas l'homme, l'homme complet qu'étudie Edouard de Hartmann, c'est un homme sans âme, sans moralité, c'est un homme réduit à la vie animale, pour lequel la sensation serait tout, aux yeux duquel la valeur de la vie se mesurerait uniquement sur les plaisirs qu'elle procure et les douleurs qui l'accompagnent. Ce n'est pas là l'homme tout entier. Ce n'est qu'en le mutilant, en supprimant ce qui fait sa vraie grandeur, que l'on arrive à proclamer la supériorité du non-être sur la vie.

Cette même cause d'erreur nous la retrouverons partout dans les raisonnements d'Edouard de Hartmann ; elle vicie tous ses calculs bien plus que l'absence, signalée par James Sully, d'un instrument de précision, permettant d'évaluer quantitativement le plaisir et la douleur.

Voulez-vous, d'après Edouard de Hartmann, une autre démonstration du peu que vaut la vie ? La faim et l'amour, le besoin de sustenter son corps par l'alimentation et le besoin de multiplier la vie par la génération, voilà, de l'aveu de tous, « les mobiles presque exclusifs de toute activité humaine. S'il faut condamner ces deux mobiles de l'individu, on ne voit pas à quel prix la vie individuelle en elle-même pourrait encore prétendre (1) ».

Prouver que le besoin de manger est un mal, n'est qu'un jeu pour Edouard Hartmann. Il nous

---

(1) *La Ph. de l'Inc.*, t. II, p. 384.

montre d'un côté le peu de plaisir que procure la meilleure digestion, de l'autre « le plus grand nombre des treize cents millions d'habitants de la terre n'ayant qu'une nourriture péniblement obtenue, insuffisante, et qui ne prolonge qu'à peine leur existence » (1). Il évoque les tortures de la faim, les souffrances infernales de la soif, les famines, les disettes, les misères des grandes villes, les morts par inanition et conclut gravement, « dans le règne animal et dans l'humanité, prise en général, les tortures, les souffrances causées par la faim et ses conséquences l'emportent de beaucoup et continueront de l'emporter sur les jouissances attachées à la satisfaction de ce besoin. Le besoin de manger, considéré en soi, est donc un mal (2) ».

L'amour prête à plus de développements, mais l'analyse d'Edouard de Hartmann aboutit exactement à la même conclusion : « l'amour est en soi et pour l'individu un mal véritable ». Il est bien entendu qu'il ne s'agit que de l'amour physique, du besoin de la reproduction ; l'homme ici encore est considéré comme la brute. Ainsi Edouard de Hartmann « n'hésite pas à déclarer que les souffrances générales de l'enfantement sont bien plus grandes pour la femme que les jouissances physiques de l'acte amoureux », et c'est là une des raisons pour lesquelles l'amour est un mal. Mais qui ne voit qu'Edouard de Hartmann raisonne ici comme la fille de joie qui redoute avant tout les douleurs et

---

(1) *La Ph. de l'Inc.*, p. 381.
(2) Id., t. II, p. 383.

les charges de la maternité, parce qu'elle ne voit dans la vie que des jouissances physiques, tandis que ces mêmes douleurs tout aussi cruelles, ces mêmes charges presque aussi pesantes, sont l'ambition de l'épouse vertueuse avide de dévouement, parce qu'elle sait trouver dans l'accomplissement de ses devoirs le bonheur et la joie?

Les raisons donnés pour montrer que chez l'homme l'amour est un mal, comme chez les animaux, ne sont pas plus sérieuses. Sans doute l'homme abuse de l'amour plus encore peut-être que de beaucoup d'autres biens ; sa perversité en fait sortir mille maux ; depuis des siècles il ne cesse de le maudire, sans pouvoir s'en passer, et, malgré les raisonnements pessimistes d'Edouard de Hartmann, l'humanité continuera à aimer ; elle fuira avec horreur la criminelle mutilation qu'il ose conseiller pour échapper à l'amoureux désir et, sur ce point, préférera sagement son exemple à ses leçons (1).

Edouard de Hartmann passe alors à d'autres biens de la vie et il apporte, dans leur analyse, les mêmes vues étroites si propres à justifier son pessimisme. La compassion, dont Schopenhauer fait la base de toute moralité, semble la source de jouissances pures et nobles. Edouard de Hartmann ne comprend pas ces jouissances, il n'y voit qu'un plaisir égoïste naissant du « contraste de la souffrance d'autrui avec notre état actuel (2) » et naturellement, pour lui, « la compassion est un mal, puisqu'elle cause

---

(1) *La Ph. de l'Inc.*, t. II, p. 394. Edouard de Hartmann est époux et père. *La Ph. de l'Inc.*, t. I, introduction, p. xviii.

(2) *La Ph. de l'Inc.*, t. II, p. 395.

plus de peine que de plaisir à l'âme qui la ressent (1) ».

L'amitié même et les joies de la famille ne trouvent pas grâce à ses yeux, car son étrange procédé d'analyse va y découvrir encore plus de peine que de plaisir ; je le crois bien ! pour lui, « le bonheur si vanté de l'amitié repose en partie sur l'impuissance de l'individu à supporter seul ses misères, en partie sur la communauté du but poursuivi (2) », l'amitié n'est pour l'homme que le résultat du sentiment pénible de l'impuissance qui conduit certains animaux à vivre en troupe. On ne peut donc « considérer le développement de la sympathie réciproque entre amis que comme le moindre des deux maux, dont notre faiblesse fait seule l'inégalité apparente (3) ». Pour établir le peu de valeur des joies de famille, ne suffit-il pas de les méconnaître en les réduisant systématiquement aux jouissances matérielles ? On accumule ensuite les déplaisirs et les ennuis qui empoisonnent la plupart des mariages, les douleurs que cause la mort séparant deux époux unis ou enlevant un enfant chéri ; les déceptions, les inquiétudes, les tourments des parents, le souci de marier les filles, les tracas pour réparer les sottises et payer les dettes des garçons et comment douter que la peine ne l'emporte ici encore sur le plaisir (4) ?

La vanité, le sentiment de l'honneur, l'ambition

---

(1) *La Ph. de l'Inc.*, p. 397.
(2) Id., p. 399.
(3) Id.
(4) Id., p. 403.

sous toutes ses formes, sont des mobiles puissants des actions humaines. J'en conviens volontiers, avec Edouard de Hartmann, ils n'assurent pas le bonheur de ceux qui leur obéissent et entraînent avec eux plus de douleurs que de joies.

Quant à la dévotion religieuse, à la piété, Edouard de Hartmann est obligé de convenir qu'elles sont pour l'âme une source de félicité. Toutefois il n'a garde d'oublier, dans les formes supérieures de la piété, les luttes que les grands saints ont eu à soutenir et, dans la dévotion ordinaire, les souffrances profondes de l'âme pieuse tremblant à la pensée de son indignité, doutant de la grâce divine, s'épouvantant des jugements de Dieu. Malgré ces douleurs, conséquences d'une piété qui sent fort l'hérésie janséniste, Edouard de Hartmann consent à reconnaître que, « tout bien examiné, le plaisir et la peine se font contre-poids dans le sentiment religieux (1) ». Il serait même possible, notre philosophe ne le nie pas, « que le plaisir pût l'emporter ici »; mais le bilan de la vie n'en vaudra pas mieux, car, ajoute-t-il, « ce plaisir est purement illusoire. Nous avons dissipé cette illusion au chapitre ix de la deuxième partie ». Elle est donc scientifiquement condamnée, le pessimiste peut être tranquille, la piété ne viendra plus déranger ses calculs : « Une époque de foi, est, à coup sûr, pour jamais rendue impossible par le progrès et la culture universelle de l'esprit moderne (2) ».

---

(1) *La Ph. de l'Inc.*, t. II, p. 413.
(2) Id., p. 414.

L'injustice qu'Edouard de Hartmann appelle, non sans raison, immoralité, ne doit pas être négligée dans le bilan de la vie ; « elle consiste en ce que, pour m'assurer une jouissance, ou m'épargner une peine, bref, pour satisfaire ma volonté habituelle, je cause une peine, plus grande que le plaisir qui m'en revient, à un ou plusieurs autres individus. » Donc, « plus l'immoralité est grande, plus la souffrance croît aussi dans le monde (1) ». Le monde fût-il bon, l'existence de l'immoralité suffirait à assurer la prédominance de la souffrance. La méchanceté, l'indignité, la perversité, la vulgarité, la sottise des hommes conspirent à ce résultat.

Quant à la justice, elle est impuissante à améliorer le monde et s'épuise à maintenir le *statu quo* avant la première injustice. Elle ne procure aucune joie ni à celui qui en profite, ni à celui qui l'exerce. La charité seule procure peut-être quelques jouissances achetées par des « sacrifices pénibles » (2), mais elle n'est elle-même qu' « un mal nécessaire, qui en prévient un plus grand. Il est plus fâcheux qu'il y ait des hommes pour accepter des aumônes, qu'il n'est bon qu'il y ait des gens pour les distribuer ».

Il est difficile de se placer à un point de vue plus étroit. Il y aurait beaucoup à dire à propos de ces quelques pages consacrées par Edouard de Hartmann au rôle de l'immoralité dans le monde, nous y reviendrons ; mais comment ne pas protester dès maintenant contre cette monstrueuse théorie qui

---

(1) *La Ph. de l'Inc.*, t. II, p. 414.
(2) Id., p. 416.

fait consister l'erreur de l'immoralité ou de l'injustice dans l'excès de la souffrance de la victime sur le plaisir ! Que deviendrait la justice le jour où elle ne serait plus qu'une question de comparaison entre la souffrance de celui qui subit l'injustice et le plaisir de celui qui la commet ? Si la souffrance vient à être ou à sembler petite, tandis que le plaisir serait ou paraîtrait immense, l'acte, par cela seul, deviendrait absolument ou relativement juste. Le voleur jeune, ardent, avide de jouissances, qui dépouille un vieillard affaibli, du trésor que la mort va bientôt lui arracher, prouvera facilement que le plaisir résultant de son vol l'emporte de beaucoup sur les regrets du vieillard ; les crimes les plus atroces ne seront que des erreurs de calcul et quand on voit ce que valent les calculs des philosophes en pareille matière, comment se montrer sévère pour les fautes du vulgaire. On voit par là l'erreur d'Edouard de Hartmann qui, dans son bilan, néglige systématiquement une partie des données du problème pour tout réduire à une question de plaisir.

A ce point de cette vaste enquête, Edouard de Hartmann rencontre une « oasis, » et il éprouve un soulagement à parler de l'art et de la science. Il est capable, nous le savons, de goûter les jouissances élevées qu'elles procurent à leurs vrais amis ; mais, après avoir blâmé Schopenhauer qui, prétend-il, les méconnaît, Edouard de Hartmann s'empresse de les amoindrir le plus possible, dans la crainte qu'elles ne viennent déranger le résultat que son pessimisme attend du bilan de la vie.

Et d'abord, les natures privilégiées seules sont

capables de ressentir les jouissances esthétiques qui sont comme une insuffisante compensation ménagée par la nature aux êtres d'une sensibilité excessive pour les dédommager des misères de la vie qu'ils ressentent bien plus profondément que les autres hommes (1). De plus si l'on fait la part du faux, du supposé, du convenu, dans l'amour de l'art et de la science, si on en élimine tout ce qui y est étranger, comme le goût de la nouveauté, les prétentions de la vanité, les calculs de l'intérêt, on voit « s'évanouir la part la plus considérable de beaucoup, des prétendues jouissances dont le monde serait redevable à la science et à l'art (2) ». Quant à ce qui reste, les jouissances vraies, par combien d'efforts ne faut-il pas les acheter? Efforts pour produire, recherches longues et fastidieuses, labeur de l'exécution mécanique, lutte contre la paresse, efforts même pour jouir par l'audition ou la contemplation des œuvres d'art, fatigue des visites aux musées, souffrances causées par la chaleur et l'exiguité des salles de spectacle ou de concert (3), lassitude de voir et d'entendre, fatuité des amateurs, etc. Tout cela pour conclure que, si les jouissances esthétiques sont réelles, « la somme des plaisirs que la science et l'art procurent au monde est insignifiante au regard de la somme des maux qui le désolent (4) ».

Dans sa prétention de ne rien omettre, Edouard

---

(1) *La Phil. de l'Inc.*, t. II, p. 417.
(2) Id., p. 420, 421.
(3) Edouard de Hartmann oublie la crainte d'être brûlé vif.
(4) *La Ph. de l'Inc.*, t. II, p. 422.

de Hartmann se demande quelle somme de jouissance peuvent apporter à l'homme le sommeil et le rêve. « Le sommeil inconscient est comme le zéro de la sensibilité (1) », et quant aux rêves qui viennent le troubler, ils ne valent pas plus que la vie réelle et peut-être moins. Tout au plus y a-t-il un plaisir à s'endormir parce que la fatigue rend la veille intolérable ; quant au plaisir du réveil, Edouard de Hartmann ne l'a jamais ressenti et l'attribue à une confusion avec le plaisir que l'on éprouve « quand se réveillant encore fatigué, on sent qu'on n'est pas obligé de se lever et qu'on peut continuer de sommeiller à demi. Mais combien peu d'hommes sont en état de goûter ce plaisir (2) ».

La fortune, contrairement à l'opinion vulgaire, contribue peu à nos plaisirs. Son principal effet est de défendre, contre la misère, celui qui la possède ; si de plus, elle est la baguette magique qui ouvre l'accès de toutes les joies de la vie, toutes ces joies ne sont-elles pas des illusions décevantes ? Edouard de Hartmann « ne fait exception que pour les jouissances de la table et celles de la science et de l'art (3) ». Toutes les autres commodités que procure la fortune ne valent que par la suppression de certaines incommodités. Edouard de Hartmann n'a garde d'oublier les tourments de l'avare, par contre il ne songe même pas au plaisir qu'il y a à donner.

L'envie, la malveillance, l'irritation, la souffrance, la douleur du passé, le repentir, la haine, la ven-

---

(1-2) *La Ph. de l'Inc.*, t. II, p. 423.
(3) Id., p. 426.

geance, la colère et la susceptibilité sont simplement mentionnés par Edouard de Hartmann. Aucun doute à leur égard, ces pasions causent plus de peine que de plaisir, elles pèsent lourdement dans la balance.

Reste l'espérance, mais l'espérance n'est qu'un instinct qui égare le jugement. Qu'espère-t-on au fond? Etre heureux ; mais la vie est mauvaise, on ne doit espérer que le moindre mal ; ὁ φρόνιμος τὸ ἄλυπον διώκει, οὐ τὸ ἡδύ (1).

Edouard de Hartmann résume enfin cette vaste enquête et, après avoir rappelé les causes qui, alors même que la volonté produirait dans le monde autant de plaisir que de peine, modifieraient la proportion et feraient nécessairement dominer la douleur (2), il divise ainsi qu'il suit « les diverses conditions de la vie, les divers désirs, instincts, affections, passions, états de l'âme, sous le rapport de leur influence sur le bonheur :

a) Ceux de ces états qui ne procurent que de la souffrance, ou presque aucun plaisir (l'envie, la malveillance, l'irritation, etc.) ;

b) Ceux qui correspondent au zéro de la sensibilité, qui ne font que procurer le terrain pour le bonheur futur, et ne représentent que l'absence de certaines espèces de souffrances; comme la santé, la jeunesse, la liberté, le bien-être, l'aisance, et, en grande partie, la vie en commun avec les autres hommes ou la société ;

---

(1) C'est non le bonheur, mais l'absence de chagrin que poursuit le sage, Aristote, *Eth. à Nicomaque*, VII, 12.

(2) Voir supra, p. 172.

c) Ceux qui ne servent qu'à réaliser des fins étrangères, et dont la valeur dépend des fins auxquelles ils concourent, et qui sont illusoires du moment où on les prend pour des fins véritables ; le désir de la fortune, de la puissance, de l'honneur, et en partie le besoin de la société ou de l'amitié ;

d) Ceux qui procurent bien à l'homme qui y joue un rôle actif un certain plaisir, mais à la personne ou aux personnes qui n'y figurent qu'à titre passif une peine bien supérieure au plaisir du premier ; en sorte que l'effet total, et, comme tout est réciproque, que l'effet pour chaque individu se traduit par la souffrance. Ainsi l'injustice, la soif de la domination, la colère, la haine, la vengeance (même lorsqu'elle se contient dans les limites du droit), les tentatives de séduction, enfin, les appétits des carnivores ;

e) Ceux qui, en moyenne, causent à celui qui les ressent beaucoup plus de souffrance que de plaisir, comme la faim, l'amour sexuel, l'amour des enfants, la compassion, la vanité, l'ambition, la passion de la gloire, celle du commandement, l'espérance ;

f) Ceux qui reposent sur les illusions que le progrès de l'intelligence doit dissiper ; dont les peines aussi bien que les jouissances tendront à disparaître, mais les dernières plus rapidement, au point qu'il n'en restera presque plus rien, comme l'amour, la vanité, l'ambition, la passion de la gloire, la piété, l'espérance ;

g) Ceux qui sont clairement reconnus comme des maux par la conscience, et qu'on accepte pourtant pour échapper à d'autres maux, qu'on considère comme plus redoutables (peu importe qu'ils le soient ou non en réalité); ainsi le travail (qu'on préfère à la misère ou au désœuvrement), le mariage, l'adoption des enfants, et aussi la faiblesse devant les instincts qu'on sait ne pouvoir être satisfaits sans beaucoup plus de peine que de plaisir; mais dont on redoute les réclamations comme plus douloureuses encore;

h) Ceux qui procurent plus de plaisir que de peine, mais dont le plaisir est plus ou moins acheté par la peine, comme l'art et la science; qui ne peuvent être le partage que d'un nombre d'hommes comparativement restreint; et ne trouvent que chez un moins grand nombre d'hommes encore un goût véritable et une vraie aptitude à les éprouver. Ajoutons même que ces rares privilégiés doivent les payer par une sensibilité plus vive pour les tourments et les peines de la vie (1). »

Nous avons tenu à reproduire *in extenso* ce résumé du bilan de la vie; il en résulte, si on le tient pour exact, que non seulement dans le monde en général, mais dans la vie de chaque homme en particulier, même dans celle des plus favorisés, la douleur l'emporte de beaucoup sur le plaisir. Les plus heureux seront donc les individus les moins sensibles, ceux dont les facultés sont le moins développées. Ajouter au savoir, c'est ajouter à la souffrance.

Et Edouard de Hartmann d'affirmer sérieusement « que les animaux sont plus heureux, c'est-à-dire moins misérables que l'homme... »

---

(1) *La Ph. de l'Inc.*, t. II, p. 431 à 433.

« Quelle existence facile que celle d'un bœuf, d'un pourceau !... Combien l'existence du cheval, dont la sensibilité a plus de délicatesse, est plus pénible que celle du grossier pourceau, que celle du poisson dans l'eau, dont le bonheur est devenu proverbial (1)... La vie du poisson est plus heureuse que celle du cheval ; celle de l'huître plus heureuse que celle du poisson ; et la vie de la plante à son tour plus heureuse que celle de l'huître. Nous arrivons enfin aux derniers degrés de l'organisme où expire la conscience, et par suite la souffrance de l'individu (2). »

Ne pas admettre que l'huître est plus heureuse que le poisson, le poisson plus heureux que le pourceau et le pourceau plus heureux que l'homme, c'est ce qu'Edouard de Hartmann appelle le premier stade de l'illusion. Le monde antique nous montre des peuples, dominés par cette illusion qui semble surtout séduire la jeunesse. Ils s'en dégagent peu à peu et les romains, après avoir conquis le monde, tombent dans le dégoût le plus profond de la vie.

Avant d'aller plus loin, il s'agit d'apprécier ce bilan de la vie dont nous avons essayé de donner une analyse exacte. On y retrouve, comme dans beaucoup

---

(1) Dans le proverbe, le bonheur attribué au poisson est indépendant de son rang dans l'échelle des êtres, il dépend, au contraire, de l'eau dans laquelle sa conformation naturelle l'oblige à vivre et s'entend surtout par opposition avec le malheur du poisson qui, sorti de son élément, est fatalement condamné à périr. Mais le proverbe auquel Edouard de Hartmann fait allusion n'implique nullement que le poisson dans l'eau soit plus heureux que le cheval dans un pré. Il fallait un philosophe et un philosophe pessimiste pour s'élever à de pareilles conceptions que n'atteint pas le simple bon sens.

(2) *La Ph. de l'Inc.*, t. II, p. 434.

de bilans, des lacunes et des exagérations qu'explique vraisemblablement le désir inavoué, mais réel, d'arriver à la conclusion voulue par le pessimisme de l'auteur.

Les lacunes elles sont immenses; c'est, nous l'avons déjà remarqué, toute la partie élevée de l'homme qui se trouve systématiquement supprimée. Vertu, devoirs, sacrifices, tout ce qui fait la moralité de la vie, tout ce qui contribue à lui donner un sens vrai, il n'en est pas même question dans ces analyses et ces calculs où Edouard de Hartmann discute cependant les plaisirs du réveil sans oublier ceux de la table!

Par contre, il note avec soin toutes les souffrances physiques et les mesure *in abstracto* oubliant que, dans ce monde, chacun apprécie les choses à sa manière. Un critique anglais (1) insiste avec *humour* sur cette idée : « Vous aimez mieux qu'on vous arrache une dent malade, mais j'aime mieux supporter le mal de dents; qui jugera entre nous? L'un préfère épouser une femme belle et sotte, l'autre une femme laide et spirituelle; qui a raison? La solitude est une peine insupportable pour vous, c'est un plaisir pour moi; lequel de nous deux a tort? Un matelot de Londres aime mieux son *gin* que le plus noble *claret;* montrez-lui donc qu'il se trompe! Tel de vos amis aime les chansons comiques et bâille aux symphonies de Beethoven. Vous avez le droit de dire qu'il manque de goût, que lui importe? L'empêcherez-vous de s'amuser? Un homme est né

---

(1) Cité par M. Caro, *le Pessimisme au* xixe *siècle*, p. 187.

avec un organisme solide, un cerveau bien constitué, des facultés bien équilibrées ; il se plaît à la lutte, à l'exercice de sa volonté contre les obstacles, hommes ou choses. Un autre est maladif, timide à l'excès, son imagination et ses nerfs sont ouverts aux impressions exagérées, la lutte l'effraie. C'est pour celui-ci non pour l'autre que Hartmann avait raison de dire que l'effort est une peine et la volonté une fatigue. » Ce n'est pas à dire que le bonheur consiste uniquement dans l'idée que l'on s'en fait ; il suppose un choix, mais quelle que soit l'influence de l'imagination sur les charmes que nous prêtons à l'objet choisi, il ne saurait dépendre de nous de changer notre nature et d'établir artificiellement une conformité factice entre elle et l'objet de notre choix ; toute tentative de ce genre est tôt ou tard une source de maux.

C'est précisément pour cela que la première condition pour mener à bien une évaluation comme celle tentée par Edouard de Hartmann, serait une connaissance approfondie et complète de la nature humaine. Au lieu de cela Edouard de Hartmann ne voit dans l'homme qu'une suite de sensations pénibles ou agréables, il analyse et prétend mesurer chacune d'elles, comme si chaque sensation formait un tout isolé sans lien soit avec le passé, soit avec l'avenir, comme si la collection de ces unités formait nécessairement le tout de l'homme. Mais c'est de l'animal et non de l'homme que Schopenhauer a dit justement qu'il est le présent incarné. Edouard de Hartmann réduit l'homme à la partie purement animale de son être, il fait abstraction de ce qui vaut le mieux en lui, méconnaît son caractère moral et perfectible et constate ensuite la misère profonde de l'homme ainsi amoindri et mutilé !

Nous sommes en droit de protester contre ses calculs, car ils ne sont ni complets, ni exacts. Cette double cause d'erreur infirme nécessairement le résultat obtenu et nous dispense d'insister sur toutes les inexactitudes de détail qui suffiraient à mettre en défiance contre une solution dictée en réalité par une conviction *a priori* qu'on s'efforce de présenter comme la conséquence rationnelle d'un calcul scientifiquement impossible.

Après le naïf optimisme du monde ancien, c'est l'idée chrétienne qui, d'après Edouard de Hartmann, ouvre le second stade de l'illusion. Cette nouvelle illusion qui vient un instant consoler le monde enfin éclairé sur sa misère terrestre, c'est l'espérance d'une vie heureuse après la mort. « Associer le mépris de la vie à l'espoir d'une félicité transcendante et d'une vie éternelle…, ce fut là l'idée vraiment régénératrice, qui sauva l'antiquité du désespoir et du dégoût de la vie où elle se consumait (1)… » « Malheureusement cette espérance comme toutes les autres repose sur une illusion (2). » C'est Edouard de Hartmann qui l'affirme et il veut bien nous donner la raison de cette affirmation douloureuse : « L'individualité, aussi bien du corps organique que de la conscience, nous a paru (chap. III et VII de la troisième partie) n'être qu'un phénomène qui s'évanouit

---

(1) *La Ph. de l'Inc.*, t. II, p. 439.
(2) Id., t. II, p. 440.

avec la mort (1). » C'est là un des dogmes des systèmes monistiques. « L'espérance d'une immortalité individuelle de l'âme n'est donc qu'une illusion. Les promesses chrétiennes perdent ainsi tout leur prix. « La lettre de change tirée de la vie présente sur l'autre vie, qui doit indemniser des misères de la première, n'a qu'un défaut : c'est que le lieu et la date où elle doit être acquitée sont tout à fait imaginaires (2). » L'égoïsme grossier seul souffre de cette constatation (3), car tout désir d'immortalité est égoïste. « La félicité des espérances chrétiennes repose sur une illusion que les progrès de la pensée consciente dissiperont nécessairement (4). » On comprend cependant ce second stade de l'illusion, il était nécessaire pour bien étouffer l'égoïsme humain et préparer le détachement absolu. « L'intérim du christianisme (5) » se justifie encore par la nécessité de laisser l'industrie accomplir ses projets et les grandes nationalités se former. D'ailleurs Edouard de Hartmann veut bien reconnaître que, grâce au christianisme, un pas considérable a été fait vers la vérité.

Le passage du second stade au troisième en réalisera un second ; toutefois la négation de l'idée chrétienne amènera, sous une autre forme, un retour aux illusions optimistes du premier stade. Rien,

---

(1) *La Ph. de l'Inc.*, t. II, p. 440.
(2) Id., p. 446.
(3) Voir *le Momisme pessimiste n'est-il que la doctrine du désespoir ?* dans les *Studien und Anfsætze* d'Edouard de Hartmann.
(4) *La Ph. de l'Inc.*, t. II, p. 450.
(5) Id., p. 451.

d'ailleurs, n'est plus difficile à détruire que l'idée chrétienne, ainsi Kant, Hégel, Schelling ont reculé devant les conséquences de leurs doctrines pour sauver des principes chrétiens. « Un seul philosophe rompt absolument, et sans réserve avec le christianisme, et lui refuse tout rôle dans l'avenir. C'est Schopenhauer (1). » Mais Edouard de Hartmann l'affirme, les systèmes monistiques seront victorieux : « Bientôt le christianisme ne gardera plus que l'ombre de la puissance qu'il avait au moyen âge et redeviendra ce qu'il était au commencement, la consolation dernière des pauvres et des affligés (2). »

En effet, le monde est entré dans le troisième stade, et l'erreur décevante dans laquelle nous sommes plongés consiste à concevoir le bonheur comme réalisable dans l'avenir du processus du monde. La foi dans le progrès remplace la foi religieuse, elle suscite elle aussi des dévouements, on peut même dire qu'elle a ses fanatiques. « A la fin de chacune des périodes précédentes de l'illusion et avant la découverte de la suivante, on voit apparaître, prétend Edouard de Hartmann, le sacrifice volontaire de l'individu, le suicide comme une conséquence nécessaire (3). » Mais le suicide n'est qu'un acte égoïste : « L'homme qui se suicide et l'ascète, ne méritent pas plus d'être admirés pour leur détachement d'eux-mêmes, que le malade, qui, pour éviter les souffrances d'un mal de dents pro-

---

(1) *La Ph. de l'Inc.*, t. II, p. 453.
(2) Id.
(3) Id., p. 459.

longé, se résout sagement à l'extraction douloureuse de sa dent (1) ».

Avec le dévouement au progrès général, l'égoïsme est amoindri, « l'individu s'intéresse et se sacrifie avec joie à la vie, tandis que, du point de son égoïsme il la condamnait non seulement comme un bien inutile, mais comme un véritable tourment ». Le suicide est condamné, le quiétisme devient un crime, « il faut agir et produire, travailler sans trêve, se précipiter sans regret dans la mêlée de la vie, et s'associer à l'œuvre générale (2) ». Mais l'égoïsme chassé d'un côté reparaît de l'autre, et la raison d'être de ce sacrifice de l'individu à la vie, c'est « l'espoir du progrès futur, qui doit réaliser des conditions meilleures pour l'existence, et assurer la félicité de l'être universel, dont la vie est aussi la mienne (3) ».

C'est là une nouvelle illusion, plus difficile peut-être à dissiper que les précédentes, parce que nous entrons seulement dans ce troisième stade, enivrés par l'enthousiasme et l'enchantement de nos espérances naissantes. Malgré quelques symptômes de pessimisme politique et social chez certaines nations de l'Europe, Edouard de Hartmann tient pour constant « que ce pessimisme fera nécessairement place à un optimisme politique et social » ajoutant que cet optimisme « n'a d'ailleurs rien à voir avec son pessimisme métaphysique, qui, loin d'exclure l'opti-

---

(1) *La Ph. de l'Inc.*, t. II, p. 460.
(2) Id., p. 461.
(3) Id., p. 462.

misme politique et social, le contient en soi au contraire (1) ».

Et malgré la confiance de ses contemporains dans les progrès de l'avenir pour le bonheur des générations futures, Edouard de Hartmann poursuit sa démonstration avec une impitoyable rigueur. N'a-t-il pas, en analysant les illusions du premier stade, condamné par avance les illusions d'aujourd'hui ? les progrès de l'humanité supprimeront-ils jamais la maladie, la vieillesse, la faim ? La question sociale ne devient-elle pas de plus en plus menaçante ? et l'immoralité, ce grand facteur du mal, diminue-t-elle dans le monde ? Le vice, le crime changent de forme avec le progrès, « le degré de la corruption morale est resté le même, mais elle a quitté les sabots et va en frac... D'adroits filous savent respecter le texte de la loi, tout en violant le droit d'autrui (2), » ils méprisent le vol condamné comme une faute vulgaire, mais la justice n'y gagne rien.

Cependant de moins en moins le bonheur puisé dans la foi et la prière comptera dans le monde. Il aurait déjà disparu, si nous étions pleinement entré dans la troisième période d'illusion ; « en tous cas le temps n'est pas éloigné où un homme instruit ne pourra plus être accessible aux joies de la conscience religieuse, au sens où nous l'avons entendu jusqu'ici (3) ».

Les jouissances qui se rattachent aux sciences et

---

(1) *La Ph. de l'Inc.*, t. II, p. 462.
(2) Id., p. 465.
(3) Id., p. 467.

à l'art diminueront par une sorte de nivellement des intelligences qui rendra le génie plus rare et substituera à l'art véritable une sorte de dilettantisme superficiel. « L'art est condamné en général à n'être pour l'âge mûr de l'humanité que ce que sont, le soir, pour les boursicotiers de Berlin, les farces des théâtres de cette capitale (1). »

L'amour continuera probablement à semer le mal dans le monde ; si les hommes parviennent à s'en affranchir, ils ne feront par là que se rapprocher de l'état d'indifférence où la sensibilité est égale à zéro.

Les découvertes de la science, les perfectionnements de l'industrie favorisent sans doute le progrès politique et social, mais « les fabriques, les bateaux à vapeur, les chemins de fer, les télégraphes n'ont produit rien de positif pour le bonheur de l'humanité (2) ». Tout au plus suppriment-ils certaines incommodités et contribuent-ils par là à rapprocher l'humanité de l'état d'indifférence absolue.

Restent les progrès politiques et sociaux ; mais supposez-les tous réalisés ; l'évolution politique de l'humanité est achevée. « Qu'est-ce au fond que l'état politique qu'elle aura ainsi constitué ? Une coquille d'escargot sans habitant, une forme vide dont le contenu doit être emprunté ailleurs (3). Le gouvernement le meilleur ne fait que protéger les citoyens contre d'injustes agressions, il n'y a rien là qui ressemble à une félicité positive. Pour

(1) La Ph. de l'Inc., t. II, p. 469.
(2) Id., p. 472.
(3) Id., p. 473.

l'humanité, comme pour l'individu, le progrès désiré n'apporte jamais avec lui le bonheur attendu. Le développement de nos ressources ne fait qu'ajouter à nos désirs, à nos besoins, et par suite à notre mécontentement (1). »

Quand même l'humanité réussirait à supprimer les maladies, à tirer directement, sans peine, ses aliments de la matière inorganique par des procédés scientifiques, la vie deviendrait plus facile sans doute, mais serait-elle plus heureuse ? L'homme n'en verrait que plus clairement le mal de la vie attaché à la vie elle-même.

Il n'y a donc rien à espérer de l'avenir : « Si le voyageur sent d'autant plus son fardeau qu'il l'a porté plus longtemps, la souffrance de l'humanité et la conscience de sa misère ne feront aussi que croître à l'infini (2). »

Il s'agissait de savoir « ce qui est préférable de l'existence ou de la non-existence du monde. Après un examen sérieux, nous avons dû répondre que toute existence dans le monde porte avec soi plus de peine que de plaisir ; qu'il aurait été préférable que le monde n'existât pas (3). » Le malheur sans nom de l'existence, telle est la conclusion du bilan de la vie. La trouvez-vous désolante, cette conclusion ? Edouard de Hartmann nous répondra que ce n'est pas à la philosophie, mais aux livres de religion qu'il faut demander consolation et espérance. « La

---

(1) *La Ph. de l'Inc.*, t. II, p. 475.
(2) Id., p. 478.
(3) Id., p. 480.

philosophie est dure, froide et insensible comme la pierre (1). »

En parcourant ces stades douloureux de l'illusion, l'humanité vieillit ; elle tombera dans cette mélancolie qui est le privilège des hommes de génie ou des vieillards d'une intelligence supérieure. « On la verra flotter en quelque sorte au-dessus de son propre corps », ou, « comme Œdipe à Colone, goûter par anticipation la paix du néant et assister aux souffrances de sa propre existence, comme à des maux étrangers... Après avoir traversé les trois périodes de l'illusion... elle n'aspire plus qu'à l'insensibilité absolue, au néant, au *Nirwana* (2). » Car « il faut qu'il y ait une fin dernière ou suprême, à laquelle soient suspendues toutes les fins intermédiaires (3). »

Il s'agit de démontrer que cette fin dernière est le néant ; la vie n'a d'autre but que le non-être.

Sans revenir sur une prétendue démonstration déjà analysée, la fin dernière du processus du monde ne peut être ni la liberté, ni la moralité, ni la justice, ni le progrès en lui-même. La fin de l'évolution universelle ne peut se trouver que dans la direction où nous voyons se produire un progrès constant. Or l'intelligence consciente seule s'est développée sans interruption depuis l'apparition de la première cellule jusqu'à l'humanité actuelle. « La conscience, voilà la fin unique de la création tout

---

(1) *La Ph. de l'Inc.*, t. II, p. 481.
(2) Id., p. 479-480.
(3) Id., p. 482.

entière (1). » Mais comment la conscience engendrée dans la douleur, vivant dans la douleur, se perfectionnant par la douleur, pourrait-elle « être la fin suprême d'un monde, dont l'évolution est dirigée par la haute sagesse de l'inconscient (2)?» Elle n'est évidemment qu'un moyen en vue d'une autre fin. Edouard de Hartmann, le pessimiste, avoue que cette fin ne peut être que le bonheur ; mais il faut citer ses propres paroles : « Nous avons beau creuser, réfléchir, nous ne découvrons aucun autre principe auquel un prix absolu puisse être attribué, que nous puissions considérer comme fin en soi, rien qui touche si profondément la nature propre, l'essence interne du monde, que *le bonheur* (3). » Et cependant le bilan de la vie est là pour nous en convaincre, le bonheur est impossible.

Nous touchons ainsi du doigt cet antagonisme entre l'instinct de volonté qui aspire à une félicité absolue et l'intelligence que la conscience affranchit de plus en plus de la servitude de l'instinct. Nous retrouvons cette dualité, ce manichéisme qui juxtapose dans l'Un-Tout, l'Idée dominée par la logique, la raison, et la volonté aussi étrangère de sa nature à la raison que celle-ci l'est à la volonté. Dès que la conscience éclairée a compris la déraison du vouloir et la folie de l'aspiration au bonheur, dès qu'elle s'est convaincue que tout effort vers une félicité impossible conduit à augmenter la souffrance,

---

(1) Schelling, *Œuvres*, t. II, p. 369, cité par Ed. de Hartmann, t. II, p. 483.
(2) *La Ph. de l'Inc.*, t. II, p. 484.
(3) Id., p. 485.

elle entre en lutte contre la volonté et s'efforce de l'affranchir de son vouloir funeste. « La fin suprême du processus universel, c'est donc la réalisation *de la plus haute félicité possible*, qui n'est autre que *l'absence de toute douleur* (1). » Quelle chute que cette conclusion ! Après avoir constaté que la fin de l'homme est le bonheur, après avoir surpris au plus profond de son cœur la soif de l'infinie félicité, Edouard de Hartmann lui offre simplement, pour combler l'immensité de ses désirs, l'absence de toute douleur et encore faut-il acheter ce résultat par la perte de l'existence !

Dans le chapitre XIV de la troisième partie de *la Philosophie de l'Inconscient*, Edouard de Hartmann, pour justifier ces conceptions bizarres, résume son roman métaphysique dans un brillant tableau. Il montre la Volonté, déraisonnable, antilogique poursuivant le contraire de ce qu'elle veut réellement, l'Idée inconsciente corrigeant les fautes de la Volonté déraisonnable et pour cela réduite à recourir à la ruse et profitant de l'aveuglement de la Volonté pour lui faire créer la conscience, seule force indépendante capable d'entrer en lutte avec cette Volonté et de la réduire à l'impuissance.

Edouard de Hartmann ne doute pas plus du triomphe de la conscience que de la réalité de ses étranges conceptions : « Si ce triomphe était impossible, la vie serait absolument désolée, et comme un enfer sans issue... Pour nous qui croyons au triomphe final de la raison de plus en plus éclairée sur les résis-

---

(1) *La Ph. de l'Inc.*, t. II, p. 488.

tances et l'aveuglement du vouloir déraisonnable : nous confessons notre foi dans la réalité d'une fin, qui sera la délivrance de toutes les souffrances de l'existence; et nous n'hésitons pas à contribuer pour notre part, sous la direction de la raison, à achever et hâter l'heure suprême (1). »

Reste à préciser ce que peut être cette fin suprême de la lutte. Seul parmi les philosophes, Schopenhauer a abordé ce redoutable problème; sa solution empruntée aux doctrines bouddhistes ne satisfait pas Edouard de Hartmann qui y relève des contradictions et en conteste l'efficacité. Toutefois il lui semble possible d'améliorer la conception du maître et d'arriver à une solution que sa théorie de l'idéalité du temps l'a seule empêché d'atteindre.

Il s'agit de délivrer le monde des souffrances qui l'accablent; cette rédemption, Edouard de Hartmann prend soin de le rappeler dans une note (2), ne suppose aucune faute volontaire, comme elle ne nécessite aucune intervention divine. Tout au plus pourrait-on penser que cette œuvre suprême est réservée à une race d'êtres supérieurs, qui apparaîtra sur notre terre ou sur quelque autre planète. Le point reste douteux, mais comme il est certain que, quoi qu'il arrive, le but et les éléments de la lutte resteront les mêmes, les détails qui vont suivre ne perdent rien de leur intérêt pratique.

Ces détails, Edouard de Hartmann ne les aborde qu'avec certaines hésitations; écoutez-le préparer

---

(1) *La Ph. de l'Inc.*, t. II, p. 489-490.
(2) Id., p. 496.

les esprits aux révélations dernières, exciter les courages. On croirait entendre un nouveau prophète : « Nous sommes les fils préférés de l'esprit dans le monde connu, et nous devons combattre vaillamment. Que la victoire trahisse nos efforts, nous n'aurons rien du moins à nous reprocher. C'est seulement si nous étions faits pour vaincre et si nous perdions la victoire par notre lâcheté, c'est alors que nous tous, c'est-à-dire l'être du monde qui vit en nous, serions directement punis par nous-mêmes, et condamnés à supporter plus longtemps le tourment de l'existence. En avant donc, travaillons au progrès universel, comme les ouvriers de la vigne du Seigneur : le processus du monde peut seul conduire à la délivrance (1). »

Et, après ces élans lyriques, tout en tremblant d'être mal compris, en se défendant d'écrire « une sorte d'apocalypse de la fin du monde (2), » en insistant sur le caractère hypothétique de ses prévisions, Edouard de Hartmann esquisse ce que M. Caro (3) a spirituellement appelé « un essai de suicide cosmique ».

Le vice du système de libération proposé par Schopenhauer c'est son évidente impuissance ; si la volonté est la chose en soi, comment le phénomène pourra-t-il jamais la détruire ? Edouard de Hartmann s'est préparé, par ses complications métaphysiques, une solution qu'il croit plus rationnelle et la voici :

---

(1) *La Ph. de l'Inc.*, t. II, p. 496.
(2) Id., p. 499.
(3) Caro, *le Pessimisme au* XIXe *siècle*, p. 247.

Elle suppose trois conditions préalables qui toutes tendent à assurer, par des manœuvres ressemblant à la concentration d'une armée, la prépondérance de la conscience (1) dans l'humanité.

« La première condition nécessaire au succès de l'entreprise, c'est que la partie de beaucoup la plus considérable de l'esprit inconscient qui se manifeste dans le monde, se rencontre en fait dans l'humanité (2). » Il faut que par le progrès de l'intelligence consciente, la partie négative du vouloir dans l'humanité annihile en quelque sorte le reste de volonté cosmique. L'humanité doit s'arranger de manière à avoir la majorité dans ce plébiscite d'un nouveau genre. Pour assurer cette majorité, Edouard de Hartmann veut bien affirmer que, dans le scrutin, les suffrages seront non pas comptés mais pesés en tenant compte de leur valeur absolue ; or que valent

---

(1) Edouard de Hartmann considère la conscience comme « un attribut accidentel qu'une cause étrangère ajoute à l'idée » (Ouv. et t. cit. ; t. II, p. 40), et voici comment il en explique l'origine (id., IIIe partie, ch. III) : la force, d'après lui, ne deviendrait consciente que quand elle rencontre une autre force qui vient la modifier en la limitant. C'est même une des raisons qui servent à démontrer que l'Un-Tout n'a pas de conscience (t. II, p. 248, 249). Cette théorie à laquelle n'est pas étranger le rôle prépondérant qu'Edouard de Hartmann entend faire jouer à la conscience dans le grand acte de la délivrance, soulève d'insurmontables objections ; comment, en effet, comprendre qu'une force puisse avoir conscience d'un changement si elle n'a pas, au préalable, conscience de l'état où elle se trouvait avant ce changement ? Edouard de Hartmann confond les conditions dans lesquels la conscience se révèle et s'affirme, avec la cause même de la conscience. C'est comme si l'on prétendait que la chaleur nécessaire pour l'incubation est la raison d'être et la cause de l'oiseau, sans s'apercevoir qu'il préexistait dans l'œuf fécondé.

(2) *La Ph. de l'Inc.*, t. II, p. 499

toutes les volontés des forces cosmiques à côté de la volonté qui se manifeste dans un seul homme intelligent !

La seconde condition pour espérer la victoire, c'est la foi profonde, générale, de cette humanité agrandie dans la misère de l'existence. Le pessimisme a déjà fait de réels progrès, tout permet d'en espérer de nouveaux, « la conscience pessimiste deviendra un jour le motif dominant des résolutions de la volonté (1). »

« Comme troisième condition, il faut que les peuples de la terre communiquent assez facilement entre eux pour pouvoir prendre, en même temps, une résolution commune (2). »

L'électricité et les électriciens aidant, on peut, sans témérité, prévoir que la troisième condition ne sera pas la dernière à se réaliser. Mais les deux autres demanderont du temps et renvoient l'expérience à une date où ni Edouard de Hartmann, ni aucun de ses contemporains ne foulera plus cette terre.

Quoi qu'il en soit de la date, le jour où l'humanité concentrant en elle la plus grande partie de la volonté en acte dans le monde, se prendra instantané-

---

(1) *La Ph. de l'Inc.*, t. II, p. 503.
(2) Id., Edouard de Hartmann a pris soin (p. 500) d'éliminer comme improbable, mais par des raisons bien faibles, l'hypothèse de la présence, dans d'autres astres, d'êtres doués d'intelligences conscientes qui pourraient bien, par leur obstination à vouloir vivre, paralyser la tentative de l'humanité pour anéantir le vouloir. Il aurait peut-être été plus hardi, sinon plus scientifique, de supposer des correspondances entre les planètes. Cette nouvelle audace dépasserait-elle de beaucoup celles qu'Edouard de Hartmann se permet ?

ment à nier énergiquement le vouloir vivre, la félicité la plus haute sera atteinte ; la douleur, mais avec elle, la vie aura disparu.

La manière timide dont Edouard de Hartmann présente cette hypothèse d'un anéantissement du monde, avouant que « nos connaissances sont beaucoup trop imparfaites, notre expérience trop courte, nos analyses trop défectueuses pour que nous puissions, avec quelque certitude, nous faire une idée de la fin du processus du monde (1) », désarme la critique. Nous sommes ici non seulement dans le roman, mais dans le rêve métaphysique et on ne discute pas des rêves. Edouard de Hartmann semble cependant attacher quelque importance à ces visions d'avenir, car il y revient au chapitre xv où il étudie les conséquences de la mystérieuse opération qui doit mettre fin au processus du monde : « A la fin du monde, dit-il, c'est exclusivement au sein de la Volonté réalisée que la transformation se produit immédiatement; mais cette volonté est la seule qui existe en acte et réellement. Sa puissance réelle la place vis-à-vis du vouloir vide, qui est encore à l'état d'aspiration et lutte pour arriver à l'existence, dans le rapport du réel au non-réel, de l'être au néant, bien que les deux espèces de Volonté soient de la même nature. Une fois que le vouloir réel a été tout à coup transformé en néant par la Volonté, réelle aussi, du non-vouloir, et que le vouloir s'est déterminé ainsi à ne plus vouloir ; après que le vouloir total, se divisant en deux volontés contraires,

---

(1) *La Ph. de l'Inc.*, t. II, p. 498, 499.

s'est dévoré lui-même, la Volonté vide du vouloir cesse naturellement : la Volonté retourne au sein de la puissance pure qui n'est qu'en soi. La Volonté est de nouveau ce qu'elle était avant tout vouloir, une Volonté qui peut vouloir et ne pas vouloir. Il va de soi que le pouvoir de vouloir ne saurait lui être ravi (1). »

« En un mot, sous aucun rapport, l'Inconscient ne se trouve, après le processus, dans un état différent de celui qu'il avait auparavant », et comme il n'y a pour lui ni expérience, ni souvenir, « il est incontestablement possible que la puissance de la Volonté se décide encore une fois et de nouveau à vouloir (2) ».

Edouard de Hartmann essaie de nous rassurer contre cette redoutable éventualité; il recourt, dans ce but, à son procédé favori, à un calcul de probabilités. Mais ce calcul le conduit à constater que si « l'on ne peut considérer comme définitif le renoncement de la volonté au vouloir », du moins « la probabilité 1 de ce renoncement (que la durée infinie du processus lui donnait) est réduite à une demi-probabilité, et, avec lui, la souffrance du vouloir ou de l'être (3). » La question pourrait se jouer à pile ou face et même en concédant à Edouard de Hartmann qu'il est de moins en moins vraisemblable que toujours la pièce jetée en l'air retombe sur la même face, il faut une forte dose d'optimisme

---

(1) *La Ph. de l'Inc.*, t. II, p. 537 et 538
(2) Id., p. 538.
(3) Id., p. 540.

conventionnel pour se déclarer « rassuré dans la pratique (1) », par une aussi faible garantie.

Je viens d'écrire le mot optimisme, il s'est glissé sous ma plume, mais la réflexion me le fait maintenir. Aussi bien ne suis-je pas le premier à parler de l'optimo-pessimisme d'Edouard de Hartmann. Le pessimisme de la philosophie de l'Inconscient est moins absolu que celui de Schopenhauer, il est aussi moins convaincu. C'est sans émotion qu'Edouard de Hartmann procède au bilan de la vie et l'on sent qu'il se consolera facilement du résultat prévu avec les éléments de bonheur qu'il se plaît à amoindrir théoriquement, mais qui n'ont cependant pas perdu tout charme à ses yeux. Tout en renversant impitoyablement les illusions dont l'humanité a vécu jusqu'ici, il en nourrit une autre sur la valeur pratique de son pessimisme évolutionniste; ami de l'action et du progrès, Edouard de Hartmann aime la vie, en sent le prix; il proteste contre le pessimisme bouddhiste de Schopenhauer, contre la doctrine de l'abstention et du quiétisme; il ne veut à aucun prix être le philosophe de la désolation (2).

Nous trouvons dans sa conduite, dans sa vie, la confirmation de ces appréciations. Edouard de Hartmann s'est marié ; il vit honoré à Berlin, entouré d'amis et de disciples, menant une existence partagée entre les travaux de l'esprit et les joies de la famille. Voici les lignes par lesquelles il termine son

---

(1) *La Ph. de l'Inc.*, t. II, p. 540.
(2) Voir Edouard de Hartmann, *Etudes et essais*, sect. A., nº VII. *Le pessimisme est-il la philosophie du désespoir?*

auto-biographie (1), c'est un tableau charmant d'un pessimisme qui n'a rien de farouche : « Dans notre ménage, ma femme bien-aimée, la compagne intelligente de nos poursuites idéales.... représente l'élément pessimiste. Tandis que je défends la cause de l'optimisme évolutionniste, elle se déclare sceptique au progrès. A nos pieds, joue avec un chien, son ami fidèle, un bel et florissant enfant, qui s'essaie à combiner les verbes et les substantifs. Il s'est déjà élevé à la conscience que Fichte prête à son moi, mais ne parle encore de ce moi, comme Fichte le fait souvent lui-même, qu'à la troisième personne. Mes parents et ceux de ma femme, ainsi qu'un cercle d'amis choisis, partagent et animent nos entretiens et nos plaisirs ; et un ami philosophe disait dernièrement de nous : « Si l'on veut voir encore une « fois des visages satisfaits et joyeux, il faut aller « chez les pessimistes. »

On peut bien parfois dans ce cercle heureux, en souriant à ce charmant enfant, agiter entre amis le terrible problème de la fin du processus du monde, causer de l'anéantissement de tout vouloir dans le non-vouloir absolu, mais je suppose que personne n'a hâte de terminer, par cette gigantesque catastrophe, les malheurs de l'humanité ; je m'imagine même que personne n'y croit et que si l'unanimité est indispensable pour la réussite de l'entreprise, elle ne saurait aboutir tant qu'il restera des disciples fidèles aux leçons pratiques du maître qui serait probablement le premier à se refuser à l'expérience

(1) Edouard de Hartmann, *Etudes et essais*, n° 1 *Histoire de mon développement*.

dont il a complaisamment énoncé les conditions.

Nous avons signalé la profonde indifférence avec laquelle fut accueilli le grand ouvrage de Schopenhauer auquel ses compatriotes cherchent aujourd'hui à élever une statue. Il en fut tout autrement pour Edouard de Hartmann qui n'eut point à subir, comme lui, les longues attentes que la gloire impose parfois à ses favoris. *La Philosophie de l'Inconscient* est une œuvre de jeunesse et elle fut le signal d'un succès éclatant, je ne dis pas d'un succès incontesté car les contradictions surgirent ardentes, nombreuses de tous les côtés à la fois. *La Philosophie de l'Inconscient* fut pour ainsi dire prise entre deux feux; pour en être surpris il faudrait n'avoir pas compris son caractère, elle est, avant tout, une tentative d'accord entre les tendances spiritualistes et les exigences de la science moderne. « La doctrine de l'inconscient tient le juste milieu entre un théisme qui transforme l'idéal de l'homme jusqu'à l'anéantir en voulant l'élever à l'absolue perfection, et un naturalisme qui fait de l'esprit, cette fleur de la vie, et de la nécessité éternelle des lois de la nature, d'où cette fleur de l'esprit est sortie, le pur résultat du hasard et des forces aveugles, qui ne nous en imposent qu'à cause de notre faiblesse (1). »

Edouard de Hartmann est un croyant, d'autres diraient un poète; pour lui l'action directe de Dieu se manifeste partout dans l'univers. Partisan décidé de la finalité, il reconnaît partout le doigt divin. Loin de chercher à étendre le cercle où règnent absolu-

---

(1) *La Ph. de l'Inc.*, t. II, p. 216

ment les lois invariables de la nature, il préfère les explications providentielles ; le merveilleux l'attire sous toutes ses formes, les plus bizarres ne le rebutent point. Mais, en même temps, il prétend être au courant de toutes les découvertes de la science moderne ; tous les secrets arrachés à la nature par les efforts des chercheurs, il les connaît ; il entend non seulement comprendre toutes les solutions acquises, mais se les approprier, y trouver sinon la base, du moins la démonstration de son système. Il tend une main aux spiritualistes, l'autre aux savants.

Il y a dans cette attitude des éléments de succès et des causes de faiblesse. En Allemagne, comme en France, et plus peut-être qu'en France, les esprits cultivés, ceux qui se disent ou se croient des penseurs et constituent l'aristocratie de l'intelligence, affectent un profond dédain pour les croyances religieuses. Le *credo* protestant, bien peu exigeant pour le fidèle, n'est plus accepté, dans ces régions, que pour la forme et l'esprit enhardi par d'illustres exemples, habitué aux spéculations de la pensée et aux négations absolues, ne recule devant aucune audace. Depuis longtemps, d'ailleurs, on ne craint pas de se jouer des avertissements du bon sens, comme des foudres de Rome, on a rompu avec toutes les traditions. Mais ces jeux de la pensée ont leurs désenchantements ; tous ne savent pas trouver d'orgueilleuses jouissances à s'asseoir au milieu des ruines de toutes les croyances renversées. Il en est qui frémissent à la pensée qu'ils ne seraient qu'un produit des forces brutales de la nature, le résultat d'une combinaison accidentelle qu'une nécessité a produit sans but, et qu'elle détruira sans raison. Nombreuses sont les âmes qui moins profondément atteintes du scepticisme philosophique, moins éblouies par les prodigieuses découvertes de la science, se prennent à rêver à leurs espérances évanouies, regrettent le Dieu qui a réjoui leur jeunesse, l'âme immortelle et ces dogmes mystérieux si conformes à leur nature, dont ils ne peuvent ni se débarrasser, ni se passer. On juge de l'impression produite sur ces âmes par l'apparition, e 1869, de *la Philosophie de l'inconscient*. Les esprits métaphysiques se laissent aller au découragement, les sciences matérialistes triomphent bruyamment et voici qu'un jeune homme de vingt-sept ans vient tout à coup secouer la torpeur générale, exciter les colères des uns, rendre courage aux autres et susciter un réveil inattendu de l'activité métaphysique.

Le livre qui remuait ainsi l'Allemagne n'était pas une œuvre exclusivement destinée aux savants; il s'adressait au grand public et tous pouvaient lire ses pages où, dans un style limpide, toujours animé, coloré parfois, se déroule l'examen des questions les plus attachantes et les plus variées. N'eût-il eu d'autre mérite que de mettre à la portée du grand nombre les problèmes abstraits de la métaphysique en évitant les aridités qui d'ordinaire rebutent les non-initiés, l'auteur de *la Philosophie de l'inconscient* aurait déjà fait preuve d'un incontestable talent ; mais, de plus, cette philosophie se présentait vivante, toute pénétrée du souffle de la science, souriant à la fois aux traditions du passé et aux aspirations de l'avenir.

La première impression fut un étonnement sympathique ; presque aussitôt les théologiens applaudirent à cet *Inconscient* dans lequel ils se plaisaient à retrouver une sagesse toute puissante, agissant incessamment dans le monde et se rapprochant par plus d'un point du Dieu des chrétiens. Les chapitres consacrés au pessimisme, le bilan de la vie, n'étaient pas, non plus, pour leur déplaire ; Edouard de Hartmann se rencontrait avec les pasteurs évangéliques pour démontrer la vanité des biens d'ici-bas. Il est vrai qu'il s'obstinait à refuser à l'âme humaine l'immortalité personnelle, mais, dans ces temps de panthéisme, en Allemagne surtout, on est habitué à se montrer peu exigeant avec les philosophes en fait d'orthodoxie et le spiritualisme chrétien se trouvait alors trop délaissé pour ne pas accepter avec joie et sans y regarder de près, le secours inattendu que semblait lui apporter Edouard de Hartmann.

Cependant tout en profitant de la sympathie des croyants, le philosophe de l'Inconscient recueillait, au premier instant, les suffrages les plus divers, dans le monde philosophique. On lui savait gré de ses efforts pour rattacher son système à ceux de ses devanciers ; au lieu d'affirmer son originalité et de se poser en chef d'école, ne bornait-il pas son ambition à concilier les vues de Schopenhauer avec les enseignements de Hégel ? En applaudissant à son succès, chacun pouvait s'imaginer applaudir aux idées qui lui étaient chères.

Toutefois ce succès inouï, dont nous devions essayer d'indiquer les causes principales, ne pouvait pas conserver ce caractère d'unanimité. A l'enthousiasme des premiers jours, succédèrent bientôt les contradictions ardentes, passionnées ; et, comme on pouvait le prévoir, elles partirent des camps opposés. Edouard de Hartmann voulait réconcilier la science et la métaphysique, il s'est trouvé désavoué par les savants et condamné par les philosophes.

Et d'abord, les représentants des idées philosophiques que la théorie de l'Inconscient devait remplacer, ne se méprirent pas longtemps. Ils virent bientôt, dans Edouard de Hartmann, un rival et ne songèrent qu'à défendre leurs situations menacées.

C'est Duhring qui proteste au nom de son optimisme naïf. Matérialiste, positiviste, il ne saurait comprendre la téléologie d'Edouard de Hartmann et son perpétuel recours à l'intervention de l'Inconscient. Sa verve sarcastique pourchasse toutes ces chimères et ne voit dans la philosophie de l'inconscient que le digne pendant du spiritisme américain. Les sciences naturelles ne sauraient être pour rien dans une pareille conception, à peine en voit-on, dans l'ouvrage d'Edouard de Hartmann, grimacer le masque grotesque et la ridicule caricature (1). A l'en croire Hartmann est un mystique illuminé, probablement plus conscient qu'on ne pense; il va même jusqu'à douter de sa bonne foi et le traite de charlatan.

C'est Lange qui, dans son *Histoire du matérialisme*, ne se montre pas moins sévère et condamne théoriquement la philosophie de l'Inconscient comme un

---

(1) V. *Kritische Geschichte der Philosophie*, 3ᵉ édit., Leipsig, 1878, p. 523.

« fruit d'arrière saison de ce romantisme spéculatif(1) » auquel Schopenhauer et Schilling ont demandé leur inspiration. L'Inconscient c'est, dit-il, l'explication naïve des indigènes de l'Australie qui attribuent au *devil-devil* tout ce que leur intelligence obtuse n'arrive point à comprendre. Le *devil-devil* des Australiens remplit exactement pour eux l'office qu'Edouard de Hartmann confie à l'Inconscient. Les limites au delà desquelles les Australiens d'un côté, Edouard de Hartmann de l'autre, croient pouvoir invoquer l'un l'Inconscient, les autres le *devil-devil*, ne sont pas les mêmes, mais Edouard de Hartmann et les Australiens ont recours à la même méthode scientifique (2). Lange fait observer qu'Edouard de Hartmann, dans *la Philosophie de l'Inconscient*, suppose un miracle perpétuel et qu'il crée notamment du travail et de la force avec rien, car l'Inconscient n'est rien qu'un mot et le plus vide des mots.

Il ne nous est pas possible d'insister ici sur toutes les critiques, toutes les réfutations, toutes les attaques suscitées par l'apparition de *la Philosophie de l'Inconscient*; ceux qui seraient curieux d'entrer plus avant dans l'examen de ces polémiques peuvent consulter les articles de Bergmann publiés dans le *Monats-hefte* (3), ceux que Haym a fait paraître, en 1873, dans les *Preussische Iahrbücher* (4),

---

(1) *Geschichte des Materialismus*, t. II, 277.
(2) Id., t. II, 279.
(3) 3ᵉ et 4ᵉ vol., 1869-1870.
(4) 30ᵉ vol., p. 44, 109 et 257. Haym voit dans la Philosophie de l'Inconscient « une mythologie qui se dissimule et a honte de paraître. Ce qui distingue, d'après lui, la mythologie philosophique

l'étude de Klein dans l'*Ausland* (1872), *le Système de Philosophie critique* de Gœring (1874-1875), un savant travail de Vaihinger sur Hartmann, Duhring et Lange (1) dans lequel les conceptions cosmogoniques d'Edouard de Hartmann sont irrespectueusement traitées de « contes de nourrice », etc.

Si les philosophes se montrèrent sévères et condamnèrent hautement la Philosophie de l'Inconscient, les savants, quand ils se prirent à la discuter, ne lui furent pas plus favorables. La tendance des esprits scientifiques est de tout expliquer naturellement et les immenses progrès récemment accomplis dans la connaissance des lois de la nature autorisent leurs plus audacieuses espérances, comme elles expliquent leurs prétentions les plus absolues. Or, malgré l'appareil scientifique dont il cherche à s'entourer, malgré l'épigraphe de son livre affirmant le respect de la méthode inductive des sciences de la nature, l'esprit qui a inspiré Edouard de Hartmann, qui lui fait voir, dans la permanente intervention de l'Inconscient, l'explication des phénomènes les plus divers, est peu scientifique. A quoi bon, disent les savants, recourir à l'Inconscient pour expliquer des faits incompris aujourd'hui, mais dont la science nous livrera demain le secret, comme elle nous a livré hier celui de tant de phénomènes qu'Edouard de Hartmann, s'il eût vécu il y a un siècle, n'eût

de la mythologie religieuse, c'est que l'une obéit surtout aux vœux du cœur de l'homme, l'autre aux besoins de son esprit » (Œuvres et vol. cit., p. 46).

(1) *Hartmann, Duhring und Lange, zur Geschichte der deutschen Philosophie im* xix *Jahrhundert*, 1878.

pas manqué d'attribuer à l'intervention directe de l'Inconscient?

On trouve cette objection générale formulée avec plus ou moins de vigueur, par la plupart des savants qui se sont préoccupés de l'apparition de *la Philosophie de l'Inconscient*; ainsi dans *la Science contre la philosophie* du docteur médecin de New-York, G. Steibeling, dans *le Cri de douleur du bon sens*, de G. C. Fischer, de Vienne, et surtout dans *les sciences naturelles et la philosophie de l'Inconscient*, d'Oscar Schmidt, professeur de zoologie et d'anatomie comparée à l'université de Strasbourg (1). Oscar Schmidt proteste hautement contre la solidité des connaissances scientifiques que prêtent volontiers à Edouard de Hartmann ceux qui triomphent de ses tendances spiritualistes et cherchent à tirer parti de ce qu'ils appellent « les précieux aveux de la science allemande ». Il lui reproche d'invoquer, sans critique, les autorités les plus disparates et parfois les plus contestables, de réunir dans une promiscuité que l'ignorance seule peut expliquer, un physiologiste comme Carus, un psychologue comme Reichembach et des savants respectables comme Jean Mueller, Du Bois-Reymond, Virchow, Goltz ou Wundt : « Nous sommes pleinement dans notre droit, dit-il, et nous ne faisons qu'appliquer un principe reconnu dans toutes les sciences, quand nous jugeons de la crédibilité d'un auteur, d'après la critique dont fait preuve cet auteur dans le choix

(1) *Das Unbewuste vom Standpumkt der Physiologie und Descendenz théorie von Eduard von Hartmann*. Berlin, Duncker, traduit par Jules Soury et Ed. Meyer, Germer-Baillière, 1879

et l'emploi de ses sources (1). » Voici, d'ailleurs, les conclusions du travail d'Oscar Schmidt : « L'induction de la philosophie de l'Inconscient manque de la première condition : l'exactitude des hypothèses, qui doivent servir de fondement aux lois et aux principes généraux. Il n'y a donc pas plus de raisons de reconnaître ces principes que d'adopter les déductions qui en ont été tirées.

« Les sciences de la nature organique, que la philosophie de l'inconscient désire abriter sous son aile, refusent cette protection, déclinent toute alliance. Elles se suffisent. Elles sont une philosophie naturelle, en tant que, indépendantes, et guidées par leur propre méthode, elles raisonnent sur les causes et les rapports des phénomènes (2). »

Toutes ces attaques ne restèrent pas sans réponse ; parmi ces œuvres de polémique, nous en signalerons quelques-unes seulement, celles auxquelles Edouard de Hartmann lui-même semble attacher de l'importance.

Volkelt, dans l'*Inconscient et le Pessimisme* (3), a donné un commentaire ou plutôt un supplément à l'œuvre du maître qui n'est pas sans valeur ; mais, en première ligne se place l'*Allgeist*, de Moritz Venetianer (4) qu'Edouard de Hartmann appelle son plus cher disciple. C'est un panégyrique enthousiaste de la philosophie de l'Inconscient, avec quel-

---

(1) Ouv. cit., p. 12.
(2) Id., p. 168.
(3) *Das Unbewuste und der Pessimismus*, 1873.
(4) *Der Allgeist, Grundzuege des Panpsychismus im Anschluss an die « Philosophie des Unbewussten »*, Berlin, 1874.

ques violences à l'adresse de ses adversaires. Mais l'enthousiasme et la violence ne sauraient suppléer à l'érudition et au savoir. Venetianer commet d'étranges méprises qui enlèvent à son œuvre une partie de son autorité. Ne confond-il pas notamment Charles Darwin, le célèbre contemporain, avec son grand-père, le poëte médecin, Erasme Darwin (1) mort en 1802. Croyant évidemment qu'il s'applique à Charles, il cite un passage de *la Logique* de John Stuart Mill condamnant certaines vues exposées par Erasme Darwin dans sa *Zoonomie* ; Venetianer ne comprenant rien à cette *Zoonomie* dont il n'a, sans doute, jamais entendu parler, corrige le mot en « zootomie » dont il fait un ouvrage jusque-là inconnu de Charles Darwin qu'il appelle gravement un peu plus loin « le maître zootomique des darwiniens orthodoxes ». Les adversaires d'Edouard de Hartmann pourraient dire que le cher disciple est digne du maître.

Nous n'avons pas signalé, parmi les adversaires d'Edouard de Hartmann, l'auteur d'un ouvrage ano-

---

(1) Erasme Darwin est né à Elston Hall, le 12 décembre 1731 ; il mourut à Breadsalt Priory, près de Derby, le 13 avril 1802. Il est l'auteur, entre autres œuvres poétiques, du *Botanic Garden* (1784-1788), mais son principal ouvrage scientifique est la *Zoonomie* (*Zoonomia, or the laws of organic life*).
Erasme Darwin épousa d'abord, en 1757, Mary Howard, puis en 1781, la veuve du colonel Chaudos Pole. C'est de ce second mariage qu'est né François Darwin (1786-1859), père de Charles Darwin. Voir la biographie d'Erasme Darwin par son petit-fils, Charles Darwin, jointe à la traduction anglaise de l'essai du docteur Ernst Krause sur Erasme Darwin (*Erasmus Darwin translated from the german by W. S. Dallas, with a preliminary notice by Charles Darwin*. London, John Murray, 1879).

nyme intitulé l'*Inconscient au point de vue de la physiologie et de la théorie de la descendance* (1). Ce n'est pas que cet ouvrage soit sans valeur ; l'auteur y met bien en lumière les conséquences des solutions darwinistes et conclut qu'il est impossible de maintenir l'hypothèse des causes finales qui ne peut plus être considérée que comme l'*asylum ignorantiæ*. Si nous n'avons pas mentionné cet ouvrage à côté de ceux de Stiebling, de Schmidt et de Fischer, c'est que cette critique scientifique dirigée contre la philosophie de l'Inconscient est l'œuvre d'Edouard de Hartmann lui-même. Le fait peut paraître invraisemblable, on a longtemps refusé d'y croire, et cependant il est aujourd'hui tenu pour constant par les juges les plus autorisés. Il jette un jour assez inattendu sur les procédés de réclame employés pour assurer le succès de la philosophie de l'Inconscient. Faire soi-même la critique de son œuvre pour forcer l'attention du public et se donner le plaisir de mettre ensuite à néant cette auto-critique, ce peut être fort habile, sinon très digne.

Quoi qu'il en soit, Edouard de Hartmann a répondu à l'anonyme et aux critiques scientifiques par un petit écrit assez violent intitulé : *Vérité et erreur dans le darwinisme* (2), dans lequel il examine les doctrines de Darwin principalement au point de vue de leur influence sur la théorie des causes finales qui jouent un si grand rôle dans la *philosophie de l'Inconscient*. Le darwinisme aspire à supprimer la

---

(1) *Das Unbewusste vom Standpunkt der Physiologie und Descendenztheorie von Eduard von Hartmann.* Berlin, Duncker.
(2) *Warheit und Irrthum in Darwinismus.*

finalité, il prétend expliquer l'origine des organismes les plus compliqués aussi bien que les plus étonnants mystères de l'instinct, par la sélection naturelle, les lois de l'hérédité, de la variabilité, en un mot, par le simple jeu des principes mécaniques. Les adversaires des principes spiritualistes trouvent là un appui qu'ils se gardent bien de négliger et s'empressent de conclure que la création, l'action providentielle de Dieu sont des conceptions enfantines aujourd'hui dépassées et contredites par la science. Edouard de Hartmann admet les principes de Darwin, la loi de sélection naturelle, résultat de la lutte pour l'existence ; il admet le transformisme avec certaines restrictions cependant, mais il maintient que l'observation attentive de l'univers révèle l'existence d'un plan exclusif d'une conception purement mécanique ; d'après lui, derrière les lois de Darwin, il y a place pour l'action de l'Inconscient qui use de ces lois comme d'un moyen pour assurer la réalisation de sa pensée. Il énumère et examine successivement les huit procédés qui contribuent à assurer l'évolution des organismes vivants (1) et conclut qu'un seul, la lutte pour l'existence, la sélection, peut être considéré comme purement mécanique.

(1) Ces huit procédés sont : 1° la sélection naturelle ; 2° l'hérédité ou l'imprégnation d'une disposition héréditaire conformément à un plan ; 3° la variabilité conformément à un plan régulier ; 4° l'influence des circonstances extérieures sur une tendance téléologiquement appropriée ; 5° l'usage et le non-usage ; 6° la sélection naturelle d'après les idées typiques inconscientes ; 7° la corrélation régulière de la croissance et des changements dans un organisme ou entre des organismes différents ; 8° la génération hétérogène, ou métamorphose du germe suivant un plan régulier.

Il est évident qu'Edouard de Hartmann s'efforce d'élargir le domaine de la prévision au dépens de celui du mécanisme ; il ne nous est pas possible de le suivre dans sa discussion, mais nous devions signaler le fait, car quand nous rechercherons les causes du pessimisme, nous verrons qu'il se rattache à l'abus des négations et à l'exagération des prétentions de la science à tout expliquer mécaniquement. Comment d'ailleurs toucher à ces graves questions si troublantes pour beaucoup, si passionnantes pour tous, sans indiquer notre pensée ? On ne saurait nier que la sélection naturelle de Darwin est une des plus intéressantes conceptions nées dans ce siècle, en ce sens qu'elle groupe ensemble des séries très étendues et très variées de faits biologiques, et qu'elle donne une explication au moins apparente de faits vraiment paradoxaux. N'oublions pas cependant que la théorie de l'évolution n'est encore qu'une hypothèse (1) et demandons-nous si réellement les admirables découvertes de Darwin portent un coup décisif à l'idée spiritualiste. Le mécanisme de Darwin a-t-il tué le Dieu créateur et providence ? Doit-on renoncer aujourd'hui à toute finalité? Pour l'affirmer il faut nier absolument l'existence de tout ce que nos sens bornés

---

(1) A la séance de l'Académie des sciences du 28 janvier 1889, il a été donné lecture d'un mémoire de M. Marcelin Boul intitulé : « Les prédécesseurs de nos canidés. » M. Boul a découvert dans le terrain plyocène des squelettes de chiens, de loups, de renards et de chacals établissant que ces différentes espèces existaient aux âges les plus reculés. Elles ne descendent donc pas d'un type unique.

Il est fort probable que les faits donneront plus d'un démenti de ce genre à l'hypothèse transformiste.

ne peuvent atteindre et percevoir directement; il faut enfermer l'homme et son activité intellectuelle dans le cercle étroit des choses matérielles. Or c'est là une mutilation, une négation scientifique.

Ce n'est point à dire que tout soit vérité dans les raisonnements à l'aide desquels certains apologistes plus zélés que prudents prétendent convaincre leurs adversaires. L'homme attribue volontiers au hasard les événements dont les causes lui échappent et quand ces événements se reproduisent avec constance et régularité, il voit là volontiers la preuve de l'intervention directe d'une volonté prévoyante et intelligente. Le hasard et l'action directe de Dieu agissant comme agirait un homme, voilà les explications qui viennent les premières à l'esprit, sont acceptées de confiance et deviennent peu à peu traditionnelles; elles empruntent d'ailleurs, à une conception vulgaire de la divinité, une teinte accentuée d'anthropomorphisme contre laquelle l'esprit scientifique se plaît à réagir. Viennent les progrès de la science, une connaissance moins incomplète des lois qui président aux phénomènes de la nature, et le rôle du hasard qui n'est qu'un mot, et l'intervention directe de Dieu diminuent d'autant.

Mais l'idée de Dieu ne cesse pas d'être vraie, parce qu'il est reconnu que l'ignorance de l'homme l'avait altérée en la ramenant aux proportions de l'humaine nature. Dieu, qui est vérité, ne disparaît pas, parce que l'homme pénètre un peu plus avant dans la connaissance du monde. Des progrès de ce genre sont déjà venus ruiner des raisonnements qu'on tenait pour décisifs; mais un monument solide n'est nullement ébranlé par la suppression d'un étai qui, contrairement à l'opinion commune, ne contribuait en rien à sa stabilité et ne faisait, en réalité, qu'altérer la pureté de ses lignes. Certains défenseurs des idées spiritualistes ont quelque peine à renoncer à cet ensemble de considérations pieuses qui encombrent, depuis des siècles, la théorie de la finalité et ont contribué à la discréditer. Ils craignent d'ébranler les croyances en se privant d'une argumentation longtemps tenue pour irréfutable et respectée jusqu'ici comme les dogmes mêmes qu'elle a longtemps servi à défendre. Ces résistances ne sont pas faites pour nous surprendre, tout changement, tout progrès froisse quelques susceptibilités en modifiant des habitudes anciennes; les prétentions excessives des nouvelles doctrines, les exagérations de quelques-uns de leurs partisans justifient d'ailleurs certaines craintes.

Elevons-nous au-dessus de ces appréhensions, évitons les excès qui les provoquent et nous découvrirons, je crois, à la racine de cette difficulté, une équivoque. Il s'agit d'expliquer un ensemble de phénomènes; chacun apporte sa solution, l'un soutient que l'ordre admirable qui règne dans l'univers ne peut s'expliquer que par l'intervention d'une puissance supérieure, divine, agissant incessamment conformément à un plan qu'elle a conçu; l'autre trouve dans les lois mécaniques, dans les règles qui président au développement de la vie, l'explication de tout l'univers. La discussion menace de s'éterniser, chacun conserve ses positions; parfois les chances du finaliste semblent diminuer; mais au moment où l'évolutionniste croit en avoir fini avec le Dieu créateur, surviennent de nouvelles affirmations convaincues de l'insuffisance de la doctrine triomphante. Tous deux n'auraient-ils pas raison ? Leur dissentiment ne tiendrait-il pas surtout à ce qu'ils ne s'entendent pas sur le sens donné à ce mot expliquer ? Expliquer un phénomène ce peut être en rechercher les causes physiques, le ramener aux phénomènes antérieurs qui en sont la condition, le résoudre dans les éléments qui le constituent ; c'est en ce sens que le darwinisme emploie ce mot. Mais les explications de cet ordre, intéressantes à coup sûr, n'expliquent rien, elles ne font que reculer les bornes de nos connaissances, sans arriver jamais à la raison métaphysique (1). Or expliquer un phénomène, pour le spiritualiste, pour le finaliste qui refuse de s'enfermer systématiquement dans le monde sensible, expliquer un phénomène c'est en donner la raison métaphysique, c'est-à-dire le rapporter à la substance dont il est actuellement la manifestation, à cette substance que nous connaissons moins que le principe spirituel (2). Arrivés là,

---

(1) « La science positive ne poursuit ni les causes premières, ni la fin des choses. » M. Marcellin Berthelot, *la Science idéale et la science positive* dans les *Dialogues et fragments philosophiques* publiés par M. E. Renan, p. 196 et suivantes.

(2) Lafontaine a dit :
    Tout obéit dans ma machine
    A ce principe intelligent.
    Il est distinct du corps, se conçoit nettement,
    Se conçoit mieux que le corps même.

Cuvier a exprimé une idée analogue : « Le système matérialiste est d'autant plus faible que nous avons encore bien moins de notions sur l'essence de la matière que sur celle de l'être pensant, et qu'il n'éclaircit, par conséquent, aucune des difficultés de ce profond mystère. » Voir à ce sujet la note 1, p. 114.

les partisans les plus décidés de l'explication mécanique du monde sont obligés de reconnaître l'insuffisance de leurs doctrines qui ne vont point jusqu'à la substance des choses et laissent inassouvi le besoin métaphysique de l'homme. Voici à ce sujet l'aveu de M. L. Dumont, l'auteur d'*Hœckel et la théorie de l'évolution* (1) qui a donné, à plusieurs reprises, son entière adhésion aux vues de Darwin, d'Hæckel, de Lews et d'autres adversaires résolus de la finalité : « Il faut reconnaître qu'en négligeant ou proscrivant l'étude de la métaphysique, la science contemporaine s'est rendue volontairement incomplète. Les explications qu'elle donne des phénomènes de l'univers, tout en gagnant chaque jour en exactitude et en profondeur, ne peuvent être absolument satisfaisantes parce qu'elles ne vont pas jusqu'à la substance des choses et laissent subsister une lacune immense dans la conception générale du monde. Certains esprits, et ce sont précisément les plus harmonieusement développés, ne peuvent s'arrêter ainsi au milieu de la route et ne trouvant pas, dans les systèmes actuellement en vogue, de solution à certaines questions dont ils ne peuvent se désintéresser, restent attachés aux solutions de la philosophie ancienne. Ces solutions traditionnelles sont à la vérité le plus souvent en contradiction avec des faits que la science a établis d'une manière incontestable, mais cette contradiction n'est pas toujours facilement aperçue. Sans cesse réfutées, les hypothèses de la métaphy-

(1) Germer-Baillière, 1 vol. in-8, de la Biblioth. des philosophes contemporains.

sique ancienne reparaissent toujours, parce qu'elles répondent à un besoin de l'intelligence ; elles reparaîtront aussi longtemps que la science moderne ne se sera pas réconciliée avec la métaphysique et n'aura pas remplacé ces théories par d'autres plus conformes aux tendances et aux acquisitions nouvelles de la philosophie (1) ».

En résumé, le mécanisme rend compte des causes secondes et ce qu'il contient de vérité démontrée doit être respecté comme faisant partie du patrimoine scientifique acquis par l'humanité ; mais en niant témérairement l'existence d'une cause première, il donne une force nouvelle à l'idée de finalité qui n'est autre chose qu'une vue sur l'action de cette cause première dont on ne supprime pas la nécessité par une négation systématique.

C'est en partant de là et à la condition de renoncer de part et d'autre aux prétentions hautaines et aux insultants mépris, que l'on peut espérer voir renaître l'accord entre la science et l'idée spiritualiste, disons mieux, entre la science et l'idée religieuse. De plus en plus, certains des arguments empruntés couramment à la finalité pour prouver l'existence d'un Dieu-providence provoqueront le sourire au lieu d'entraîner la conviction ; mais plus on voudra y réfléchir plus on constatera l'évidente insuffisance de l'explication purement mécanique (2). Je

---

(1) L. Dumont, *le Transformisme et les causes finales*, Revue scientifique, 30 septembre 1876, p. 322, 323.

(2) Il ne faut pas s'en laisser imposer par certains arguments que les partisans de Darwin tiennent volontiers pour décisifs. Tel est, par exemple, l'argument qu'ils tirent de l'unité de plan dans la créa-

ne parle pas de la témérité des hypothèses qu'on ose sérieusement entasser les unes sur les autres pour essayer d'expliquer certains organes compliqués comme l'œil, par exemple. Je veux m'en tenir à la loi fondamentale de tous les systèmes évolutionnistes, à la sélection. La sélection suppose la variabilité, c'est

tion, pour déclarer inadmissible la théorie des créations indépendantes. M. Joseph Bianconi, professeur à l'université de Bologne, a répondu à cet argument dans un intéressant travail intitulé : *la Théorie darwinienne et la création dite indépendante*, Lettre à M. Charles Darwin (Bologne, Zanichetti, 1874) et sa réponse me paraît péremptoire. Pour lui ce qu'on appelle l'unité de plan est la conséquence des conditions mécaniques de l'existence des animaux, elle n'est que la répétition par nécessité mécanique. Et M. Bianconi fait très pratiquement remarquer l'impossibilité des transformations darwiniennes qui supposent des transitions inconciliables avec les nécessités mécaniques de la vie. « Le pied ambulatoire de l'homme et le pied préhensible du singe sont deux instruments mécaniquement éloignés l'un de l'autre. Des instruments intermédiaires ou de passage n'ont pas de possibilité mécanique. Un pied qui cesse d'être préhensible et va être ambulatoire, n'est ni préhensible, ni ambulatoire ; et l'animal ne peut ni grimper, ni se promener ; il n'est ni acrobate, ni pédestre. Sa construction serait une absurdité, et l'animal n'aurait pas ses conditions d'existence. »

Un autre savant italien, M. A. Mosso, professeur à l'université de Turin, dans un ouvrage intitulé, *la peur, étude psycho-physiologiste* (traduit par Félix Hément, 1 vol. in-18, Félix Alcan, 1886) fait remarquer que la sélection n'est pas une cause universelle et ne rend pas compte de tous les phénomènes. M. Darwin lui-même est obligé de convenir qu'elle laisse inexpliqué le tremblement de la peur qui est nuisible et non utile à l'individu. « A coup sûr ce n'est pas volontairement qu'il a dû se produire d'abord sous l'empire d'une émotion quelconque, pour s'y associer ensuite par l'influence de l'habitude » (Darwin, *Expression des émotions*, trad. fr., p. 74). Certains actes expressifs résultent donc, et M. Darwin en convient, de la constitution même du système nerveux. C'est contraire à sa loi générale et cette concession ébranle l'hypothèse de la sélection, car tout ce qui lui est attribué ne pourrait-il pas tout aussi bien tenir, comme le tremblement de la peur, à la constitution même de l'être qui tremble ?

celle-ci qui seule permet à la sélection d'agir. Mais comment agit la sélection? Elle arrête la variabilité quand celle-ci, combinée avec la corrélation, a créé des caractères stables résultant de l'adaptation de l'organisme aux conditions extérieures, elle empêche alors les modifications inutiles ou nuisibles et assure le maintien du type; et, en même temps cette même sélection stimule, développe, fixe tous les changements qui réalisent une adaptation plus parfaite. Elle agit, à la fois, suivant les circonstances, comme un frein et comme un aiguillon, ralentissant ou précipitant le mouvement. Le progrès, quand il est régulièrement possible, le maintien du progrès acquis, quand le changement ne donnerait pas mieux, voilà le résultat merveilleux de cette loi. Honneur à celui qui a su arracher ces secrets à la nature; il a reculé les bornes de nos connaissances et ce qu'il y a de vrai dans ses découvertes ne saurait être compromis par les exagérations de ses apologistes. Mais loin de détruire l'illusion prétendue du spiritualiste, les découvertes de Darwin vont devenir pour lui une démonstration nouvelle de l'existence de Dieu. Cette loi merveilleuse qui produit des effets si variés et si inattendus, cette loi dont la découverte est la gloire de Darwin, celui qui l'a portée pour en faire sortir tout le processus du monde, n'a-t-il plus aucun droit à nos adorations? C'est une loi purement mécanique, je le veux bien; et après? Quand j'observe, sur une machine à vapeur, le jeu d'un régulateur à force centrifuge, je vois, suivant que la résistance à vaincre augmente ou diminue, les deux boules d'acier se rapprocher ou s'éloigner du pivot auquel elles sont reliées, je constate que ces mouvements influent, par l'intermédiaire d'un levier, sur la quantité de vapeur introduite dans le cylindre du piston et assurent la marche régulièrement uniforme de l'appareil en prévenant également toute augmentation et toute diminution de vitesse. Tout ici est action mécanique ; que penser cependant de l'observateur qui, fier d'avoir compris l'explication purement mécanique du jeu du régulateur, accablerait de ses dédains l'esprit enfantin qui, dans ses conceptions étroites, persisterait, malgré l'explication mécanique, à voir, dans le régulateur observé et expliqué, la preuve de l'existence d'une intelligence nécessaire, selon lui, pour la création et l'installation de l'appareil ? Personne n'admire plus que moi les grands esprits qui pénètrent les secrets du monde, mais comment ne pas sourire de leurs prétentions, s'ils en viennent à nier l'existence de Dieu parce qu'ils ont pu comprendre quelques mots de ses merveilles (1).

(1) L'idée d'un Dieu sans cesse occupé à retoucher son œuvre, à la réparer pour la défendre contre les injures du temps et en assurer le bon fonctionnement, comme un horloger qui remonte et répare une horloge, est une idée profondément empreinte d'anthropomorphisme. Il est certainement plus conforme à l'infinie sagesse de Dieu de créer une œuvre qui se suffise à elle-même, se perpétue et se maintienne grâce au simple jeu des lois voulues par cette même sagesse. On peut voir cette idée indiquée dans la préface du *Telliamed* de Benoit de Maillet, un des précurseurs des transformistes modernes : « Le philosophe indien nous offre une image toute différente de la divinité. Il nous la peint sous l'idée d'un artiste habile, infiniment éclairé et Maître de ses vastes connaissances, qui, dans la production de l'ouvrage qu'il a médité, emploie tous les moyens propres à le rendre utile et durable. Le temps qui ronge tout, et la nature des choses humaines toujours sujettes à la vicissitude, ont beau apporter quelque changement à ce chef-d'œuvre de ces mains ; ils ne pour-

Pour en revenir à Edouard de Hartmann et aux polémiques provoquées par l'apparition de la Philosophie de l'Inconscient, il nous reste à constater et cela, je suppose, ne surprendra personne, que sauf le succès de l'œuvre qu'elles ont contribué à accentuer, ces polémiques n'ont amené aucun résultat décisif. Chacun semble être resté dans ses positions et Edouard de Hartmann n'a rien perdu de son tempérament métaphysique. Loin de céder aux objurgations de ses adversaires, il s'obstine plus que jamais dans ses vues spiritualistes. Si son pessimisme tend à s'atténuer et mérite de plus en plus la qualification d'optimo-pessimisme, l'idée religieuse, apparente déjà dans la *Philosophie de l'Inconscient*, l'obsède de plus en plus. Je n'en veux pour preuve que quelques-uns de ses récents travaux.

Il a abordé, dans plusieurs ouvrages, les questions religieuses (1) et a même voulu expliquer plus complètement ses idées sur ce qui doit être la religion de l'avenir. *La Religion de l'esprit* (2), tel est le titre du livre dans lequel il cherche à préciser les bases

---

ront arriver à sa destruction. Ces dérangements même qu'il a prévus devoir y arriver serviront à sa conservation. Il se perpétuera par les mêmes voies qui dans les autres sont le principe de leur ruine, et du sein de ses propres débris il sortira aussi parfait et aussi beau que dans le moment de sa naissance. » *Telliamed ou entretiens d'un philosophe indien avec un missionnaire français* mis en ordre sur les mémoires de feu M. de Maillet, par J. A. G. Basle, 1749. Préface, LVIII.

(1) *La décomposition spontanée du christianisme et la religion de l'avenir* (1874) ; — *la crise du christianisme dans la théologie moderne* (1880) ; — *la conscience religieuse de l'humanité dans les étapes de son développement* (1882).

(2) *Die Religion des Geistes*, 1882, Berlin.

d'une religion satisfaisant à la fois les besoins religieux et les exigences critiques de l'esprit moderne. Voici, du reste, comment il s'exprime dans sa préface, en affirmant l'importance qu'il attache à ces questions religieuses pour lesquelles d'autres affectent tant de dédain : « Le titre de ce livre s'explique et se justifie par la dernière partie de ma publication de l'année passée : *La Conscience religieuse de l'humanité dans les étapes de son développement*. Chacun de ces deux volumes forme à soi seul quelque chose de complet et peut être lu indépendamment de l'autre dans la situation respective de la partie historique et de la partie systématique d'une philosophie de la religion, ils forment un tout organique, que je prends la liberté de désigner comme la troisième de mes œuvres principales (1). » On voit par là qu'Edouard de Hartmann est de ceux qui ne savent pas se soustraire à l'obsession de ces problèmes métaphysiques si effrayants pour la raison humaine. Dans sa sincérité, il les aborde avec une sorte de confiance sereine qui déconcerte et c'est en homme sûr de lui qu'il esquisse cette religion de l'avenir destinée à remplacer des formes condamnées par le progrès de la pensée comme le christiano-judaïsme, l'hindouisme. Nous n'avons pas à le suivre sur ce terrain ; comme tous ceux qui se sont laissés entraîner à prophétiser sur les moyens auxquels l'humanité aura recours pour satisfaire ses aspirations supra-terrestres, il ne sait que transfor-

---

(1) « *Als mein drittes Hauptwerk* » Les deux autres sont *la Ph. de l'Inc.* et la *Phénoménologie de la conscience morale*, 1879.

mer en religion, traduire en dogmes, les conceptions philosophiques qui forment la base de son système. On sait ce que durent les systèmes philosophiques, et le sort qui attend demain les plus applaudis aujourd'hui. Deviennent-ils plus solides en se transformant en rêveries religieuses ? Edouard de Hartmann ne peut guère se faire d'illusion à ce sujet. Son Dieu inconscient ne me paraît pas près de détrôner l'antique Dieu personnel.

Edouard de Hartmann critique très vivement ce qu'il appelle l'anthropomorphisme chrétien (1) ; mais l'idée de Dieu dépasse tellement les forces de l'esprit humain qu'en s'imposant à lui, elle est nécessairement exposée à toutes les trahisons du langage figuré. L'homme s'élève à l'idée de Dieu, mais il ne la comprend pas et, en même temps, elle l'écrase, le domine ; il est obligé d'en parler et les mots lui manquent. Ceux-là même qui nient Dieu, les athées, n'échappent pas toujours, dans leurs raisonnements, à cet anthropomorphisme, résultat pour ainsi dire nécessaire de notre faiblesse et M. Renan a pu dire avec raison : « L'athéisme est en un sens le plus grossier des anthropomorphismes. L'athée voit avec justesse que Dieu n'agit pas en ce monde à la façon d'un homme ; il en conclut qu'il n'existe pas ; il croirait s'il voyait un miracle, en d'autres termes, si Dieu agissait comme force finie en vue d'un but déterminé (2). »

(1) *La Religion de l'esprit*, IIe partie, Métaphysique religieuse. Théologie.
(2) La métaphysique et son avenir dans les *Dialogues et fragments philosophes*, p. 330.

Quoi que fassent les dépositaires du dogme chargés de maintenir intacte la vérité, malgré la prudence des docteurs et la précision de l'enseignement, il y aura toujours une différence considérable entre l'idée que se fait de Dieu une femme du peuple et celle qui sera pour Bossuet le résultat de ses méditations. Et cependant il ne faut rien exagérer, pour qui laisse de côté et tient pour ce qu'elles valent les plaisanteries auxquelles se complaît notre ironie gauloise, cette différence est surtout une question de degré. Bossuet en sait un peu plus que l'enfant qu'il confirme, ou que la bonne femme qui le lui amène, mais c'est bien le même Dieu qu'ils adorent tous. C'est bien le même Dieu qui satisfait et confond ces esprits de capacités si différentes. La foi de Bossuet et de Pascal est la même que la foi du charbonnier et souvent j'ai été surpris de trouver chez des personnes peu instruites, absorbées, en apparence, par des labeurs incessants, des idées remarquablement élevées et précises sur Dieu, ses attributs, sa providence. Il y avait là la conséquence d'un enseignement dogmatique confirmé par les traditions familiales ; les personnes dont je parle étaient presque toutes âgées, il est certain que les générations qui s'élèvent aujourd'hui, plus instruites probablement, si l'on ne parle que des connaissances variées qui peuvent meubler l'esprit et encombrer la mémoire, en sauront moins qu'elles sur Dieu, auront de Dieu une idée plus pauvre, moins féconde, en un mot moins vraie. Elles seront plus instruites, mais elles vaudront moins : elles seront plus exposées à subir, sans résistance, l'influence des théories pessimistes.

Un mot encore sur ce grave sujet, les philosophes en général se croient volontiers l'élite de l'humanité (1); ils créent des systèmes à leur taille, faits pour eux et les quelques esprits qui les peuvent comprendre, et se consolent, sans trop de peine, de leur impuissance à éclairer et à satisfaire ces foules auxquelles s'adressait de préférence Jésus. Schopenhauer compare les dogmes des religions révélées à la pantoufle d'un nain qui ne peut chausser un géant comme Gœthe, mais que fera-t-il pour la foule immense des nains qui ne sauraient marcher avec les

(1) Edouard de Hartmann, s'autorisant des doctrines de Spinoza, n'attribue l'immortalité qu'aux philosophes et aux sages. On lit dans la *Philosophie de l'Inconscient* (t. II, p. 443) : « A proprement parler, il n'y a d'éternel dans l'esprit que la troisième classe des connaissances, l'intuition intellectuelle (Ethic. partie V, prop. 33). Cette espèce de connaissance, et ce qui en vient, la conscience de soi-même, de Dieu et de l'éternelle nécessité des choses, ainsi que la paix de l'âme qui en dérive, n'appartiennent proprement qu'au sage. L'intelligence de l'ignorant ne se forme que dans la partie passive de l'être. Aussitôt que l'ignorant cesse de pâtir, il cesse d'être... (prop. 42, rem.). Il ne peut donc être question d'une partie éternelle de l'esprit, que pour le philosophe et le sage... » « On sait, ajoute Edouard de Hartmann en note, que Gœthe inclinait aussi à réserver l'immortalité à l'aristocratie des esprits. En fait, si l'on veut maintenir l'immortalité de l'intelligence supérieure, sans accepter en même temps l'immortalité des âmes d'infusoires ou celle de l'âme de l'œuf humain immédiatement après qu'il a été fécondé, il est toujours plus raisonnable de tracer la ligne de démarcation, qui sépare les immortels du reste des êtres, immédiatement au-dessous des esprits supérieurs de l'humanité, que de la placer arbitrairement entre le boschiman et l'orang-outang, et de ne la tirer qu'entre le 7e et le 9e mois de la vie embryonnaire. » Dans la préface du *livre de Job*, M. Renan (p. xc) exprime une pensée analogue. « Le sage sera immortel, car ses œuvres vivront dans le triomphe définitif de la justice, résumé de l'œuvre qui s'accomplit par l'humanité. L'homme méchant, sot, mourra tout entier, en ce sens qu'il ne laissera rien dans le résultat général du travail de son espèce. »

bottes du géant? M. Renan rêve de créer des hommes-dieux pour lesquels vivrait, dans une région inférieure, le gros de l'humanité. Où est le véritable respect de la dignité humaine? à qui l'homme de bonne volonté doit-il s'adresser ? la vérité n'est-elle pas avec la doctrine qui prétend satisfaire les petits et les grands et qui y réussit?

Avant de quitter *la Religion de l'esprit,* il faut encore nous arrêter aux pages dans lesquelles Edouard de Hartmann s'explique sur le mal. « Le mal c'est, dit-il, toute intention ou action qui va à l'encontre de l'ordre moral du monde ou du but objectif qui est sa fin, ou ce qui est la même chose, de la volonté divine. Et l'on se demande immédiatement comment il est possible, sans porter atteinte à l'absoluité divine, de concevoir l'action d'un individu comme allant à l'encontre de la volonté de Dieu ou de l'ordre qu'il a imposé au monde. Le monisme abstrait tient pour l'absoluité de Dieu et fait ainsi de la conception du mal dans l'homme une simple apparence (Spinoza lui aussi), le théisme, tantôt accorde à l'individu la faculté d'agir à l'encontre de la volonté de Dieu, pose l'homme et Dieu vis-à-vis l'un de l'autre comme des acteurs indépendants et supprime par là non seulement l'absoluité de la volonté divine, mais encore celle de son essence même, tantôt maintient l'absoluité divine et fait des hommes de vraies marionnettes, douées seulement d'une apparence de volonté. Le monisme abstrait s'accorde avec cette seconde sorte (musulmane) de théisme en soumettant l'activité humaine (peu importe qu'elle soit alors considérée comme illusoire ou comme réelle) à une sorte de nécessité qui plane sur elle; quant à la première sorte de théisme (aristotélicienne-juive-chrétienne), elle donne à l'homme une liberté qui, dans son dernier fond, n'est déterminée ni du dedans ni du dehors ; mais, en même temps, elle rend impossible à Dieu de prévoir les conséquences de la décision libre que l'homme doit prendre et de la combattre autrement que dans ses suites. Le fatalisme anéantit la possibilité du mal, en tant que l'homme ne fait que réaliser dans son activité la décision antérieure d'un *fatum* qui lui est extérieur, et à l'égard duquel toute tentative de révolte est impossible ; l'indéterminisme anéantit la toute-science et la toute-puissance de Dieu au profit de la créature, comme si Dieu s'était dépouillé lui-même de son absoluité (comme dans l'aristotélisme). L'idée chrétienne de la « tolérance » du mal par Dieu ne signifie pas autre chose que ceci : la décision volontaire libre de l'individu limite sans doute l'absoluité de la volonté et de la connaissance divines, mais la limite avec le consentement de Dieu, c'est-à-dire que Dieu s'est dépouillé lui-même et volontairement de son absoluité dans la mesure précisément où il a conféré à ses créatures une liberté indéterminée (1). »

Edouard de Hartmann est amené à concevoir la volonté individuelle comme n'étant qu'un moment dans la volonté absolue, elle est pour lui « l'affirmation d'un individu réel, sans être une limitation de l'absoluité de la connaissance et de la volonté divines. »

(1) Revue philos., t. XVI, p. 247. Analyse par Maurice Vernes.

Cette volonté individuelle, qui est en même temps un moment de la volonté absolue peut être mauvaise. Mais le mal permis par Dieu ne va pas positivement à l'encontre de sa volonté. « Dieu d'une part, doit non seulement tolérer, mais vouloir positivement ce qui doit être désigné comme mauvais, puisque les choses qu'il veut ont seules l'existence ; d'autre part, il ne peut pas vouloir le mal comme quelque chose qui doit être et rester, mais comme une chose qui doit être vaincue, qui ne possède d'existence qu'afin d'être vaincue (1). »

Qu'on nous pardonne ces longues citations, nous trompons-nous, en voyant dans cette manière de comprendre le mal et Dieu, une atténuation profonde du pessimisme d'Edouard de Hartmann? Cette théorie du mal se rapproche singulièrement des enseignements de l'école catholique, si le mal est permis par Dieu, s'il n'est permis que parce qu'il peut et doit rester vaincu par l'homme qui ne trouve plus en lui qu'une occasion de lutte, de mérite et de triomphe, il y a mieux à faire pour l'homme que de gémir sur sa destinée, l'espérance renaît, le pessimisme s'évanouit.

C. — LES AUTRES DISCIPLES DE SCHOPENHAUER

Le pessimisme de Schopenhauer est atténué, dans une certaine mesure, par Edouard de Hartmann qui semble en redouter les conséquences ; que va-t-il

---

(1) Revue ph., t. cit., p. 449.

devenir chez les autres disciples de Schopenhauer, ou plutôt chez les philosophes qui ont plus ou moins transformé sa doctrine ? Car, on en a souvent fait la remarque, Schopenhauer n'a pas, à proprement parler, fondé une école. Jamais il n'a enseigné et, de plus, ceux mêmes qui s'intitulent ses disciples et les plus fidèles parmi ceux-là, ne se sont pas contenté de développer les enseignements du maître, tous se sont empressés de les modifier, parfois de fond en comble. Schopenhauer n'en a pas moins exercé une influence considérable sur la philosophie allemande contemporaine, et ce sont précisément ceux qui ont le plus évidemment subi cette influence que nous considérons comme formant *lato sensu* l'école de Schopenhauer.

Les philosophes qui ont conservé l'idée fondamentale du maître, son panthélisme faisant de la volonté l'essence même du monde, sont, en nommant d'abord les plus fidèles à l'enseignement de Schopenhauer, Frauenstædt, Bilharz, Mainlænder, Banhsen et Hellenbach. C'est dans cet ordre que nous les prendrions, si nous étudiions l'école de Schopenhauer au point de vue général, pour rechercher l'explication du développement philosophique, mais la spécialité même de notre sujet nous commande de nous attacher particulièrement aux doctrines pessimistes. Or, le pessimisme ne se relie à l'idée génératrice du système de Schopenhauer que par des liens assez artificiels, on ne sera donc pas surpris d'apprendre que les plus pessimistes, dans ce que nous appelons l'école de Schopenhauer, ne sont pas les plus attachés aux doctrines du panthélisme.

Ainsi Bilharz, que nous avons tout à l'heure placé au second rang, ne s'inquiète même pas de la question du pessimisme; Banhsen, qui vient au quatrième rang, est, au contraire, un pessimiste absolu.

Quelques mots sur chacun de ces philosophes, dont les œuvres sont peu connues en France, mettront en lumière notre pensée.

Il est facile de retrouver dans l'œuvre de Bilharz (1) l'idée mère du système de Schopenhauer. Il tente de réconcilier la physique avec la métaphysique de la volonté; son système est un dynamisme atomistique qui le conduit à prendre pour base de la conception du monde l'identité de la force et de la volonté. Mais sous prétexte de développer la théorie de l'espace, de Kant et de Schopenhauer, il ne craint pas de la renverser en distinguant la représentation subjective d'espace, de l'espace objectif qui sont l'un à l'autre comme le cachet est à la cire sur laquelle il marque son empreinte. Méprisant d'ailleurs toute métaphysique idéaliste, il se rapproche du scepticisme; quant au pessimisme, c'est une question qui semble n'avoir pour lui aucun intérêt, et sur laquelle il évite de s'expliquer. Aussi n'insisterons-nous pas davantage sur les doctrines de ce philosophe qui devait cependant être signalé quand ce ne serait que parce que, disciple de Schopenhauer, il crut pouvoir se désintéresser de la question du pessimisme.

Avec Frauenstædt et Hellenbach, nous arrivons

---

(1) Alfons Bilharz, *Der heliocentrische Standpunct der Weltbetrachtung, Grundlegungen zu einer wirklichen Naturphilosophie*. Stuttgart-Cotta, 1879, in-16, xvi-326 p.

aux disciples de Schopenhauer qui, tout en s'inspirant plus ou moins directement de ses pensées, atténuent cependant son pessimisme et tendent même à y substituer l'optimisme.

Julius Frauenstædt (1) est un des plus fidèles disciples de Schopenhauer en ce sens que, comme lui, il voit dans la volonté l'essence du monde ; il s'est efforcé de concilier le monisme et l'individualisme ; dans ce but, il maintient le monisme en principe, tout en faisant place au dedans de lui à l'individualisme phénoménal objectif. Quant au matérialisme, à l'idéalisme, à l'idéalisme objectif, il ne les admet que sous une forme très affaiblie. Pour le pessimisme, il l'abandonne complètement, ne conservant ni la doctrine, ni même le mot.

Hellenbach (2) reconnaît Schopenhauer comme son maître, mais il s'éloigne beaucoup de ses doctrines. Pour s'en convaincre, il suffit de rappeler ses efforts afin de sauver l'individu et d'assurer, après la mort, l'indestructibilité de sa volonté. Il va jusqu'à doter chaque volonté individuelle d'un « métaorganisme » caché derrière l'organisme de la cellule, et ainsi cette volonté nécessairement incorporée dans ce bas monde, conserve, dans son métaorganisme, l'expérience acquise et poursuit son véritable développement. Cette étrange théorie s'adapte très faci-

---

(1) Voir *Neue Briefe über die Schopenhauersche Philosophie*, Leipzig, 1875.

(2) Lazar Hellenbach, *Philosophie des gesunden Menschenverstandes*, Wien, 1876. — *Der Individualismus im Lichte der Biologie und Philosophie der Gegenwart*. Wien, 1878. — *Die Vorurtheile der Menschheit*, Wien, 1879, 1880.

lement au spiritisme dans lequel Hellenbach s'est jeté avec ardeur (1). Elle est peu compatible au contraire avec un pessimisme accentué, car si Hellenbach admet le pessimisme dans la vie matérielle, il s'empresse de lui opposer comme correctif l'optimisme transcendant pour l'âme affranchie du corps. Il y a là place pour l'espérance, et l'espérance quelque éloigné qu'en soit l'objet, est exclusive du pessimisme véritable.

A. Tanbert n'est pas, à proprement parler, un disciple de Schopenhauer; on chercherait vainement dans ses œuvres (2) le rôle prédominant de la volonté. Par contre, il s'est attaché à étudier le pessimisme et il arrive à atténuer beaucoup les désolantes conclusions de Schopenhauer. Son pessimisme mitigé se concilie avec l'optimisme évolutionniste. Ainsi, pour lui, le but de l'évolution morale de la civilisation est la diminution de la douleur. Il ne désespère pas de voir l'humanité s'approcher de plus en plus d'un état qui assurerait l'harmonie entre le bien être général et le développement de la civilisation. Nous voici bien loin des conclusions du bilan de la vie d'Edouard de Hartmann.

Ajoutons que Taubert accorde une très haute va-

(1) Carl Freiherr du Prel plus connu peut-être comme feuilletoniste que comme philosophe, bien qu'il ait publié des études fort curieuses sur l'amour et son influence dans l'histoire (*Die Metaphysik der Geschlechtsliebe in ihrem Verhœltniss zur Geschichte*, dans l'*Esterreichischen Wochenschrift für Wissenschaft und Kunst*, 1872, Bd. II) a d'évidentes affinités avec l'école de Schopenhauer largement comprise, et lui aussi paraît de plus en plus tomber dans le spiritisme.

(2) *Philosophie gegen naturwissenschaftliche Ueberhebung*, Berlin, 1872. — *Der Pessimismus und seine Gegner*, Berlin, 1873.

leur aux plaisirs intellectuels et attend beaucoup de leur développement. Il se crée ainsi un pessimisme adouci très acceptable, un pessimisme pratique qui laisse place à bien des jouissances, un pessimisme qui, pour un peu, ne serait plus que la pointe de tristesse destinée uniquement à donner plus de montant aux joies qu'elle relève par contraste. On peut juger par les lignes suivantes empruntées au *pessimisme et ses adversaires*, si nous exagérons :
« La suppression du plaisir dont on accuse le pessimisme se transforme, par un examen plus approfondi, en une des plus grandes consolations qui soient offertes à l'humanité, car non seulement il transporte l'individu au delà de toutes les souffrances auxquelles il est destiné, mais il accroît aussi les plaisirs qui existent et double notre jouissance. Il est vrai qu'il nous montre bien que toute joie est illusoire, mais par là il ne touche pas au plaisir lui-même, seulement il l'enferme dans un cadre noir qui fait mieux ressortir le tableau. »

Inutile d'insister ; Taubert est de ces pessimistes qui refuseraient de suivre Edouard de Hartmann dans ses expériences de destruction cosmique.

Borries, Peters, Schneidewin et surtout Lange et Dühring sont encore moins pessimistes que Taubert ; nous avons du reste trouvé Lange et Dühring parmi les adversaires de la *Philosophie de l'Inconscient*.

Gottfried Borries tient encore pour le pessimisme empirique, mais sans admettre le pessimisme métaphysique (1). Il se rapproche du reste beaucoup

(1) *Ueber der Pessimismus als Durchgangspumkt zu universaler Weltanschauung*, Munster, 1880.

de Schopenhauer, et accepte la volonté comme la base ontologique d'un monde d'idées émanant d'elle.

Carl Peters (1) modifie profondément les conceptions d'Edouard de Hartmann par l'intermédiaire duquel il se rattache à l'école de Schopenhauer. Pour lui l'Inconscient supra-conscient est un Dieu conscient à côté duquel il établit une sorte de principe du mal, μὴ ὄν, infortuné et inconscient. Il tombe ainsi dans un véritable dualisme incompatible avec l'absolu sans lequel il n'y a pas de Dieu. La lutte entre les deux puissances constitue l'évolution même du monde.

Peters n'est nullement convaincu par le bilan de la vie d'Edouard de Hartmann ; ses arguments historiques pour démontrer les progrès incessants du mal ne le touchent pas davantage, il admet que la proportion du bien, loin de diminuer dans le monde, croît d'une manière constante. Peters n'est donc pas un pessimiste.

Avec Max Schneidewin (2) nous revenons au système de Schopenhauer corrigé par l'introduction d'un élément panthéiste rationaliste ; lui aussi atténue les tendances pessimistes ; il cesse même d'être pessimiste et une de ses préoccupations est de conserver aux individus une liberté effective.

F. Albert Lange (3) est franchement matérialiste,

---

(1) *Willenswelt und Weltwille*, Leipzig, 1883.
(2) *Ueber die neue Philosophie des Unbewusten*, Hameln, 1871. — *Lichtstrahlen ans E. V. Hartmanns sæmmtlichem Werken, Einleitung*, Berlin, 1881. — *Drei populær-philosophische Essays*, Hameln, 1883.
(3) *Geschichte des Materialismus und Kritik seiner Bedeutung in der Gegenwart*, 1866

son horreur pour la métaphysique en général le rapproche du positivisme et du scepticisme. Il tient d'ailleurs pour l'idéalisme subjectif.

Lui aussi atténue sensiblement le pessimisme de Schopenhauer ; il veut bien l'admettre dans une certaine mesure pour la réalité empirique, mais, l'idéalisme aidant, il ne désespère pas de triompher du mal. Au reste, le triomphe sera facile car, dans de nombreux passages, Lange semble protester contre le pessimisme, déclare le problème mal posé, affirme qu'il est insoluble et va jusqu'à dire que rien n'est en réalité ni bon ni mauvais !

Eugen Dühring (1) est un admirateur de Schopenhauer qu'il tient pour le seul philosophe du XIX° siècle et cependant il a été l'un des plus ardents et des plus bruyants contradicteurs de ses doctrines dont il ne conserve guère que le matérialisme qu'il exagère en se rapprochant des positivistes et des sensualistes.

Pour lui, la matière est le principe d'où naît l'esprit par une sorte de fonction toute mécanique.

Quant au pessimisme, il n'est chez lui que purement contemplatif, et se combine, par une monstrueuse alliance, avec un réalisme naïf et un trivial optimisme.

Tandis que la plupart des disciples de Schopenhauer en arrivent à atténuer, par des procédés fort divers, le pessimisme du maître, d'autres l'exagèrent, tels sont Mainlænder et Bahnsen.

(1) *Kritische Geschichte der Philosophie*, Berlin, 1869. — *Cursus der Philosophie*, Leipsig, 1875.

Rien de plus étrange que la doctrine de Philippe Mainlænder, si ce n'est peut-être sa vie.

Il reporte le monisme avant le commencement de l'évolution du monde (1). Alors régnait l'unité; c'est là le transcendant inaccessible. L'homme ne saura jamais rien de l'origine de la chose en soi et Mainlænder laissant à d'autres ces mystérieux problèmes s'en tient à la pluralité de l'existence et voilà comment sa philosophie est la philosophie de l'immanent.

Pourquoi Dieu a-t-il créé le monde qui paraît être né d'un déchirement, de la rupture (Zerfall) de l'unité? Le monde est mauvais, l'être ne vaut pas le non-être. Dieu aspire au non-être, je ne sais quel obstacle l'a sans doute empêché de réaliser directement son anéantissement et c'est ainsi qu'il a été amené à créer le monde qui évolue vers le non-être et n'est en réalité qu'un moyen d'arriver à la mort.

(1) Philippe Mainlænder *Die Philosophie der Erlœsung*, 1er vol. Berlin, 1875, 2e vol. Francfort-sur-le-Mein, 1883. Ce second volume renferme des essais publiés successivement, depuis la mort de Mainlænder, par les soins de sa sœur Minna. Voici comment Edouard de Hartman résume la doctrine de Mainlænder : « Au commencement était Dieu ; il se trouva existant, désirant toutefois ne pas être, sans pouvoir directement ne pas être, sans pouvoir directement réaliser ce vœu. Pour arriver à son but directement, il se morcela sans reste, et les fragments de ce Dieu d'autrefois forment le monde. L'évolution du monde consiste en ceci, que la force dans son émiettement s'affaiblit de plus en plus, jusqu'à ce qu'elle s'éteigne un jour. Les hommes ont pour tâche d'amener cette extinction de la force ou du monde ou de la volonté du monde ; le moyen principal pour cela est la virginité volontaire, qui empêche la propagation de la volonté individuelle (laquelle s'éteint dans la mort). C'est ainsi que le monde arrive du Dieu existant au non être, au Nirvana. » *Revue philosophique*, t. XVI, p. 124.

Mainlænder admet la réalité objective du monde, pour lui la force est réelle et la nature idéale. Ce n'est pas le sujet qui produit le monde, comme le suppose Schopenhauer, et si le sujet ne perçoit pas le monde tel qu'il est véritablement, s'il ne pénètre pas la substance même du monde, celui-ci est du moins produit à la fois par le sujet et par un phénomène indépendant du sujet. Le monde est la collection des fragments entre lesquels Dieu tout entier s'est morcelé pour arriver plus tard à l'anéantissement. Les êtres vivants ou inorganiques ne diffèrent que par cette circonstance que, dans les premiers, la volonté s'est créé des organes. La volonté de vivre est le noyau de notre être.

Quant au processus du monde, il amène nécessairement, Mainlænder l'affirme, un émiettement de la force par lequel elle s'affaiblit sans cesse, en sorte que son extinction finale est certaine. Je n'insiste pas sur la part très large faite à l'hypothèse, à l'affirmation *a priori*, dans ce système qui se dit philosophique et dans lequel la vraie philosophie n'apparaît guère que comme la vraie science se montre dans les romans de Jules Verne.

Toutes ces affirmations posées, Mainlænder en tire une psychologie réduite à une simple étude des « états du vouloir », une esthétique où beaucoup de finesse se mêle à des vues systématiques très contestables et une éthique qui va nous livrer le secret du parfait repos.

Partant toujours du point de vue de l'immanent, il rejette la liberté avant l'apparition du monde. Le monde est un acte libre, mais tout y obéit à la nécessité. L'homme est dominé par des motifs, toutefois il peut, dans une certaine mesure, s'élever à des idées qui deviennent pour lui des motifs. Ainsi, par comparaison avec sa misère, il conçoit un état de bien-être général et peut, pour l'atteindre, sacrifier un bien actuel moindre. Mainlænder est pessimiste, pessimiste absolu, non pas que le plaisir soit, à ses yeux, purement négatif, mais parce que la somme des douleurs l'emporte de beaucoup sur celle des jouissances, parce que, malgré tous les progrès rêvés, toujours le mal régnera sur la terre, sous forme de privation, ou, si la privation disparaît, sous forme d'ennui.

Au reste, Mainlænder ne nie pas le progrès du monde, il n'est point de ceux qui abritent leur indolence derrière des théories pessimistes. Ses rêveries aboutissent à des efforts pratiques et sa logique n'admet pas la contradiction entre la vie et les doctrines qui doivent la dominer. En politique, Mainlænder est socialiste, socialiste militant. Il a un plan et de plus il organise les moyens pratiques pour le réaliser. Lors de la discussion de la loi contre les socialistes, il a été question, à la tribune du Reichtag, du livre de Mainlænder, et je n'en suis pas surpris, car dans son ardeur à assurer l'œuvre du salut subordonnée au perfectionnement des individus, n'a-t-il pas imaginé de fonder, en 1874, une sorte de milice chevaleresque, l'ordre du Gral qui rappelle celui des templiers. Quatre classes de fidèles dont trois vivent dans une réclusion presque absolue, travaillent par la pratique des quatre vertus cardinales, amour de la patrie, justice, charité et chasteté, à se délivrer et à éveiller chez les autres le désir de la délivrance. L'ordre du Gral a son symbolisme, sa bannière blanche sur laquelle figure un beau jeune homme personnifiant le trépas.

Quant à la délivrance, c'est par la destruction du vouloir vivre individuel que l'homme y parviendra ; le but de l'humanité doit être l'extinction de la force du monde ; sans doute, d'après l'hypothèse de Mainlænder sur l'affaiblissement graduel de cette force, le monde doit périr de même que l'homme doit mourir ; mais, en attendant la mort, l'individu souffre et le monde aussi. L'humanité doit hâter la fin du monde, comme l'individu doit hâter sa propre fin. Ici Mainlænder se sépare de Schopenhauer qui, sans condamner le suicide comme immoral, le déconseille du moins comme inefficace parce qu'au-dessus de l'individu, il admet l'existence de l'espèce que le suicide individuel ne saurait atteindre et parce qu'il tient pour la palingénésie et la permanence des forces. Mainlænder n'a ni ces doctrines, ni ces scrupules : « Seuls, dit-il, des hommes froids, sans cœur ou emprisonnés dans les dogmes, peuvent condamner l'homme qui se donne la mort. C'est un bien pour tous, que notre main puisse doucement nous ouvrir une porte par laquelle, quand la chaleur nous est devenue insupportable dans la salle étouffante de la vie, nous avons le moyen d'entrer dans la nuit tranquille de la mort. »

Le suicide est donc permis, il est même conseillé comme méritoire et la biographie de Mainlænder, que nous esquisserons tout à l'heure, nous le montrera prêchant par son exemple cette funeste doctrine. La virginité volontaire qui empêche la propagation de la volonté individuelle par la procréation, et le suicide qui détruit les individus, tels sont les procédés de libération. Mainlænder ne reconnaissant d'existence qu'aux individus, il lui suffit de les détruire pour passer du Dieu existant au non être auquel ce Dieu aspire.

Du reste cette aspiration au néant n'empêche pas le progrès ; l'humanité marche vers le néant, mais de même que le développement de l'homme le conduit à comprendre la vanité du vouloir vivre, de même le monde arrivera à un état de paix et de justice qui le conduira à comprendre la supériorité du non-être et à vouloir la mort. Mainlænder ose même calculer la durée de cette période finale de l'humanité et, en prenant pour base les périodes précédentes et en tenant compte de l'accélération du mouvement, il lui assigne une durée de mille ans.

Toutes ces rêveries, qui n'ont de philosophique que le sujet sur lequel elles s'égarent, se rattachent d'ailleurs à des idées religieuses et Mainlænder, qui se flatte de fonder scientifiquement l'athéisme, est, en même temps, à l'en croire, profondément chrétien. Il est vrai que Mainlænder, qui voit dans toutes ces hypothèses une doctrine philosophique, décore du nom de christianisme les plus étranges élucubrations. Encore faut-il signaler sa préoccupation de rattacher ses efforts à la religion chrétienne, son besoin instinctif d'autoriser ses conceptions bizarres en les appuyant sur des textes évangéliques.

Au fond, son Dieu est mort en se morcelant pour donner naissance au monde, et voilà pourquoi Mainlaender est athée, puisqu'il nie la divinité personnelle (*Göttheit*) qui correspond au transcendant, mais sa philosophie retrouve Dieu (*Gott*) dans le monde; elle prétend même expliquer les dogmes les plus mystérieux du christianisme et notamment le mystère de la sainte Trinité. Dieu, le père, est transcendant, le fils est immanent; il est le monde, né du père, mais remplaçant le père qui est mort dès que le fils a commencé à vivre. Quant à l'esprit, c'est le devenir, c'est le mouvement du monde vers son but. L'esprit est ainsi plus grand que le fils, plus grand que le père et voilà pourquoi si les péchés contre le père et contre le fils peuvent être pardonnés, ceux contre l'esprit sont irrémissibles (1).

Malgré ses tendances religieuses, Mainlaender affirme que les religions sont aujourd'hui impuissantes. Le christianisme a achevé son œuvre, la science a remplacé la foi, la croyance. « La philosophie pessimiste sera pour la période historique où nous entrons ce que la religion chrétienne a été pour la période qui finit. »

On ne fera croire à personne qu'un pareil assemblage de suppositions gratuites ait le moindre caractère scientifique; comment ne pas voir, dans l'apparition de pareils systèmes, la revanche de l'esprit religieux comprimé et méconnu, une sorte de végétation parasite et monstrueuse qui reste comme l'affirmation maladive d'un besoin non satisfait?

---

(1) Math., xii, 32; — Marc, iii, 29; — Luc, xii, 10. Edouard de Hartmann a aussi proposé son explication du mystère de la trinité. Le père pour lui, c'est l'inconscient, le fils, c'est l'humanité, l'esprit reste le principe immanent universel.

Nous ne voulons pas nous attarder à discuter le système de Mainlænder qui reporte le monisme avant le commencement de l'évolution du monde, nous ne voulons pas critiquer le moyen par lui proposé pour supprimer la volonté du monde ; la virginité soigneusement conservée par ceux qui constituent l'élite intellectuelle de l'humanité, ne conduirait-elle pas, par une sélection naturelle, à un redoublement d'intensité de cette volonté qu'il s'agit de détruire ? Nous ne signalerons pas davantage ce qu'a d'invraisemblable l'hypothèse de la diminution graduelle de la force dans le monde par le fait de son émiettement, hypothèse qui semble en contradiction positive avec la grande loi de la conservation de la force. Des élucubrations comme celles de Mainlænder n'ont rien de scientifique, ce sont des phénomènes curieux à noter comme preuve de la persistance des besoins métaphysiques et de l'impuissance des meilleurs esprits à les satisfaire par leurs propres forces.

Au point de vue psychologique, si nous cherchons à éclairer la doctrine de Mainlænder par l'étude de sa biographie, nous découvrons des lumières inattendues. Ce pessimiste naît dans un milieu de névropathes, ses parents sont d'une piété exaltée (1), sa grand'mère maternelle, après s'être livrée au mysticisme, meurt à trente-trois ans d'une fièvre nerveuse (2) ; son frère aîné d'un caractère inquiet

---

(1) Le père de Mainlænder était luthérien ; sa mère était calviniste.

(2) Cette aïeule maternelle de notre philosophe ayant perdu son plus jeune enfant, en était venue à se juger coupable d'imprévoyance,

finit par aller aux Indes où il voulut se convertir au bouddhisme; empêché de le faire par différents obstacles, il usa son existence dans des luttes intérieures et mourut à vingt-quatre ans en revenant de Calcutta.

Il est impossible d'en douter, Mainlænder a été influencé par ces détraqués. Voici ce que nous savons de sa vie : Mainlænder est né le 5 octobre 1841 ; le nom sous lequel il est connu est un nom de fantaisie qui rappelle que Philippe Batz (c'est là son véritable nom) a vu le jour sur les bords du Mein. Son père dirigeait une usine importante à Offenbach (1) ; frappé des heureuses dispositions du jeune Philippe, il lui procura une éducation aussi complète que possible. Il fit d'abord ses premières études à Francfort, sous la direction du professeur Becker ; il fut ensuite envoyé à Dresde et confié aux soins de M. Helbig, professeur au gymnase de la *Kreuzschule*, dans la maison duquel il fut admis comme pensionnaire. Il reçut là, soit au gymnase, soit à l'académie de commerce (*Handelsacadémie*) dirigée par Odermann, une éducation à la fois professionnelle et classique complétée par la fréquentation de la meilleure société de Dresde et les affectueux conseils de ses maîtres dont il savait se faire aimer.

Le commerce ayant peu de charmes à ses yeux, il aurait voulu servir dans la marine ; il dut renon-

à s'accuser maladivement, et elle ne put recouvrer le repos que dans les austérités religieuses et dans les pratiques de la plus ardente charité. V. *Revue philosophique*, t. XIX, p. 630.
(1) C'est une ville industrielle de 30,000 habitants.

cer à ce projet qui contrariait vivement sa mère. A dix-sept ans il fut envoyé à Naples où il consentit à faire son apprentissage commercial, sans renoncer cependant aux lettres qui plaisaient à son imagination ardente et à sa sensibilité un peu maladive (1); il était poète et c'est à Naples qu'il commença une trilogie publiée plus tard (2) sous ce titre *les derniers des Hohenstaufen*. C'est également sous le ciel bleu de Naples qu'il commença à se livrer aux spéculations philosophiques. Le hasard fit tomber entre ses mains, dans la boutique d'un libraire, les œuvres de Schopenhauer. Il les dévora avec une incroyable avidité et cette lecture fit de lui un partisan convaincu des théories pessimistes.

C'est alors que l'étude des questions sociales s'imposa à son attention. De 1869 à 1872, il travailla à Berlin, dans une maison de banque; nous le retrouvons en 1873 et 1874 à Offenbach occupé à écrire son grand ouvrage. A trente-deux ans, il s'engagea dans un régiment de cuirassiers, par scrupules de conscience, pour se punir d'avoir bénéficié d'une exemption légale. Libéré du service militaire, il revint à Offenbach; le premier volume de *la philosophie de la rédemption* était achevé. En quelques mois d'un travail acharné, il composa les essais qui ont paru plus tard en livraisons et forment la suite du premier volume et écrivit son autobiographie. Tout en se livrant à ce labeur écrasant, Mainlænder

---

(1) Son impressionnabilité était telle qu'un jour, à Sorrente, il fut fasciné par la mer à ce point qu'il eût trouvé la mort dans les flots sans l'intervention d'un ami qui l'arracha à ses rêveries.

(2) En 1876.

surveillait l'impression de son premier volume et se préparait à mourir esclave du prétendu devoir que son imagination lui avait imposé. Il a tenu à conformer sa conduite à ses doctrines et, après avoir donné à sa sœur Minna, qui l'avait souvent aidé dans ses travaux (1), toutes les indications relatives à la publication de ses manuscrits, le jour où il reçut de son imprimeur le premier exemplaire de *la philosophie de la rédemption*, il se pendit (31 mars 1876).

Mainlænder avait alors trente-quatre ans. C'était un esprit généreux et ses œuvres, qui ne manquent pas de valeur au point de vue littéraire, respirent je ne sais quel enthousiasme qui séduit et entraîne. Son pessimisme ne se trouve motivé par aucune de ces épreuves douloureuses sous lesquelles succombent parfois les forces humaines ; Mainlænder avait tout ce qu'il fallait pour couler doucement ses jours et c'est évidemment une prédisposition personnelle qui l'amène à la conviction de la misère de l'être et par là aux théories pessimistes. Il semble, et c'est en cela que les faits d'hérédité rappelés ci-dessus présentent quelque intérêt, il semble que la tendance pessimiste, cette disposition à voir surtout dans la vie les douleurs, les misères, les ennuis, provienne d'un défaut d'équilibre dans les facultés. Plusieurs des faits notés dans la biographie de Schopenhauer viennent à l'appui de cette thèse ; toutefois, par une

(1) Le drame des Hohenstaufen a été publié sous la signature P.-M. Mainlænder qu'il faut lire Philippe et Minna Mainlænder. Voir Guyau, *l'irréligion de l'avenir*, Alcan, 1887, et dans *la Revue philosophique*, t. XIX, p. 628, un article de M. L. Arréat qui a reçu sur Mainlænder des renseignements inédits précieux.

inconséquence qu'explique un autre trait de son caractère, Schopenhauer, tout pessimiste qu'il fût, est mort plein de jours, mais la courte vie de Mainlænder et la catastrophe qui la termine, montrent bien l'influence des théories pessimistes sur un caractère dominé par l'idée du devoir, dans lequel l'esprit sarcastique de Schopenhauer est remplacé par une inflexible logique. Schopenhauer vieillit sans rien négliger de ce qui peut faire le charme de la vie, il a soin de combiner les conditions du grand anéantissement final de manière à le rendre impossible au moins tant qu'il sera là pour y prendre part et je n'oserais pas affirmer qu'entre amis il n'ait jamais souri de son hypothèse d'anéantissement collectif. Mainlænder plus consciencieux, plus conséquent, incontestablement supérieur à Schopenhauer par le caractère, est logiquement acculé à ce gouffre du suicide que Schopenhauer avec son bon sens pratique avait du moins essayé d'éviter, mais auquel, quoi qu'il puisse prétendre, mène fatalement sa doctrine. On peut juger par là des ravages que feraient chez les esprits élevés les doctrines pessimistes, si elles venaient à s'imposer à eux.

Julius Bahnsen, bien que ses ouvrages (1) soient plus bizarres qu'agréables, est peut-être le talent le plus original et le plus remarquable dont l'école de Schopenhauer puisse s'enorgueillir ; il est, en même temps, l'un de ceux qui ont poussé le plus loin le pessimisme théorique et pratique.

(1) *Zum Verhæltniss zwischen Wille und Motiv*, 1870 ; — *Zur Philosophie des Geschichte*. Berlin, 1872. — *Der Widerspruch in Wissen und Wesen des Welt*, 2 vol. Leipzig, 1880-1882.

Il modifie sensiblement la doctrine du maître, et d'abord il s'inquiète plus de la multiplicité qui le frappe dans le spectacle du monde que de l'unité substantielle et remplace l'idéalisme subjectif de Schopenhauer, par un réalisme transcendantal assez vaguement indiqué. Ce qui donne à son système son caractère propre, c'est précisément l'exagération de son pessimisme. Il prend naissance dans cette idée fondamentale qui, après avoir fait de la volonté l'essence du monde, admet que cette volonté, sur chaque point et dans chaque être, va se divisant elle-même et se déchirant perpétuellement. L'existence, le monde, tout est illogique, inharmonique ; partout une lutte stérile et perpétuelle. L'homme, au milieu de cette nature antilogique, ne sait où se prendre, nulle part il ne trouve à appliquer sa faculté logique de penser et théoriquement il lui est impossible de connaître le monde et de satisfaire la légitime curiosité qui le dévore. Partant rien à espérer, pas même ce transitoire soulagement résultant d'une jouissance esthétique ou intellectuelle toute chimérique. Car la science n'est qu'un perpétuel avortement, un effort inutile pour triompher des contradictions antilogiques qui écrasent l'intelligence humaine. Quant à la contemplation esthétique, la seule espèce de plaisir pur conservée par Schopenhauer, il ne saurait plus en être question puisque, d'après Bahnsen, l'ordre intellectuel et le plan harmonieux sont totalement absents de l'univers dans lequel ne se manifeste aucun bien logique. L'esprit logique du philosophe ne peut donc trouver que de nouvelles souffrances dans l'observation du monde et dans la contemplation des créations de l'art.

Comment sortir de cet enfer? Bahnsen, et c'est peut-être ce qu'il y a de plus raisonnable dans son système, raille comme un leurre toute pensée de délivrance par un impossible anéantissement individuel ou collectif; le vouloir est éternel, éternelle aussi la douleur qui en est la nécessaire conséquence. « Aussi loin que nos sens, notre poursuite, nos recherches, notre pensée, notre défrichement spéculatif (*Grübeln*) s'étendent, nous ne découvrons dans le monde que gémissement et nulle perspective de délivrance. »

On ne saurait aller plus loin, nous avons là le pessimisme le plus radical : Bahnsen est un désespéré qui se jette tête baissée dans le *misérabilisme* absolu.

Au reste, rien de plus stérile, comme doctrine, que le pessimisme. Les disciples de Schopenhauer ou bien abandonnent franchement cette partie de ses enseignements, ou substituent plus ou moins adroitement à son pessimisme un optimo-pessimisme qui se transforme parfois en un honteux matérialisme. S'ils restent pessimistes, c'est pour échouer, comme Hellenbach, dans les jongleries du spiritisme, ou pour se perdre avec Mainlænder dans l'illusion de la rédemption par la virginité et aboutir au suicide. Si c'est encore par les fruits qu'une doctrine doit être jugée, quelques années auront suffi pour condamner le pessimisme.

Que l'on ne dise pas que nous exagérons, que nous abusons de certains faits pour justifier une condamnation préconçue. Nous n'avons encore étudié que la théorie, que serait-ce si nous descendions dans la pratique ! Nous entendons si peu abuser des faits particuliers que nous n'insisterons même pas sur certaines révélations relatives aux pratiques infâmes qui paraissent avoir été, à Berlin, la conséquence des théories pessimistes et des rêves de libération par la chasteté. Les philosophes allemands qui, après avoir nié la liberté, l'âme et Dieu, prêchent ensuite la continence, peuvent s'ils le veulent, voir de leurs yeux à quel bourbier conduit ce qu'ils prétendent être le remède suprême et la rédemption de l'humanité. Schopenhauer a bien vanté sa théorie de l'amour, sa *perle*, il n'a pas même compris que le mariage avec ses charges était comme la rançon de l'amour, qui ennoblissait le plaisir en le transformant en devoir. La continence sans la sainteté qui substitue d'autres devoirs et d'autres dévouements plus élevés aux devoirs et au dévouement de l'épouse et du père, c'est le plaisir conservant ses droits quand la génération perd les siens. « La chasteté des cœurs qui ne sont pas chastes, c'est le vice sans nom (1) », et dût la prude Germanie en rougir, on en peut trouver la preuve à Berlin.

Partout, au reste, le pessimisme, qui n'est qu'une erreur, produit, comme toute erreur, des fruits mauvais et ajoute de nouveaux maux à ceux que ses partisans énumèrent si complaisamment pour justifier leurs étranges doctrines.

L'Allemagne a revêtu le pessimisme d'une forme

---

(1) M. Caro, *le Pessimisme au* XIX*e siècle*, p. 245.

scientifique, elle l'a comme intimement mêlé à ses conceptions philosophiques en donnant là une preuve de la tendance systématique qui caractérise son génie. Le peu de valeur rationnelle de ces efforts explique l'indifférent mépris des philosophes et les résistances de l'enseignement des universités (1), comme la disposition générale des esprits préparés par cette sorte de scepticisme philosophique, conséquence du criticisme à outrance, explique la vogue, le succès, l'influence des apôtres du pessimisme sur leurs contemporains. Les philosophes peuvent bien mettre en évidence les contradictions de leurs

(1) Les doctrines de Schopenhauer ne paraissent pas avoir pénétré dans l'enseignement cependant si varié des universités allemandes, peut-être se vengent-elles, par leur dédain, des sarcasmes du philosophe de la volonté. Toujours est-il que la philosophie de Schopenhauer, qui a inspiré des poètes et des romanciers, qui a eu, en Allemagne, un incontestable succès de vogue, d'opinion, qui a exercé une réelle influence même sur les nations voisines, qui restera comme un fait considérable dans l'histoire de l'esprit humain, n'est pas enseignée en Allemagne. Ce système, malgré la célébrité qu'il a value à son auteur, est repoussé par les savants comme entaché du plus pur arbitraire. Schopenhauer dans ce pays d'outre-Rhin, où les chaires sont si nombreuses, où les professeurs pullulent, Schopenhauer ne voit ses conceptions enseignées nulle part. Son influence est plus sensible dans le monde des lettres et des artistes, mais « le succès que ses idées ont obtenu vers la fin de sa vie n'a pas gagné le monde universitaire, et l'on sait avec quelle amertume le philosophe s'en est plaint. Aujourd'hui de Hartman, Dühring, Bahnsen rencontrent dans les universités une assez grande indifférence. Les philosophes de profess on semblent presque les considérer comme des amateurs ; s'ils prononcent, dans leurs cours, le nom d'un des pessimistes à la mode, c'est ordinairement pour en faire une critique ironique. » H. Lachelier, *l'Enseignement de la philosophie dans les universités allemandes, Revue phil.*, t. XI, p. 156. Voir Howison, *Aperçus sur la philosophie allemande contemporaine*, dans *The journal of speculative Philosophy*, 1882, 2ᵉ semestre.

systèmes, mais ils sont impuissants à essayer une explication du grand problème de la douleur. Or ce problème, il s'impose de nos jours, il s'impose de plus en plus. Car au nom de la science, et devant ce mot, la science, tout s'incline aujourd'hui, au nom de la science, ceux qui prétendent guider l'humanité dans les voies de la sagesse, ceux qui veulent former les générations naissantes et préparer l'avenir, affirment que la solution chrétienne, dont on s'est longtemps contenté, doit être rejetée comme une de ces illusions qui peuvent en imposer à des peuples enfants, mais qui s'évanouissent à l'apparition éclatante de la vérité. Et cependant jamais peut-être le monde n'a souffert davantage ; jamais la complication d'une civilisation où se heurtent les aspirations les plus contradictoires, jamais les déceptions inattendues des espérances en apparence les plus légitimes, jamais les raffinements d'une sensibilité accrue par une incessante et impitoyable analyse, n'ont autant multiplié les souffrances de toutes formes.

La volonté de Schopenhauer, le prétendu caractère négatif de la douleur, l'inconscient d'Edouard de Hartmann sont de pitoyables conceptions qui ne résistent pas à l'examen, leurs procédés de libération font sourire et ne peuvent, s'ils sont pris au sérieux, et transportés dans le domaine des faits, qu'augmenter les maux de l'humanité en augmentant la misère morale ; mais du moins Schopenhauer, Edouard de Hartmann affirment le malheur de l'homme, ils constatent l'irrémédiable misère de la vie ; ils déchargent d'ailleurs l'homme de toute responsabilité dans ce résultat, ils font de lui une victime innocente (1) et flattent même son orgueil en lui laissant entrevoir que son génie, après avoir enfin clairement pénétré l'énigme de son malheur, saura, par ses seules lumières, opérer un jour, lui-même et malgré Dieu, sa rédemption. Quoi d'étonnant qu'une partie de l'Allemagne se tourne vers eux et que, malgré la réserve dictée par la raison, elle salue de ses applaudissements sympathiques ces esprits qui souffrent des mêmes maux qui l'accablent, les comprennent, les exagèrent même et en font le prétexte de ces hardies conceptions, de ces vastes systèmes philosophiques si conformes au caractère de son génie ?

D. — LE PESSIMISME EN RUSSIE

Transportées dans un autre milieu, cultivées par d'autres races, les théories pessimistes conduisent à d'autres résultats. La Russie touche l'Allemagne ;

(1) Voici comment Rosenkranz (*Wissenschaft der logischen Idee*) explique le succès du pessimisme de Schopenhauer : « Schopenhauer n'aurait pas pris tant d'empire sur ses contemporains s'il n'avait eu le courage de railler et de mépriser ouvertement l'existence et de mêler une ironie douloureuse à la mélancolie tranquille du bouddhisme. Ce qui l'a rendu le favori de tous les allemands blasés et las du monde, c'est le ton sarcastique avec lequel il tourne le monde en ridicule, n'y voyant qu'un mensonge réalisé, une anarchie constituée. La conviction énergique avec laquelle Schopenhauer accable toute existence de sa pitié est le charme qui lui a conquis tant d'esprits découragés... Ceux qui ont été déçus dans leurs espérances, qui ont été précipités par leurs passions dans la banqueroute physique trouvent un repos infini à pouvoir s'abriter sous l'autorité d'un grand philosophe pour déclarer que l'univers vide de Dieu est une mauvaise plaisanterie. Cette conception les dispense du remords des folies passées et de la vaillance qu'exige le travail. »

c'est un étrange pays, à la fois civilisé et barbare, où les rêves et les illusions d'une race jeune coexistent avec les marques les moins contestables d'une décrépitude qu'on croirait propre aux civilisations vieillies. Le pessimisme en Russie, chez un peuple à la fois pratique et rêveur, est promptement devenu le nihilisme.

Il nous reste beaucoup à apprendre sur les Russes et ce n'est pas sans quelque appréhension que, mal renseigné comme nous le sommes, nous nous risquons à porter un jugement sur ce qui se passe dans leur mystérieux pays. Les observateurs les mieux placés pour bien voir ont constaté à la fois l'intensité du sentiment religieux dans le cerveau russe et les étranges déviations, conséquences du défaut de satisfaction légitime de ce sentiment impérieux. De là la multiplicité des sectes en Russie; leur nombre, la diversité de leurs pratiques, l'incohérence de leurs doctrines attestant la persistance du sens religieux, comme les monstruosités attestent l'existence et l'énergie des forces naturelles qui même contrariées dans leur action ou accidentellement privées de leur but légitime, n'en travaillent pas moins, sauf à ne rien produire d'utile.

La Russie n'a jamais été bien profondément convertie au christianisme; la facilité même avec laquelle cette conversion s'est opérée, à la fin du x⁰ siècle, à la suite du mariage de Wladimir avec la princesse Anne, sœur des empereurs grecs Basile II et Constantin IX, est un fait historique. C'est de Constantinople que la Russie avait reçu la foi, elle se trouva ainsi engagée dans le schisme de Michel

Cérulaire, dont l'expérience constate la stérilité. On sait la misère intellectuelle et morale du bas clergé russe, l'impuissance du haut clergé. En fait, l'autorité universellement acceptée du czar ne réussit pas, malgré les supplices, à maintenir l'unité dogmatique chez la nation peut-être la plus religieuse et certainement la plus respectueuse de l'autorité quelle qu'elle soit.

Il n'entre pas dans le cadre de ce travail de jeter un coup d'œil même rapide sur les sectes russes (1), les documents exacts manquent d'ailleurs sur la plupart d'entre elles et cependant les pratiques de quelques-unes font involontairement penser aux procédés de libération préconisés par Schopenhauer, Hartmann ou Mainlænder. Pourquoi les *Morelstschikis* se tuent-ils les uns les autres? Est-ce dans l'espoir d'une récompense céleste? est-ce pour mettre fin à une vie dont ils ont reconnu l'irrémédiable misère? L'ignorance complète où l'on est des véritables croyances des *Morelstschikis* qui ne révèlent de temps à autre leur existence que par l'épouvantable scandale de leurs immolations collectives (2), ne permet pas de répondre avec assurance

---

(1) Voir, sur les sectes russes, le Baron Auguste de Hasthausen, *Etudes sur la situation intérieure, la vie nationale et les institutions rurales de la Russie*, 1847, Hanovre, Hahn. — Anatole Leroy-Beaulieu, *l'Empire des tsars et les Russes*, Revue des deux mondes, 1er juin 1875, — *le Sentiment religieux en Russie*, Revue des deux mondes, 15 avril 1887.

(2) Ces immolations sont affirmées, m'assure-t-on, par des voyageurs dignes de foi comme Pallas, Gmelin, Leponchin ; toutefois n'ayant pas leurs ouvrages à ma disposition, il ne m'a pas été possible de contrôler leurs témoignages. Mais voici un fait précis. Il y

à cette question. Cependant les pratiques en usage dans d'autres sectes russes, celle des *Klysty*, des *Skakomg* et des *Skoptsy* qui interdisent ou restreignent tout au moins la génération, semblent indiquer que l'horreur de la vie, l'amour du néant sont des idées répandues en Russie.

Les *Klysty* ou flagellants se marient peu et ont des affinités mal connues mais certaines avec la secte des *Scoptsy* ou mutilés dans laquelle ils passent souvent comme à un degré plus élevé de perfection. Les *Scoptsy* se mutilent volontairement pour rendre impossible la procréation des enfants. Ils sont assez nombreux en Russie et très ardents à recruter des prosélytes (1). Presque tous les changeurs et les orfèvres de Saint-Pétersbourg, d'Odessa, de Riga, de Moscou, de Kief, de Kasan, sont des *Scoptsy* et la docilité avec laquelle ils se soumettent à la cruelle opération qui leur a valu leur nom témoigne éloquemment de leur aversion pour la vie qu'ils s'efforcent ainsi de tarir dans sa source (2).

a quelques années, dans une terre située sur la rive gauche du Volga et appartenant à un M. de Gonrieff, des *Morelstschikis* qui l'habitaient se réunirent pour s'entre-tuer à coups de couteaux. Quarante-sept cadavres gisaient à terre et deux meurtriers seulement étaient encore debout, quand on accourut d'un village voisin sur l'avis donné par une jeune femme qui, au dernier moment, avait fini par échapper à l'immolation commune. Voir, à propos de ce fait et d'autres semblables, *le Tour du monde*, 1869, 1er semestre, p. 307.

(1) Dans certaines parties du gouvernement d'Orel, les *Scoptsy* forment des villages entiers ; quelques-uns se marient, mais dès qu'ils ont un enfant, ils se soumettent à la douloureuse opération imposée à tous les adeptes.

(2) Cette étrange secte des *Skoptsy* n'est pas ancienne, elle a fait son apparition en Russie vers 1770 ; son fondateur André Séliva-

On peut, toutefois, imputer ces horreurs à des aberrations religieuses et les expliquer par le fanatisme, tandis que l'observation conduit à rattacher aux théories pessimistes le nihilisme russe.

Le nihilisme, comme fait, est bien connu par les crimes retentissants qu'il a suscités, on connaît moins son origine. Le nihilisme n'est pas autre chose, quelque étrange que paraisse cette affirmation, que le pessimisme traduit en actes, par des individus ardents et faciles à entraîner. Il est la conséquence des enseignements philosophiques de l'Allemagne. Le russe est religieux par nature ; le jour où, dans une partie de la population, les croyances dogmatiques, mal défendues par un clergé inférieur à sa mission, ont disparu complètement, la place laissée vide par la foi chrétienne a été occupée par l'esprit d'utopie et les rêveries socialistes. Le russe s'est jeté dans les entreprises révolutionnaires, comme il se jette dans les mille sectes qui pullulent en son singulier pays. Le nihilisme est devenu une religion, religion sans autre raison d'être que la constatation des maux qui accablent l'humanité, sans autre précepte qu'une aveugle destruction de tout ce qui existe. Les déceptions, suite d'une civilisation hâtive et superficielle, les souffrances résultant pour des esprits foncièrement religieux de la perte de toute croyance, tout, jusqu'aux rigueurs de la

---

nof est mort âgé de cent ans, en 1832. La mutilation des Scoptsy est un acte d'ascétisme par lequel ils entendent s'élever à un degré suprême de pureté et délivrer l'humanité des souillures du péché originel qui n'aurait été que l'union charnelle de nos premiers parents.

répression, contribua à activer le mouvement. La plupart des nihilistes sont des étudiants qui ont manqué leurs examens ou que la misère a chassés des universités, des maîtres d'école aigris, de petits employés mourant de faim, des lieutenants et des sous-officiers trompés dans leurs ambitions. Les idées pessimistes ont envahi ces cervelles et du pessimisme au nihilisme il n'y a qu'un pas (1). Le nihilisme recrute ses plus hardis partisans parmi les déclassés de toutes sortes aux yeux desquels avaient miroité d'irréalisables espérances, qui attendaient de certaines réformes des résultats immédiats, alors que la perte de leurs illusions suffirait à empirer leur situation et à exaspérer leurs souffrances continuées. Serfs, affranchis, fils de popes riant des croyances de leurs pères, étudiants écrasés par une noblesse qu'ils jalousent, forment les inépuisables réserves de l'armée nihiliste qui compte dans ses rangs une jeunesse exaspérée par un régime de fer, désespérant de sortir jamais de l'oppression par les moyens légaux et rêvant l'anéantissement de tout ce qui existe comme le seul moyen de salut. La femme elle-même cède à ces entraînements et il était réservé à la Russie de créer ce type de l'étudiante, de la théoricienne sans sexe (2) avec laquelle

---

(1) V. Tissot, *Russes et Allemands*, 1884, Dentu, p. 40.

(2) Voici un passage d'une lettre adressée à la Gazette de Moscou, organe conservateur, par un vieux russe et citée par Victor Tissot (*Russes et Allemands*, p. 72). « Que doit-on dire de l'éducation de notre jeunesse ? Les gens intelligents élèvent leurs fils et leurs filles à la manière des occidentaux. Dès l'âge le plus tendre, l'enfant balbutie des vers français, allemands et anglais ; il ne sait pas son Pater. Les classes populaires végètent dans une ignorance

nous ont familiarisé certains de ses romanciers. Si Mainlænder était né en Russie, il eût été nihiliste militant et probablement l'ordre du Gral aurait été une nouvelle secte. Ceux que l'on a appelés les pères du nihilisme, ceux qui ont sinon créé, du moins excité ce mouvement des esprits en profitant des circonstances favorables et des dispositions de l'opinion, les Herzen, les Bakounine, les Tchernyschewski ont tous puisé leurs inspirations dans la philosophie allemande, leur œuvre est comme la transposition de celle de Schopenhauer ; ceci vaut la peine d'être précisé.

Le nihilisme n'a pas à proprement parler de doctrine, mais sa base est incontestablement la négation universelle. Or cette négation est la conséquence du criticisme qu'entraîne « la confusion systématique des qualités et de la substance ; des phénomènes et de l'être, c'est-à-dire la destruction de l'être, et par conséquent des êtres. Rien donc n'existe substantiellement, ni Dieu, ni ce

---

absolue sans s'inquiéter du sort réservé à leur progéniture, tandis que des instituteurs sapent la morale dans des écoles de village. Notre vie de famille menace de disparaître. Arrivés aux dernières classes de leur école ou de leur institution, les enfants n'ont plus que des sentiments de pitié pour la faiblesse intellectuelle de leurs vieux parents ; ils vont jusqu'à rire de leurs ridicules. Des jeunes filles de 16 à 17 ans se mettent en quête d'un travail indépendant et se plongent jusqu'au cou dans le mystère des sciences naturelles. Tout ce que la sainte pudeur tenait caché au jeune âge, la vierge moderne l'épelle et l'analyse avec l'habileté d'un savant spécialiste. Elle ne s'inquiète pas du rôle que Dieu lui a assigné dans sa création. Les devoirs lui sont étrangers. Elle réclame seulement des droits qui la rendent l'égale de l'homme, sans pouvoir expliquer la nature et la raison de ces droits. »

monde, ni vous, ni moi; tout se résout en phénomènes, en abstractions, en mots », et on arrive ainsi à « un nominalisme absolu, lequel n'est pas autre chose qu'un absolu nihilisme » (1). Nous avons entendu Schopenhauer exagérer ainsi le phénomène et transformer le monde entier en une représentation vide de réalité, nous retrouvons les mêmes théories dans les œuvres d'Alexandre Herzen, celui qui s'est peut-être le plus préoccupé de donner une forme rationnelle et doctrinale aux théories que le nihilisme entend faire sortir du principe de négation universelle qui légitime, aux yeux de ses adeptes, la destruction complète de l'ancien monde. Or Alexandre Herzen, c'est là un fait constant, s'est nourri des enseignements de Hégel, son œuvre procède directement de la philosophie allemande.

J'en puis dire autant de Michel Bakounine plus connu que Herzen parce qu'il a provoqué le nihilisme militant, Bakounine auquel Herzen écrivait : « Toi tu t'élances en avant comme autrefois avec la passion de la destruction que tu prends pour une passion créatrice; tu brises tous les obstacles, tu ne respectes l'histoire que dans l'avenir. » C'est lui qui est considéré comme le véritable fondateur du nihilisme, au moins sous la forme brutale et violente qui a attiré sur lui l'attention. Obligé de quitter la Russie après avoir abandonné l'armée à la suite de certains passe-droits qui l'avaient exaspéré, il vint à Dresde et s'y livra avec passion à l'étude de la philosophie hégélienne. Il devint bien-

---

(1) Victor Cousin, *Philosophie de Locke*, 4ᵉ édit., Paris, 1861, sixième leçon, p. 157.

tôt l'ami et le collaborateur d'Arnold Rugé, un hégélien convaincu, rédacteur des *Halleschen Jahrbücher* (1).

Mais c'est surtout dans les œuvres de Tchernyschewski que l'on constate l'influence évidente des doctrines pessimistes allemandes. Traducteur de Stuart Mill, Tchernyschewski a mis un réel talent au service de l'erreur nihiliste à laquelle il s'efforce de donner une forme scientifique. Il a rapidement conquis une grande autorité sur les jeunes gens instruits, ses écrits répondent à leurs aspirations intimes. Ils y retrouvent le développement des doctrines matérialistes de Feuerbach, de Buchner, avec lesquelles les a familiarisés l'enseignement des universités et un écho des théories pessimistes de Schopenhauer et de Hartmann, qui sont avidement goûtées par tous les désenchantés si nombreux dans ce pays où les uns cherchent le bonheur dans le passé et dans un retour aux vieilles coutumes, les autres dans l'avenir et dans l'acceptation de plus en plus complète de la civilisation occidentale, où tous gémissent du présent et souffrent d'une lutte perpétuelle entre des tendances opposées. Il serait facile de multiplier les preuves de ce sentiment d'impuissance qui pèse sur la Russie, condamnée à un perpétuel avortement, trop civilisée pour se plaire dans ses mœurs antiques, trop russe pour se trouver

---

(1) Dans un article de ce recueil, Bakounine affirme que « la jouissance de la destruction est une active jouissance ». On connaît le programme présenté par lui au congrès de Berne : l'abolition de l'état, de l'héritage, du mariage, l'égalité absolue des individus, la substitution de la science à la foi et de la justice humaine à la justice divine, en forment les traits principaux.

bien d'une civilisation étrangère toute de surface. « Le passé de la Russie est vide, son état présent insupportable, son avenir sans issue », tel est le résumé que le colonel Tschadajow (1) faisait de la situation de sa patrie sous le régime despotique de Nicolas. Le poète Lermontow n'était pas moins désespéré : « Je considère notre génération avec douleur; sombre et vide est son avenir. Notre génération vieillira dans l'inaction, elle sera paralysée par le doute, et sa science sera stérile. Nous ressemblons à des fruits qui ont poussé trop vite et qui tombent au moment où ils devraient mûrir. Nous nous avançons sans gloire vers notre tombe, et avant d'y descendre, nous jetons à notre passé un regard de mépris. Nous traversons la vie comme une masse silencieuse et morne qui sera bientôt oubliée; et nous ne laisserons à nos successeurs ni une idée utile, ni une œuvre de génie. »

A la mort de Belinski, en 1851, Granowski s'écriait : « Que Belinski est heureux d'être mort à temps ! Des forts sont tombés dans le désespoir et regardent avec une nouvelle indifférence ce qui se passe autour d'eux. Oh ! comme on réduirait ce triste monde en poussière ! De sourds murmures se font partout entendre, mais où est la force? Combien est lourd le fardeau de notre vie (2) ! »

C'est bien là le langage des pessimistes, on croirait presque entendre Schopenhauer et cependant le pessimisme russe a un accent particulier. Scho-

(1) Lettre publiée en 1836 dans le *Télégraphe* de Moscou.
(2) Cité par J.-J. Honegger, *Russiche Litteratur und cultur*, Leipzig, 1881.

penhauer lui aussi veut détruire le monde, mais c'est par un acte de volonté, il ne songe pas à le réduire en poudre ; le Russe, lui, fait immédiatement appel à la force. L'Allemagne crée un système métaphysique, la Russie arme le bras de ses fanatiques et demande aux découvertes de la science moderne de l'aider dans son œuvre de destruction. Mais le nihilisme russe, c'est encore du pessimisme, il devait donc être mentionné dans cette étude. Nous sommes heureux de trouver la confirmation de nos vues sur l'origine du nihilisme russe dans un récent ouvrage de M. Funck-Brentano intitulé *les Sophistes allemands et les nihilistes russes*. Le savant auteur connaît à fond la philosophie allemande et le résultat de sa consciencieuse étude est l'affirmation de l'existence de liens étroits entre les penseurs allemands, entre leurs conceptions métaphysiques et le nihilisme russe. Le pessimisme allemand peut s'indigner de cette affirmation, il peut protester et désavouer ce rejeton compromettant. Sans doute le nihilisme n'est pas de tous points identique au pessimisme, une certaine attention est nécessaire pour distinguer, malgré les différences très apparentes, le lien réel qui le rattache directement à lui ; mais ces différences elles-mêmes se comprennent et s'expliquent, car le pessimisme allemand se trouve ici greffé sur le génie moscovite et qui ne sait que, malgré le résultat merveilleux de la greffe, la sève aspirée par les racines et transmise par la tige du sujet semble parfois influer sur la saveur et la qualité des fruits nouveaux qu'il s'étonne de porter.

CHAPITRE IV

LE PESSIMISME DANS LA FRANCE CONTEMPORAINE

L'esprit français, par ses qualités comme par ses défauts, semble réfractaire au pessimisme ; en parlant ainsi je place en première ligne, parmi nos qualités nationales, le sens pratique et l'énergie pour l'action. Le Français n'est pas rêveur et se trouve moins exposé que l'Allemand à se perdre dans les conceptions nuageuses. En même temps, parmi nos défauts, car nous en avons comme les autres peuples, je songe surtout à une certaine légèreté de race qui nous permet souvent de passer à côté des questions les plus graves sans nous en inquiéter, comme si elles n'existaient pas, ou ne devaient avoir aucune influence sur les décisions pratiques.

Je ne suis donc pas surpris que les philosophes français ne soient pas tombés, comme certains de leurs confrères allemands, dans le pessimisme théorique soi-disant scientifique. Les œuvres de Schopenhauer et d'Edouard de Hartmann sont connues en France, la plupart d'entre elles ont été traduites dans notre langue et, sans que le patriotisme y soit pour rien, les pessimistes allemands n'ont point, à proprement parler, de disciples ni d'émules en France.

Aurions-nous donc échappé complètement aux atteintes du pessimisme ? Pourrions-nous nous prévaloir de cette résistance à une influence morbide pour affirmer la vigueur de l'esprit français et la supériorité de notre race ? Ce serait témérité de notre part, et cette témérité ferait sourire nos voisins. Nous souffrons du même mal qu'eux, mais nous en souffrons autrement, ou plutôt le mal, chez nous, se manifeste par des symptômes différents. Ces différences doivent être soigneusement notées, car rapprochées de notre caractère national, elles peuvent nous aider à déterminer la nature même de ce pessimisme qui apparaît spontanément ou par voie de contagion sur différents points et qui, malgré la diversité de ses manifestations, doit avoir partout des causes identiques.

Or pour qui veut observer avec quelque attention, sans se laisser distraire par la multiplicité des symptômes différents, en France les traces du pessimisme apparaissent évidentes, çà et là, dans le monde des esprits. Le grand public, le gros de la nation sait à peine le nom de Schopenhauer, les masses ignorent ce que peut être le pessimisme, il préoccupe cependant justement ceux qui, bien placés pour voir les premiers, suscitent, par l'attrait de récompenses enviées, des études qui, à défaut d'autre mérite, ont du moins celui de porter toujours sur des sujets d'une réelle utilité (1). Dans les journaux, dans les revues, le pessimisme est, de temps en temps, l'oc-

---

(1) En 1886, l'Académie des sciences morales et politiques avait mis au concours le sujet suivant : « Exposer les principales théories du pessimisme qui se sont produites dans les temps modernes et les débats qu'elles ont suscités. S'appliquer surtout à dégager et

casion d'articles qui ont éveillé l'attention, et les plus incrédules sont aujourd'hui obligés de convenir que, malgré l'absence de prôneur en titre, sans qu'il puisse se réclamer d'un porte-drapeau autorisé, le pessimisme en France gagne du terrain, qu'il existe chez nous, sinon à l'état de doctrine s'affirmant et prétendant attirer à elle les intelligences par la force des raisonnements et la logique des démonstrations, du moins à l'état de fait assez général pour s'imposer aux méditations de ceux qui ne sauraient rester indifférents aux évolutions de l'esprit moderne.

Sous cette forme, en quelque sorte spontanée, les manifestations pessimistes, quoique moins éclatantes, moins décisives, sont plus inquiétantes peut-être que ne le serait la bruyante tentative de l'importation d'une doctrine étrangère. Elles témoignent, en effet, d'un état général des esprits, elles sont comme la résultante de ces causes multiples, incessamment agissantes et inconsciemment subies qui, en nous et malgré nous, viennent modifier sans cesse nos pensées les plus intimes. Rien de plus délicat que l'analyse de ces causes, et je n'étonnerai que ceux qui n'y ont jamais réfléchi, en avançant que nous connaissons peut-être mieux l'esprit du XVIIIe siècle, ses idées, ses erreurs, ses passions, que l'esprit de

---

à discuter les principes de ces théories; en constater les conséquences et en apprécier les résultats. »

Sept mémoires ont été déposés; l'Académie a accordé deux récompenses *ex æquo*, l'une à M. Léon Jouvin dont le travail vient d'être publié sous ce titre *le Pessimisme* (Paris, Perrin), l'autre à l'auteur du présent mémoire. MM. Henri Lauret et Léon Lescœur ont, en outre, obtenu une mention honorable.

nos contemporains, que le nôtre. Tant il est malaisé d'analyser l'atmosphère morale et intellectuelle qui nous enveloppe, dans laquelle nous croissons et nous vivons.

Or c'est précisément dans ce milieu ambiant que se manifestent les symptômes pessimistes. Ils abondent dans les productions littéraires modernes, dans les œuvres de ceux notamment qui ont le plus d'influence par leurs talents, leur autorité, leur succès sur la formation de l'opinion et l'orientation des jeunes esprits. Sans doute, le tout-Paris des premières n'est pas la France tout entière, ce n'est même pas le Paris complet, mais l'homme de lettres, l'artiste tiennent de plus en plus une place considérable dans la direction des esprits. Pour s'en convaincre, ne suffit-il pas de se demander qui aujourd'hui est écouté des jeunes gens, qui les attire, excite leur émulation, éveille leur ambition, dirige leurs efforts. A cet âge où l'adolescent n'est pas encore un homme, mais sent déjà s'agiter en lui toutes les virilités du corps et de l'esprit, à l'heure où sa jeunesse lui donne toutes les audaces et exalte sa puissance, à qui va-t-il demander sinon des leçons (la jeunesse ne les aime guère) du moins des inspirations et des exemples ? Ce n'est pas à ses maîtres ; malgré tous les efforts tentés pour les grandir aux yeux des enfants dont ils sont chargés de faire, à grands frais, des citoyens, les maîtres d'aujourd'hui, quelque capables et méritants qu'ils soient, voient leur autorité diminuer à mesure que la science de leur élève augmente. Interrogez-les ; s'ils sont sincères, ils gémiront de ce résultat, s'en étonneront peut-être, mais ne songeront pas à le contester. Avant d'être sorti du lycée, le rhétoricien a déjà jeté les yeux au dehors ; tout en expliquant péniblement ses classiques, il a lu ce qu'écrivent aujourd'hui ceux qui l'ont précédé sur les bancs qu'il aspire à quitter et alors même qu'il n'aurait pas prématurément acquis, par une dépravation précoce, une coûteuse expérience de ce que devrait encore à peine soupçonner sa chasteté, il ne songera guère à demander à ses maîtres la direction de sa vie. Et ces maîtres eux-mêmes, que sauraient-ils lui répondre si, par hasard, il s'adressait à eux ? quel est leur idéal ? Ne sont-ils pas tous plus ou moins mêlés à ces courants littéraires qui séduisent la jeunesse, dans lesquels elle se précipite, allant de suite plus loin qu'eux, parce qu'elle est plus téméraire ?

Mais à qui va-t-elle, cette jeunesse ?

Elle ne songe guère à écouter les parents, ces interprètes des traditions de famille si effacées de notre temps. Loin de demander des leçons à son père, c'est à peine si le jeune homme moderne sait encore lui conserver ce respect extérieur si difficile à concilier avec l'intime conviction de sa supériorité intellectuelle.

Ne lui parlez pas de l'église et du prêtre ; l'église, la jeunesse rêve peut-être de la séparer de l'état, en attendant qu'elle disparaisse tout à fait devant les progrès de la science ; le prêtre n'est pour elle qu'un revenant des âges passés, un contre-sens, une insulte à la civilisation ; elle ne comprend pas plus les dogmes qu'il enseigne que le dévouement qu'il prodigue.

La jeunesse, elle va à ceux qui brillent de l'auréole du succès, elle va aux jeunes, aux ardents, à ceux qui demain arriveront à la gloire, heureuse de prévenir les décisions de la renommée ; mais ceux qu'elle écoute volontiers, philosophes, littérateurs, poètes, que pensent-ils de la vie, de sa valeur, de son but ? S'ils sont interrogés sur le rôle de la douleur dans le monde, quelle réponse feront-ils, ou plutôt à toutes ces questions, quelles réponses font pour eux leurs œuvres les plus goûtées et les plus lues ? Et si tous, philosophes, littérateurs, poètes souffrent eux-mêmes plus ou moins, mais souffrent tous du doute qui les écrase, ne toucherons-nous pas du doigt le pessimisme ? Pessimisme littéraire, fantaisie de lettrés, diront peut-être ceux qui tiennent à ne pas voir de trop près des plaies qu'ils sont bien décidés à ne pas sonder parce qu'ils se sentent radicalement impuissants à les guérir ; eh bien ! non, ce pessimisme n'est pas purement littéraire, c'est par la science, par la littérature qu'il s'insinue dans les esprits, mais quel que soit le canal d'où il sort, une fois dans les esprits, il y produit des conséquences pratiques d'autant plus fatales que les théories modernes sur le déterminisme énervent davantage la volonté et laissent la place plus complètement libre à toutes les influences qui se substituent aux nobles inspirations de la moralité et du devoir (1).

On nous taxera peut-être d'exagération, il est impossible de signaler avec conviction un péril

---

(1) Voir dans la *Revue bleue* du 13 février 1886, p. 246, un article de M. Dionys Ordinaire intitulé *le Pessimisme au cercle Saint-Simon*.

social quelconque, sans s'exposer à des reproches de ce genre ; ils sont surtout à craindre quand, comme dans l'espèce, le mal dénoncé n'a pas encore produit tous ses ravages, qu'il existe comme à l'état naissant et se manifeste moins par des résultats que par des tendances. Il faut croire que cette recrudescence du pessimisme est un péril réel, car nous voyons ceux qui sont les mieux placés pour discerner les périls qui la menacent, chercher à prémunir la jeunesse intelligente contre les séductions des théories pessimistes. Ce n'est pas seulement sur des vieillards moroses, sur des hommes désenchantés, sur des vaincus dans les luttes de la vie que le pessimisme exerce aujourd'hui son influence, c'est dans les rangs de la jeunesse, parmi ceux à qui semblent sourire toutes les espérances, qu'il va recruter ses adeptes. Au mois d'août 1885, dans une circonstance solennelle, lors de la pose de la première pierre de la nouvelle Sorbonne, M. René Goblet, ministre de l'instruction publique, s'adressant à la jeunesse des lycées de Paris croyait devoir lui donner les avertissements suivants : « Ecoutez moins encore ceux qui ne veulent connaître de la vie que les côtés sombres, les tristes, les découragés, pour employer le mot du jour, les pessimistes. On prétend qu'à cette heure même, une nouvelle école serait en voie de se former parmi notre jeunesse, et que, remettant à la mode des procédés et des formules qui ont déjà servi, ou s'inspirant d'une philosophie plus ou moins sincère empruntée à d'autres nations qui n'ont rien de commun avec la nôtre, elle s'étudierait à ramener le monde vers la mélancolie et la désespérance... La tristesse peut bien inspirer des accents immortels à quelque génie solitaire. Ce n'est pas une doctrine qui puisse guider une nation (1). »

Il ne faudrait pas d'ailleurs transformer en affirmations absolues les observations générales que nous venons de présenter. Il y a des exceptions; même parmi les jeunes gens, certains esprits préservés par de fortes traditions de famille, par une éducation chrétienne qui persiste malgré les attaques, ou même par la vigueur de leur raison et par je ne sais quelle indépendance heureuse, résistent aux entraînements pessimistes. Mais ces exceptions, dont nous sommes loin de méconnaître l'importance et la valeur, ne font que mieux ressortir le courant général auquel elles résistent. Ce n'est ni l'éducation classique, ni la famille traditionnelle, ni l'église qui disciplinent aujourd'hui la jeunesse et président à sa formation. Elle ne demande à ses maîtres que la science; la science lui est présentée comme la source de l'indépendance et de pareilles leçons ne sont pas perdues. Mais quand, au sortir du collège, le jeune homme jette un regard autour de lui, cherchant un guide qu'il puisse suivre, quand attiré par

---

(1) *Journal officiel* du 4 août 1885, p. 4156, 3º col. Dans le même discours, M. le ministre de l'Instruction publique signale lui-même la cause de ces ravages exercés dans les jeunes esprits par les théories pessimistes et, malgré leur forme dubitative, les paroles suivantes renferment un précieux aveu : « Faut-il croire, comme je le lisais dernièrement encore dans un écrit d'un des jeunes hommes les plus distingués et des plus attachants de notre temps « *Qu'il y a dans la jeunesse actuelle quelque chose de profondément atteint, qu'elle souffre d'un mal funeste, le doute* » et comme il le définit lui-même « *l'incapacité d'adhésion à une foi quelconque ?* »

l'éclat des renommées, il va leur demander des solutions et des conseils, quel secours obtiendra-t-il ?

Il peut, s'il est sérieux et ne redoute pas l'effort, s'adresser aux philosophes. De nos jours la philosophie n'exerce sur l'opinion qu'une influence assez effacée ; mais il sera peut-être attiré par les penseurs du XVIIIe siècle. Ils ont voulu, en appliquant la méthode rationnelle, diriger la société conformément aux principes de la science et de la raison. A quel résultat sont-ils arrivés ? Les de Maillet, les d'Holbach, les Helvétius, les Lamettérie ont reconstitué l'assemblage monstrueux de toutes les absurdités et de toutes les turpitudes du naturalisme antique pour revenir aux dogmes d'Epicure.

Cabanis fait de l'homme une machine ; des nerfs et du cerveau, le principe de la pensée.

Volney rédige le catéchisme de la morale naturaliste : « Se conserver est la grande loi de la nature humaine. Le bien est tout ce qui tend à conserver et à perfectionner l'homme, le mal tout ce qui tend à le détruire et à le détériorer (1). » Le bien suprême, est la vie, la santé ; le mal suprême la souffrance et la mort.

Comme tout homme doit mourir est-il rien de plus triste que la vie ainsi comprise, aboutissant nécessairement au triomphe définitif du mal suprême !

De généreux esprits ont tenté, avec les seules forces de la raison, de réagir contre ce retour offensif du naturalisme qui jusqu'ici n'a produit que des

---

(1) Volney, *la Loi naturelle ou principes physiques de la morale*.

horreurs sanglantes et des misères sans nombre. Les Royer-Collard, les Cousin, les Jouffroy n'ont réussi qu'à lui substituer l'éclectisme, le panthéisme, disons le mot, le scepticisme, car tous leurs efforts aboutissent à la négation pratique de toute certitude. La vérité complète, telle qu'elle doit être pour satisfaire à tous les besoins de la raison et de l'humanité, est encore à trouver. Nul, parmi les jeunes gens d'aujourd'hui, ne peut supposer que les éclectiques l'aient trouvée, cette vérité complète. Ils iront donc à d'autres.

S'adressent-ils aux philosophes étrangers, anglais, allemands? Ils entendent les tristes paroles que voici, même en laissant de côté les pessimistes proprement dits : Tout ce qui n'est pas exprimable par les mathématiques n'a pas de réalité... Il n'est aucune pensée qui ne soit engendrée par les sensations... Il n'est pas d'autres mobiles de la volonté que les sensations de plaisir et de peine (1).

— Les notions fondamentales de cause, de liberté, de vertu, de principe des êtres ou de Dieu créateur, ne sont, comme connaissances objectives, que des hypothèses, des idées factices dépourvues de tout fondement dans l'intelligence humaine (2).

— Le monde matériel n'est qu'un phénomène et il n'existe que des esprits (3).

— La substance est une ; les substances finies ne sont pas distinctes de la substance infinie (4).

(1) Hobbes.
(2) Hume.
(3) Berkeley.
(4) Spinosa.

— On ne peut rien conclure de la certitude subjective à la certitude objective. Nos idées d'âme, d'univers, de Dieu n'ont aucune certitude objective, ou n'ont pas de réalité hors de nous (1).

— Où serait celui qui voudrait voir dans le monde extérieur quelque chose d'indépendant du moi et qui ait puissance sur le moi (2)?

— L'idée engendre l'âme, la société et Dieu même; l'idée est tour à tour esprit subjectif, esprit objectif, esprit absolu. Elle engendre l'âme, objet de la psychologie, la société, objet de la morale, Dieu, objet de la religion (3).

— Il n'y a que des êtres ignorants ou des esprits superficiels qui puissent adresser à l'antiquité le reproche de matérialisme... Le spiritualisme chrétien est au fond bien plus matériel... Toutes les idées fausses qui sont dans le monde, en fait de morale et d'esthétique, sont venues du christianisme..... La science qu'un homme a de son Dieu n'est qu'un autre nom pour désigner la science qu'il a de lui-même, la conscience qu'il a de son moi... (4). C'est Feuerbach qui parle ainsi et tirant de ces doctrines leurs dernières conséquences, il déclare préférer l'anéantissement à l'immortalité chrétienne et convie ses disciples à adorer la mort : « Franchement, écrit-il, je ne désire point rencontrer, dans la sphère des ombres, Socrate, saint Augustin et tant d'autres héros. Je préfère me plonger dans le néant. La pensée

---

(1) Kant.
(2) Fichte.
(3) Hégel.
(4) Feuerbach.

et l'action de la vie ont fini par me fatiguer, laissez-moi dormir ! Je descends dans le néant, et par là un autre homme va monter... Que signifie le mot *tu mourras*? Il signifie tu perdras ton égoïté. Egoïstes, allez vous défaire de votre maladie... Vive la mort ! Adorez la mort (1) ! »

Tout cela est profondément et irrémédiablement triste.

Notre jeunesse obtiendra-t-elle une réponse plus satisfaisante en s'adressant à la science moderne ? Plus que jamais, la philosophie, qui a pu être jadis la servante de la théologie, est aujourd'hui l'esclave de la science et elle peut voir, au vide qui se fait autour de ses chaires, au peu d'action qu'elle exerce sur la marche des idées (2), ce qu'elle y a gagné. Quant à la science, celle qui triomphe à l'heure présente, c'est la science envahissante qui suppose le matérialisme et aboutit aux négations du positivisme ; cette science ne voit que des faits, et écrase l'esprit humain sous le fardeau toujours croissant des faits observés. Elle interdit toute aspiration en dehors de ce domaine des faits matériels et se rit des malheureux qui étouffent dans cette prison, se demandent ce qu'il y a derrière les phénomènes et se déclarent mal satisfaits des hypothèses matérialistes qu'on s'efforce de leur imposer comme scientifiquement démontrées.

---

(1) Feuerbach, *Liberté de penser*, trad. de M. Renan, t. VII, p. 348.

(2) M. E. Renan va jusqu'à affirmer que, depuis 1830, il n'y a plus de philosophie en France. *Dialogues et fragments philosophiques. La métaphysique et son avenir*, p. 259.

Cette science n'est pas gaie, elle peut bien, par ses prétentions à tout expliquer, séduire un instant et satisfaire provisoirement les aspirations de ses adeptes, mais on s'aperçoit vite que ses explications n'expliquent rien et laissent inassouvi ce besoin de remonter des causes secondes, des conditions des phénomènes, à ce mystérieux absolu qui se cache par derrière.

Les vrais savants s'accordent à reconnaître l'impuissance de la science à satisfaire le besoin métaphysique de l'homme. M. Marcellin Berthelot avoue que la science ne suffit pas à l'homme. « L'esprit humain, dit-il, est porté par une impérieuse nécessité à affirmer le dernier mot des choses, ou tout au moins à le chercher (1)... La science positive n'embrasse qu'une partie du domaine de la connaissance, telle que l'humanité l'a poursuivie jusqu'à présent... La recherche de l'origine et celle de la fin des choses échappent à la science positive (2)... La science des relations directement observables ne répond pas complètement et n'a jamais répondu aux besoins de l'humanité... Derrière le nuage qui enveloppe toute fin et toute origine, l'esprit humain sent qu'il y a des réalités qui s'imposent à lui, et qu'il est forcé de concevoir idéalement, s'il ne peut les connaître. Il sent que là résident les problèmes fondamentaux de sa destinée (3). »

---

(1) Renan, *Dialogues et fragments philosophiques. La science idéale et la science positive.* Réponse de M. Marcellin Berthelot, p. 194.
(2) Id., p. 212.
(3) Id., p. 213.

Que vont donc nous apprendre sur ces réalités idéales les grands esprits qui osent encore aborder ces problèmes? Interrogeons l'un des plus célèbres, M. Renan.

C'est un homme doué de rares qualités ; il a rompu peut-être pour toujours avec les dogmes d'une église dont il aurait pu devenir le ministre, mais il a conservé le sens religieux d'un breton. On ne trouve chez lui ni les haines violentes, ni les regrets amers qui sont presque toujours les conséquences de semblable rupture. Il s'est comme installé dans une sérénité radieuse, et en le voyant accueillir les idées les plus diverses, les tourner et les retourner sous leurs formes les plus contradictoires, on pourrait penser qu'il s'est fait de son scepticisme un instrument de jouissance et qu'il s'ingénie à ne croire exclusivement à rien, pour pouvoir goûter à tout. Grâce à cette souplesse d'esprit, aucune des idées contemporaines ne lui est restée étrangère. Il les a toutes comprises, toutes senties et vivement senties ; il entend les sentir toutes, sinon à la fois, du moins tour à tour et c'est pour cela que tout en les comprenant toutes, il ne veut se donner exclusivement à aucune. Aussi semble-t-il redouter l'évidence ; la vérité une fois connue, on ne saurait plus avoir le plaisir de la chercher.

De là un scepticisme raffiné, je dirais presque voluptueux, qui n'est pas un mensonge, ni même un calcul, mais le résultat de la culture habile d'une étrange prédisposition d'esprit. Scepticisme qui se concilie avec les aspirations métaphysiques d'une intelligence qui, tout en voyant très nettement les limites de la science, veut percer au delà et ne s'interdit aucune hardiesse. Scepticisme souvent mal compris, car les natures exceptionnelles sont rarement comprises des masses ; de là des aspirations aristocratiques, on pourrait presque dire orgueilleuses qui étonnent et conduisent M. Renan au mépris des jugements portés par des esprits qui ne comprennent rien à la fluidité de ses idées et préfèrent l'évidence à la demi-obscurité dans laquelle il se complaît comme dans le domaine réservé aux organisations d'élite (1).

Et toute cette culture intellectuelle appliquée à un sujet exceptionnel, favorisée d'ailleurs par des circonstances qu'il serait trop long de relever ici, aboutit à des pensées profondément tristes qui nous obligent à nous arrêter un instant pour noter, dans l'œuvre de M. Renan, des traces incontestables des théories pessimistes. Elles apparaissent surtout dans ses *dialogues philosophiques*.

L'auteur de ces dialogues fidèle à ses habitudes d'esprit, prend soin de mettre en garde le lecteur trop précis contre la tentation si naturelle de chercher les opinions personnelles de l'auteur dans celles de l'un des personnages par lui mis en scène. « Je n'écris, dit-il, que pour les lecteurs intelligents et éclairés. Ceux-là admettront parfaitement que je n'aie nulle solidarité avec mes personnages et que je ne doive porter la responsabilité d'au-

---

(1) M. E. Renan, *Dialogues et fragments philosophiques*, 1876. Calmann Lévy, p. 327. « Plus la vérité est évidente, moins elle est relevée ; on ne se passionne que pour ce qui est obscur, car l'évidence exclut toute option individuelle. »

cune des opinions qu'ils expriment (1). » Voilà qui est entendu, ni Philalèthe, dans le premier dialogue, ni Théophraste dans le second, ni Théoctiste dans le troisième ne parlent au nom de M. Renan, il ne se cache pas davantage sous les noms d'Eudoxe, ni d'Euthyphron qui ne sont là que pour donner la réplique ; la forme du dialogue a, du reste, été choisie, « parce qu'elle n'a rien de dogmatique et qu'elle permet de présenter successivement les diverses faces du problème, sans que l'on soit obligé de conclure (2). » Mais M. Renan n'en est pas moins l'auteur des dialogues, nous savons même de lui le lieu et l'heure où ils ont été écrits (3) ; les grands problèmes de l'origine du monde et de ses destinées y sont agités, nous pouvons donc y surprendre les pensées qui, sur ces graves sujets, ont hanté l'esprit de l'auteur, celles qu'il a jugé utile de porter à la connaissance du public, sans doute pour l'aider à s'orienter au moment où la patrie mutilée avait besoin des efforts de tous ses enfants.

Je n'insiste pas sur la teinte générale de tristesse, de douleur même qui est répandue sur l'ensemble de l'œuvre et vient y troubler les rêves les plus brillants, l'auteur nous promet un essai intitulé : *l'avenir de la science*, composé en 1848 et 1849, bien plus consolant que celui-ci. Il avoue que « la réaction de 1850-1851 et le coup d'Etat lui inspirèrent un *pessimisme* dont il n'est pas encore guéri (4) ».

(1) Ouvr. cit. Préface, p. VII.
(2) Ouvr. cit., p. VI.
(3) Versailles, mai 1871.
(4) Ouvr. cit. Préf., p. XVIII, note 1.

Les horreurs de la commune, les douloureuses incertitudes du mois de mai 1871 n'étaient pas faites pour corriger le pessimisme de 1850-1851 et ces épouvantables événements, l'angoisse anxieuse qu'ils faisaient peser sur la France et plus encore sur Versailles, ont évidemment assombri la pensée de M. Renan et, en même temps, celle des interlocuteurs abstraits dans la bouche desquels il a placé « les pacifiques dialogues auxquels ont coutume de se livrer entre eux les différents lobes de son cerveau, quand il les laisse divaguer en toute liberté (1) ». Ne soyons donc pas surpris de trouver, nous aussi, « ces impressions d'une sombre époque tristes et dures ».

C'est dans le premier dialogue intitulé *certitudes* que Philalèthe, en exposant sa pensée sur l'univers, rencontre les théories de Schopenhauer et se les approprie tout en les réfutant. « Autant je tiens pour indubitable qu'aucun caprice, aucune volonté particulière n'intervient dans le tissu des faits de l'univers, autant je regarde comme évident que le monde a un but et travaille à une œuvre mystérieuse. Il y a quelque chose qui se développe par une nécessité intérieure, par un instinct inconscient... Le monde est un travail de quelque chose; *omnis creatura ingemiscit et parturit*. Le grand agent de la marche du monde c'est la douleur, l'être mécontent, l'être qui veut se développer et n'est pas à l'aise pour se développer. Le bien-être n'engendre que l'inertie; la gêne est le principe du mouvement...

---

(1) Ouvr. cit., préf. p. VIII.

La puberté de la jeune fille vient d'un œuf mûr pour vivre et qui veut vivre... Comme un vaste cœur débordant d'un amour impuissant et vague, l'univers est sans cesse dans la douleur des transformations (1) ».

L'analogie avec la Volonté qui se soulage en créant le monde, est évidente. Schopenhauer inspire encore très évidemment Philalèthe expliquant « la série de faits où nous surprenons la nature dupant (2) les individus pour un intérêt qui leur est supérieur. Voyez tout ce qui touche à la génération ! Comme on y sent bien le prix que la nature attache à maintenir la moralité de l'individu ! Elle entoure de précautions ce trésor, source de toute vie. Non contente d'y joindre la volupté, elle y a rattaché une foule d'instincts, un tissu compliqué de sentiments contradictoires, pudeur, réserve, lascivité, honte, désir, comme les cordages d'un vaisseau de ligne pour tirer, serrer, réprimer, arrêter, exciter... La nature a intérêt à ce que la femme soit chaste et à ce que l'homme ne le soit pas trop. De là un ensemble d'opinions qui couvre d'infamie la femme non chaste et frappe presque de ridicule l'homme chaste. Et l'opinion quand elle est profonde, obstinée, c'est la nature même.

« Le désir est le grand ressort providentiel de l'activité ; tout désir est une illusion, mais les choses

---

(1) Ouvr. cit., p. 22.
(2) Le mot duper n'est pas exact, il est certain que Dieu se sert de l'homme pour des fins supérieures : mais il le récompense et ne le trompe pas. L'homme peut refuser de croire à ces fins que Dieu lui a révélées, son ignorance devient alors coupable, c'est pour cela qu'elle est punie.

sont ainsi disposées qu'on ne voit l'inanité du désir qu'après qu'il est assouvi... Pas d'objet désiré dont nous n'ayons reconnu, après l'embrassement, la suprême vanité (1).

« La nature veut la propagation des espèces ; elle emploie mille ruses pour atteindre ce but (2)... »

« Oh ! le bon animal que l'homme ! Comme il porte bien son harnais ! Que le *graffito* du petit âne du Palatin est juste et profond : *Labora, asella, quomodo ego laboravi, et proderit tibi* (3). »

Plus loin Philalèthe explique comment nous sommes « exploités » par « l'égoïsme supérieur » dont nous sommes « le jouet », et l'on retrouve, dans sa pensée, les trois stades de l'illusion d'Edouard de Hartmann. « L'univers est ce grand égoïste qui nous prend par les appeaux les plus grossiers, tantôt par le plaisir, qu'il nous redemande ensuite en un exact équivalent de douleur, tantôt par de chimériques paradis auxquels, à tête reposée, nous ne trouvons plus une ombre de vraisemblance, tantôt par cette déception suprême de la vertu qui nous amène à sacrifier à une fin hors de nous nos intérêts les plus chers. L'hameçon est évident, et néanmoins on y a mordu, on y mordra toujours (4). »

« L'univers, au regard de l'homme, nous apparaît comme un tyran fourbe, qui nous assujettit à ses fins par des roueries machiavéliques, et qui s'arrange pour que peu de personnes voient ces fourberies,

(1) Ouvr. cit., p 26 et 27.
(2) Id., p. 28.
(3) Id., p. 29.
(4) Id., p. 29.

car, si tous les voyaient, le monde serait impossible (1). »

Et Philalèthe de nous expliquer comment « nous sommes dupés savamment par la nature en vue d'un but transcendant que se propose l'univers et qui nous dépasse complètement (2). L'esprit de famille, la monogamie, l'amour paternel, il n'y a là pour lui que des habiletés de la nature qui amène une foule de bons bourgeois à méconnaître la constitution physiologique de l'homme pour assurer la formation et le maintien des grandes races. Pour lui, la bonté n'est qu'une « énorme duperie qui implique le machiavélisme instinctif de la nature. « L'homme est lié par certaines ruses de la nature, telles que la religion, l'amour, le goût du bien, du vrai, tous instincts qui, si l'on s'en tient à la considération de l'intérêt égoïste, le trompent et le mènent à des fins voulues hors de lui (3) ». « Au fond tous sont pris à ces glus savantes (4). »

Toutefois les discours de Philalèthe, car il est entendu que M. Renan ne parle pas par sa bouche, n'ont rien de l'âpreté du langage des pessimistes de race ; vous y chercheriez vainement l'ironie amère, la plaisanterie douloureuse de Léopardi, soit la verve endiablée et la conviction raisonnée de Schopenhauer. Les nuances sont ici à noter ; même quand il emprunte à Schopenhauer ses pensées, ses expressions, Philalèthe les atténue par des épithètes

(1) Ouvr. cit., p. 30.
(2) Id., p. 34.
(3) Id., p. 43.
(4) Id., p. 37.

qui sont comme une protestation préalable de sa conscience délicate contre les brutalités d'une doctrine qui doit surtout son succès à ses exagérations. Ainsi, dans sa bouche, les fourberies de la nature que Schopenhauer démasque impitoyablement, comme la preuve du malheur indéniable de l'humanité, deviennent des *fourberies bienfaisantes* (1). Qui pourrait se fâcher contre un machiavélisme tendant uniquement à assurer la moralité, le bonheur de celui qui en serait l'heureuse victime ?

Ne vous y trompez pas, Philalèthe a lu les écrits de Schopenhauer, son esprit pénétrant y a vite discerné des observations justes, des remarques piquantes et il en a fait son profit; mais son sens critique est trop exquis, il est trop versé dans la science délicate du discernement des nuances pour accepter, sans protestation, ses évidentes exagérations. Non seulement il atténue les teintes trop sombres, il supprime les traits trop noirs, mais il refuse le rôle de désespéré. Il admet Dieu, un Dieu considéré comme l'âme du monde; pour lui, « la vertu occupe une place transcendante dans l'œuvre universelle ; elle est la cheville ouvrière, le grand facteur du plan divin (2) ». Il veut bien rassurer l'homme vertueux, le défendre contre toute pensée de découragement. « C'est lui qui a raison ; c'est lui qui est le sage (3). »

Il va plus loin et semble se rallier à l'optimisme de Fichte, en blâmant la révolte de Schopenhauer :

---

(1) Ouvr. cit., p. 34.
(2) Id., p. 38.
(3) Id., p. 40.

« Si la nature a un but, il faut s'y prêter ; obéir à la nature, suivre ses indications ou même seulement se laisser aller à sa pente, est déjà une loi. Or si la vie a une loi, elle a un sens. Schopenhauer n'est pas un révolté comme Byron ou Henri Heine, qui ne voient pas la loi morale ; c'est un révolutionnaire bien plus hardi, un homme non résigné à la nature, qui prétend aller contre ce qu'elle veut. En premier lieu, cela est coupable ; en second lieu, cela est inutile ; car la nature triomphera toujours ; elle a trop bien arrangé les choses elle a trop bien pipé les dés ; elle atteindra, quoi que nous fassions, son but, qui est de nous tromper à son profit. La grande question est de savoir si la nature a un but. On peut nier cela avec quelque apparence ; mais Schopenhauer ne le nie pas, et dès lors on ne comprend pas son immoralité... La morale se réduit à la soumission. L'immoralité c'est la révolte contre un état de chose dont on voit la duperie. Il faut à la fois la voir et s'y soumettre (1). »

Il n'est pas jusqu'au fameux suicide cosmique auquel Philalèthe ne fasse allusion en passant par cette phrase dont la forme dubitative se concilie peut-être mal avec l'affirmation très nette de l'inutilité absolue de la révolte immorale de Schopenhauer : « Les planètes mortes sont peut-être celles où la critique a tué les ruses de la nature, et quelquefois je m'imagine que, si tout le monde arrivait à notre philosophie, le monde s'arrêterait (2). »

(1) Ouvr. cit., p. 42.
(2) Id., p. 43.

Du reste, Philalèthe n'a nul désir de tuer notre planète, au contraire ; il connaît les ruses de la nature, il veut bien les dévoiler à ses amis ; mais il se gardera de détromper l'humanité tout entière. « Le plus bel emploi du génie n'est-il pas d'être complice de Dieu, de conniver la politique de l'Eternel, de contribuer à tendre les lacs mystérieux de la nature, de l'aider à tromper les individus pour le bien de l'ensemble, d'être l'instrument de cette grande illusion (1). »

Après ces citations, personne ne sera surpris de l'entendre je n'ose pas dire conclure, mais résumer en quelque sorte sa pensée dans ses mots : « Prêtons-nous aux buts de la nature, soyons dupes (et non dupés), dupes volontaires de son machiavélisme ; entrons dans ces fins, résignons-nous. Le mal, c'est de se révolter contre la nature, quand on a vu qu'elle nous trompe. Eh ! sûrement elle nous trompe ; mais soumettons-nous. Son but est bon ; veuillons ce qu'elle veut. La vertu est un amen obstiné, dit aux fins obscures que poursuit la Providence pour nous (2). »

Nous sommes loin, sans doute, de la révolte de Schopenhauer et de son procédé de libération par le non-être ; mais ici encore l'homme est dupé, et la résignation qu'on lui prêche ne se comprend guère car, si la nature me trompe et si je le sais, ma protestation contre son machiavélisme est légitime. Il ne peut plus être question de résignation, sinon

---

(1) Ouvr. cit., p. 45.
(2) Id., p. 46.

comme d'un moindre mal et nous sommes encore en plein dans le pessimisme.

Les dialogues suivants ne sont pas moins tristes. Il ne s'agit plus des ruses de la nature, des misères de la vie présente, le second dialogue nous initie aux probabilités de l'avenir, le troisième ouvre devant nous les horizons du rêve. C'est assez dire que nous abordons ces régions où personne n'a le droit d'exiger même un semblant de démonstration, où l'idée dégagée de toute entrave peut se donner libre carrière. On dit que pendant le sommeil l'activité humaine livrée à elle-même révèle ses tendances les plus secrètes et qu'il est parfois imprudent de rapporter sincèrement les détails de ses rêves. Arrêtons-nous un instant aux rêves de Théoctiste et aux probabilités que rêve lui aussi Théophraste.

Ces probabilités, ces rêves, tout cela est triste ; et si le rêve lui-même est triste, que penser de la réalité ? Sans doute Théophraste affirme le progrès du monde, mais il insiste sur « d'énormes déperditions (1); » puis ce progrès, qui a commencé par le passage de l'animalité à l'humanité qui fut « un *forfait* (2) », il tend à un équilibre qui serait la mort (3). J'entends bien Théophraste s'attendrir en nous parlant de la conscience, en démontrant que le but des efforts du monde est de produire de la raison (4), que chaque plante fabrique de la pensée (5), que

(1) Ouvr. cit., p. 51.
(2) Id., p. 54.
(3) Id., p. 53.
(4) Id., p. 58.
(5) Id., p. 59.

« le chêne atteint presque à la vérité » et que « la tête de l'homme est la machine la plus parfaite pour la conscience de l'univers (1). » Mais il convient bientôt « qu'il est à craindre que le cerveau humain ne s'écrase sous son propre poids (2) ». Faute de communication avec les autres mondes, la terre pourrait très bien s'égarer sur la route du progrès, tout l'effort de l'humanité pourrait n'aboutir qu'à un douloureux avortement (3). « Parfois, je vois la terre dans l'avenir sous la forme d'une planète d'idiots, se chauffant au soleil, dans la sordide oisiveté de l'être qui ne vise qu'à avoir le nécessaire de la vie matérielle (4). »

Voilà, il faut l'avouer, une probabilité bien pessimiste car, pour nous, la consolation de penser qu'un autre globe perdu quelque part dans l'espace sera plus heureux, nous touche peu. Je sais que la nature prodigue volontiers les germes, que le temps, la vie semblent ne lui rien coûter. Mais le germe de la plante qui ne sent pas, meurt sans douleur, mais le hareng sorti de l'œuf disparaît sans penser à se plaindre, l'homme a conscience de sa personnalité et cette conscience lui donne des droits ; celui qui l'a créé conscient ne peut se jouer de cette conscience et quand Théophraste affirme que « toute la nature

---

(1) Ouvr. cit., p. 60.
(2) Cette phrase est dans la bouche d'Eutiphron (p. 66) qui redoute les conséquences « de l'accumulation indéfinie des données de la science dans le champ limité de l'esprit (humain). » Mais Théophraste répond à l'expression de ses craintes : « Cela est infiniment probable. »
(3) Ouvr. cit., p. 66.
(4) Id., p. 84.

trahit le mépris de l'individu (1), ne se laisse-t-il pas aveugler par les observations exactes sans doute, mais incomplètes et par conséquent trompeuses, des pessimistes ?

Une capitale brillante suppose une province, je l'admets ; mais cette province peut ne pas être « un vaste fumier (2) ; » elle serait éclairée, morale, que l'éclat de la capitale se trouverait augmenté d'autant et alors cette capitale produirait certainement mieux que « quelques brillants papillons, qui viennent se brûler à la lumière (3) ».

J'admets que le rôle de la science devienne de plus en plus prépondérant dans le monde ; elle peut affranchir l'homme de bien des misères, lui permettre de relever la tête, mais pourquoi Théophraste fait-il disparaître de son monde scientifique le grand art ? C'est l'une des rares consolations que les pessimistes sont forcés de laisser à l'homme. Pourquoi surtout ne voit-il dans la science qu'un moyen de domination ? « Si l'on veut imaginer quelque chose de solide, il faut concevoir un petit nombre de sages tenant l'humanité par des moyens qui seraient leur secret et dont la masse ne pourrait se servir, parce qu'ils supposeraient une trop forte dose de science abstraite (4). »

Je veux bien tenir en haut prix le progrès qui permettra, par la création « d'aliments supérieurs (5) », la disparition de l'affreux spectacle des étaux de

(1) Ouvr. cit., p. 72.
(2) Id.
(3) Id.
(4) Id., p. 82.
(5) Id., p. 85.

boucher, ma pudeur veut bien ne pas s'effaroucher outre mesure de l'usage que ferait de sa découverte « l'homme en possession de la loi qui détermine le sexe de l'embryon », mais je m'épouvante de cette domination des sages, j'ai peur de ces moyens qui seraient leur secret; mon cœur sensible, tout en préférant le riant spectacle de l'étalage d'un jardinier, voit sans horreur l'étal sanglant d'un boucher, mais il se trouble à la pensée de la masse livrée à l'inévitable domination d'un petit nombre de savants, ces savants fussent-ils sages. Je crains que s'inspirant du mépris qu'ils prêtent à la nature pour l'individu, nos sages ne sachent pas s'émouvoir sur cette multitude. Ce que vous annoncez comme probable, Théophraste, c'est la tyrannie scientifique et votre progrès ferait regretter la barbarie.

Théoctiste, dans le dernier dialogue, revient sur la même idée ; ce sont ses rêves qu'il expose et ses rêves ressemblent parfois à un affreux cauchemar. Après avoir écarté la forme démocratique comme peu propre à réaliser Dieu (1), il veut bien nous initier à la solution oligarchique du problème de l'univers. « La fin de l'humanité c'est de produire des grands hommes... rien sans grands hommes (2). » Ils sortiront de la masse qui n'est que le « terreau (3) » destiné à assurer leur croissance. On laissera comme compensation aux déshérités, car tout le monde ne peut pas être grand homme, leurs plaisirs simples et la femme car « le monde supérieur rêvé pour la réa-

(1) Ouvr. cit., p. 104.
(2) Id., p. 103.
(3) Id., p. 104.

lisation de la raison pure n'aurait pas de femmes (1) ». Puis on créera scientifiquement une race supérieure artificielle chez laquelle toute l'activité vitale sera transformée en intelligence, incapable de se reproduire (2), mais « ayant son droit de gouverner non seulement dans sa science, mais dans la supériorité même de son sang, de son cerveau et de ses nerfs. Ce seraient là des espèces de dieux ou *divas*, êtres décuples en valeur de ce que nous sommes, qui pourraient être viables dans des milieux artificiels (3). » Ces êtres règneraient par la terreur, ils auraient à leur disposition l'enfer, « non un enfer chimérique, de l'existence duquel on n'a pas de preuve, mais un enfer réel (4). »

Il se produira probablement des résistances ; malgré les distractions qu'on veut bien lui laisser, la foule des simples devinera le péril et luttera pour éviter cette domination inquiétante. Théoctiste veut bien convenir que « les moments les plus dangereux dans la vie d'une planète sont ceux où la science arrive à démasquer ses espérances. Il peut y avoir des peurs, des réactions qui détruisent l'esprit. Des milliers d'humanités ont peut-être sombré dans ce défilé. Mais il y en a une qui le franchira (5)... »

Ces résistances, d'ailleurs, l'homme scientifique saurait les vaincre par la force, l'homme serait pour lui ce que l'animal est aujourd'hui pour l'homme (6).

(1) Ouvr. cit., p. 104.
(2) Id., p. 117.
(3) Id., p. 116.
(4) Id., p. 108.
(5) Id., p. 123.
(6) Id., p. 118.

« L'homme ne s'arrête guère à cette pensée qu'un pas, un mouvement de lui écrase des myriades d'animalcules (1). » « Les tyrans positivistes dont nous parlons se feraient peu de scrupules d'entretenir dans quelque canton perdu de l'Asie un noyau de Bachkirs ou de Kalmouks, machines obéissantes, dégagées des répugnances morales et prêtes à toutes les férocités (2). »

Théoctiste aura beau maintenant, pour nous rassurer, vanter l'aristocratie à laquelle il entend livrer l'humanité, il aura beau en faire « l'incarnation de la raison (3) », « une papauté vraiment infaillible ». Je tremble surtout quand je l'entends nous dire : « Ce serait la puissance légitime par excellence, puisqu'elle appuierait des opinions vraies sur des terreurs réelles (4). » Et s'il ne s'agissait pas simplement de rêves, je tremblerais de plus fort en l'entendant prophétiser « que si une telle solution se produit à un degré quelconque sur la planète Terre, c'est par l'Allemagne qu'elle se produira (5) », parce que « le gouvernement du monde par la raison paraît mieux approprié au génie de l'Allemagne, qui montre peu de souci de l'égalité et même de la dignité des individus, et qui a pour but avant tout l'augmentation des forces intellectuelles de l'espèce (6). »

Et quand, au cours de cet entretien, Eudoxe pro-

(1) Ouvr. cit., p. 119.
(2) Id., p. 111.
(3) Id., p. 118.
(4) Id.
(5) Id., p. 120.
(6) Id., p. 121.

teste contre la réalisation de pareilles horreurs, Théoctiste se contente de lui répondre : « Je n'ai jamais dit que l'avenir fût gai. Qui sait si la vérité n'est pas triste (1) ? »

N'est-ce point là, sous une forme dubitative qui la rend moins saisissable, mais sans la supprimer cependant, une affirmation pessimiste ? Dans quelle mesure se trouvera-t-elle atténuée par des affirmations comme celle-ci : « Un monde sans Dieu est horrible. Le nôtre paraît tel à l'heure qu'il est ; mais il ne sera pas toujours ainsi (2) ? » Je laisse à de plus habiles le soin de répondre, car la pensée de Théoctiste, quand il se prend à rêver, a des fluidités inimaginables.

Sans attacher plus d'importance qu'il ne convient à semblables jeux d'esprit, nous devions quelque attention à ces dialogues et aux idées qu'ils renferment. Ce sont, en effet les idées qui hantaient le

---

(1) Ouvr. cit., p. 140. M. Renan revient sur cette idée, mais toujours sous la même forme interrogative, dans un passage que je tiens à citer et où l'on retrouve également trace des théories aristocratiques si chères à cet esprit supérieur : « O Père céleste, j'ignore ce que tu nous réserves. Cette foi, que tu ne nous permets pas d'effacer de nos cœurs, est-elle une consolation que tu as ménagée pour nous rendre supportable notre destinée fragile ? Est-ce là une bienfaisante illusion que ta piété a savamment combinée, ou bien un instinct profond, une révélation qui suffit à ceux qui en sont dignes ? Est-ce le désespoir qui a raison, et la vérité serait-elle triste ? Tu n'as pas voulu que ces doutes reçussent une claire réponse, afin que la foi au bien ne restât pas sans mérite et que la vertu ne fût pas un calcul. Une claire révélation eût assimilé l'âme noble à l'âme vulgaire ; l'évidence en pareille matière eût été une atteinte à notre liberté. » Ouvr. cit., *la Métaphysique et son avenir*, p. 332.

(2) Ouvr. cit., p. 137.

cerveau de M. Renan, aux sombres jours de la défaite, ce sont là les idées auxquelles il songeait pour rendre à la patrie mutilée et sanglante sa force et son prestige. Et M. Renan est un sage, un de ces sages écoutés et suivis, parce qu'ils sont de leur temps. C'est un des guides de la jeunesse ; il se croit autorité pour la conseiller et ne recommandait-il pas un jour à cette jeunesse, dans une réunion solennelle, de travailler beaucoup et de s'amuser beaucoup (1), lui qui, dans *Caliban*, fait dire à Maspéro cette parole amère : « C'est le propre d'une coupe d'être épuisable, » lui qui, dans une œuvre récente, semble aller jusqu'à tenir le plaisir, le plaisir défendu pour la seule réalité à laquelle l'homme libre des préjugés du monde puisse s'attacher dès qu'il est certain de n'avoir plus à compter avec l'opinion ! Et cependant « un monde sans Dieu est horrible », M. Renan lui-même l'affirme.

Respectueux du talent de M. Renan, j'ose à peine insister sur la puérilité de certaines conceptions de l'un des lobes du cerveau de ce grand esprit, mais comment ne pas remarquer l'exiguité des consolations promises par ce même lobe et la dureté cruelle des destinées prédites à la malheureuse humanité ? Malgré moi, la domination de ces *divas* tout cerveau m'obsède ; ces hommes portés à la dixième puissance m'épouvantent ; ils ont beau représenter la raison

---

(1) Voir un discours au banquet de l'association des étudiants de Paris, du 15 mai 1886. Dans la préface de ses *Dialogues philosophiques*, M. Renan écrit (p. xviii) : « la bonne humeur est le correctif de toute philosophie. Je ne connais pas de philosophie gaie, mais la nature est éternellement jeune et nous sourit toujours ».

parfaite, leur rôle montre assez que le cœur, que la charité fera défaut chez eux, et quand je pense que la puissance de l'homme peut grandir sans qu'il devienne meilleur et que descendant dans ma conscience, j'y retrouve ma perversité de race, je redemande mon Bon Dieu et je supplie sa bonté de rendre à jamais impossibles les orgueilleuses tentatives qui justifieraient peut-être, par l'excès des maux produits, l'expression de pessimisme.

Ainsi M. Renan ne nous offre ni espérances acceptables, ni consolations efficaces ; ses rêves sont décourageants, l'avenir qu'il nous fait entrevoir, le seul que sa philosophie lui permette d'atteindre, tout chimérique qu'il soit, reste plus douloureux encore que la réalité. Et cependant M. Renan ne semblait pas, par tempérament, prédisposé à la tristesse ; il excelle à tracer des tableaux pleins de fraîcheur, il aime la joie, la bonne humeur et la recommande, comme une qualité toute française, à ses jeunes disciples ; s'il a rencontré des détracteurs, leurs violentes attaques lui ont du moins assuré une célébrité enviée et, en somme, M. Renan n'a pas trop à se plaindre de la fortune. Si le pessimisme apparaît dans sa doctrine, c'est que, pour lui, la vérité est triste ; c'est que sa philosophie, loin d'être une philosophie bienfaisante qui augmente les forces de l'homme et l'aide à supporter allègrement le poids des maux de la vie, en lui en expliquant clairement la cause et les conséquences, n'est qu'une philosophie décevante qui ne comprend pas l'énigme de la douleur. Elle peut bien intéresser l'esprit, cultiver l'intelligence, mais elle échoue sur le terrain pratique et ne mène qu'au pessimisme.

Cette impuissance n'est pas particulière à la philosophie de M. Renan ; M. Taine, qui a su forcer la célébrité en poursuivant ses déductions sans s'inquiéter de l'opinion, n'a foi que dans la science, mais ce que lui apprend la science est profondément triste. Pour lui le moindre fait est comme la résultante nécessaire d'une suite indéfinie d'événements antérieurs ; ce que nous croyons vouloir est la conséquence fatale du jeu de certaines forces dont nous avons à peine la notion. En sorte que dans notre personne tout est aboutissement et résultat ; ce qui semble constituer notre personnalité, le plus intime de notre être, n'est que le produit d'une série de causes étrangères à nous. Le moi lui-même disparaît comme écrasé par les forces brutales qui le dominent et l'oppriment avec la plus cruelle indifférence. La science seule reste à l'homme, mais la science est triste, elle aussi : « Le meilleur fruit de la science, écrit M. Taine, est la négation froide, qui, pacifiant et préparant l'âme, réduit la souffrance à la douleur du corps ! » M. Taine n'est pas un désespéré, mais le pessimisme est le dernier mot de son œuvre, vainement y cherchera-t-on un remède aux maux de la vie ou même une explication consolante de nos misères.

Interrogez d'autres philosophes parmi ceux qui, en dehors des données bien délaissées aujourd'hui de la philosophie spiritualiste, disons le mot, chrétienne, cherchent à expliquer le monde à l'aide des hypothèses matérialistes, panthéistes, monistiques, aucun n'arrive à une solution acceptable et exempte d'une dose plus ou moins large de pessimisme latent ou avoué. Car il est impossible de chercher le bonheur en dehors des trois données qu'Edouard de Hartmann appelle des illusions et dont il fait les caractéristiques des trois stades parcourus par l'humanité. S'il est un point clairement démontré, c'est l'inanité du bonheur cherché dans un progrès vague, dans le processus du monde ; l'univers est bien vieux pour chercher le bonheur dans l'existence d'ici-bas, surtout après les habiles analyses des pessimistes. Quiconque nie la vie future, l'immortalité de l'âme, la réalité de ces récompenses d'outre-tombe qui seules peuvent rétablir l'équilibre, satisfaire la justice et donner à la vie son vrai caractère d'épreuve temporaire conduisant à un but, est fatalement condamné, le progrès de la conscience et de l'analyse aidant, à verser dans le pessimisme. En effet, ces négations acceptées, le monde devient sinon un enfer, du moins un non-sens.

Si de la philosophie dont on ne s'inquiète guère aujourd'hui en France, nous passons à la littérature qui elle a conservé un rôle prépondérant et influe sur l'esprit public, nous constaterons le même phénomène. Il ne saurait en être autrement, car l'influence de la littérature sur les esprits tient surtout aux idées qu'elle revêt des charmes du style. Or ces idées reflètent nécessairement la philosophie du jour, c'est même par la littérature que les idées philosophiques se répandent. Les mêmes causes, qui conduisent les philosophies à se jeter dans des systèmes plus ou moins entachés d'athéisme, prédisposent d'ailleurs les littérateurs à accepter ces doctrines ; elles passent, par leur intermédiaire, dans le courant de la circulation et atteignent ainsi, comme à leur insu, ceux qui n'auraient jamais la pensée d'ouvrir un livre de philosophie. Aujourd'hui surtout, dans ce monde des lettres où le besoin d'attirer l'attention est si intense, où chacun se préoccupe principalement du succès, où le public qui fait ce succès aime avant tout le nouveau, l'étrange, il est impossible que les nouveautés philosophiques restent longtemps le partage exclusif des rares esprits qui se complaisent dans les spéculations abstraites. Nous devons donc retrouver le pessimisme dans la plupart des œuvres littéraires de notre temps, non pas à l'état de doctrine avouée, non pas toujours à l'état de conséquence reconnue et formellement énoncée, mais à l'état d'influence plus ou moins patiemment subie. Ici encore, je puis affirmer théoriquement que tout écrivain qui répudie les croyances dont Edouard de Hartmann fait l'élément du second stade d'illusion, glisse sur la pente qui conduit au pessimisme. Il peut réagir personnellement, se refuser à être un apôtre des théories pessimistes, croire même sincèrement y échapper, mais ces négations qui, quoi qu'il fasse, se révèlent dans ses œuvres, laissent sans réponse les problèmes de la douleur, du mal et, dès lors, il devient, malgré lui, un agent de vulgarisation du pessimisme. Il y a ainsi des pessimistes sans le savoir, et à côté de ceux-là se trouvent les convaincus, les ardents, ceux qui vont demander directement leurs inspirations soit aux théories pessimistes, soit aux doctrines philosophiques qui les engendrent.

En remontant à l'origine des littératures, on voit la poésie et la philosophie se tendre la main ; il en a été ainsi en Grèce. Plus tard c'est la science qui domine et elle fait souvent fuir la poésie, cependant les philosophes scientifiques modernes ont eu leurs poètes. Plus heureux que Hégel, Schelling a trouvé dans Nivolis un chantre docile à ses leçons et la jeune école hégélienne a eu ses poètes plus ou moins inspirés dans M. Frédéric Sallet (1) et M. Léopold Schefer (2).

En France, les doctrines pessimistes ou plutôt les idées philosophiques qui y conduisent ont trouvé une lyre pour les chanter et c'est une femme douée d'un talent très réel qui en fait résonner les cordes. Les poésies de Mme L. Ackermann sont peu connues, elles ne sont cependant pas sans mérite et le souffle pessimiste qui les anime les désigne à notre attention.

Mme Ackerman a publié, en 1863, un premier volume de poésies (3) composé en grande partie de contes qui rappellent à la fois nos vieux fabliaux et les poèmes du XVIIIe siècle. Le vers est alerte, la pensée vive et gaie ; une grande réserve dans l'expression révèle une main de femme à ceux mêmes qui ne connaîtraient pas l'auteur. C'est un cœur jeune qui chante comme l'oiseau, par instinct, une intelligence cultivée qui cherche les sujets de ses chants dans les livres hindous et dans les lyriques

---

(1) *Laien Evangelium* (Evangile des laïques), Leipsig, 1842.
(2) *Laien Brevien* (le Bréviaire des laïques), Berlin, 1834, *Vigilien* (Vigiles), Guben, 1843.
(3) *Contes et poésies*, Paris, Hachette, 1863.

grecs. Quelques pièces (1) seulement dans ce volume, formé d'œuvres de dates très diverses, rendent un son désolé que semble d'ailleurs expliquer la perte récente d'un « compagnon chéri (2). »

Des publications ultérieures (3) nous font assister aux évolutions qui se sont produites dans l'âme de Mme Ackermann et ses confidences nous permettent de nous rendre compte de la genèse de ses pensées.

Dans ses *poésies philosophiques*, Mme Ackermann demande ses inspirations à la philosophie allemande. L'inanité de toute consolation puisée dans les dogmes et la pratique religieuse, la folie d'adresser une prière à un Dieu qui ne nous entend pas et qui ne pourrait être que cruel, s'il existait, voilà les bases de sa doctrine. Dès qu'il s'agit de la religion, des âmes pieuses, l'irritation vient altérer la sérénité des jugements, comme pour justifier cette pensée de Joubert : « On ne peut ni parler contre le christianisme sans colère, ni parler de lui sans amour. » Pour Mme Ackermann, la religion ne s'explique que par « le besoin de calmer certaines terreurs »; les dévots « finissent par se persuader qu'ils croient »…. « Aux objections de la raison, ils n'opposent que des réponses absurdes ou puériles, mais

---

(1) A la comète de 1861, p. 253. — Les malheureux, p. 281.
(2) Du compagnon chéri que m'a pris le tombeau
Le souvenir lointain me suit sur ce rivage.
Souvent je me reproche, ô soleil sans nuage !
Lorsqu'il ne te voit plus, de t'y trouver si beau.
Nice, mai 1851, p. 246.
(3) *Pensées d'une solitaire*. L. Ackermann, Paris, Lemerre, 1883. — *Ma vie*. — *Premières poésies*. — *Poésies philosophiques*, id., 1885.

qui les tranquillisent ». Ils s'agenouillent devant « un Dieu inique et capricieux (1) ».

Dans son autobiographie, Mᵐᵉ Ackermann nous apprend, et nous l'avions presque deviné, qu'elle a été élevée par un père « voltairien de vieille roche », qui a pris soin de la soustraire pendant son enfance à tout enseignement religieux (2) et lui « aurait volontiers épargné cette première communion dont il s'était si bien passé lui-même ». Uniquement par convenance mondaine, sa mère insista pour la mettre en pension dans la ville voisine (3) et là elle commença à rimer et entendit parler pour la première fois des dogmes chrétiens. Ils firent sur son esprit une vive impression, mais dès son retour au logis paternel, son père, effrayé « des ravages que la foi avait exercés sur cette jeune âme (4) » et des conséquences possibles de sa condescendance, glissa du Voltaire dans les mains de sa fille. Le remède opéra et bientôt la jeune fille toute à ses ardeurs pour l'étude, la lecture, la poésie, oublia la pension, la première communion de convenance et le Dieu qui avait un instant touché son âme.

Elle fuyait le monde par une sorte de sauvagerie qu'explique l'absence chez elle de toute autre passion que celle de l'esprit (5). La mort de son père la laissa en lutte avec sa mère qui, ne comprenant rien à ses goûts studieux, contrariait ses tendances. Elle lui

---

(1) *Pensées d'une solitaire*, passim.
(2) Id., *Ma vie*, p. III.
(3) Montdidier.
(4) Ouvr. cit., p. VI.
(5) Id., p. XI.

permit cependant, en 1838, de partir pour Berlin d'où elle revint au bout d'un an « complètement germanisée (1) », à ce point que, quelques années après, ayant perdu sa mère, elle s'empressa de regagner Berlin où le hasard lui fit rencontrer Paul Ackermann. « C'était un jeune homme doux, sérieux, austère » ; destiné au ministère évangélique, il s'était aperçu, ses études théologiques terminées, qu'il n'était même plus chrétien. Cet ex-étudiant en théologie, ne croyant plus au Christ, se prit pour la fille du voltarien de vieille roche d'une passion profonde dont elle fut d'abord plus effrayée que charmée, et qu'elle n'eut pas le courage de repousser. Elle devint Mme Ackermann.

Après deux ans de bonheur intime, passés dans une vie de labeur commun, Paul Ackermann mourut, le 26 juillet 1846. On peut juger du déchirement produit par ce coup subit dans un cœur qui, après s'être longtemps refusé à la tendresse, après s'être résigné à vivre et à mourir vierge, s'était tout d'un coup précipité dans un amour sincère et profond. C'est à Nice, dans une solitude champêtre, qu'elle porta son désespoir et c'est là que la muse vint à nouveau la visiter.

Sans foi religieuse, profondément pénétrée des hardies spéculations philosophiques d'outre-Rhin, cruellement convaincue du néant des affections les plus profondes et les plus pures par la mort prématurée de celui qui était le tout de sa vie, Mme Ackermann était une proie assurée pour le pessimisme.

---

(1) Ouvr. cit., p. ıx.

Mais, en même temps, sa nature généreuse, énergique et forte la mettait en garde contre les nonchalances décevantes qui auraient pu lui faire chercher le repos dans la somnolence de la volonté; douée d'une infatigable curiosité, Mᵐᵉ Ackermann « suivait avec intérêt les travaux de la science moderne (1). » Les théories de l'évolution et de la transformation des forces étaient en parfait accord avec les tendances panthéistes de son esprit. Elle crut y trouver la solution des problèmes qui la préoccupaient et se lança hardiment dans les voies nouvelles que la science ouvrait à la pensée. Ce n'est pas dans les routes stériles de la poésie didactique qu'elle s'égare; les états de l'âme en face des affirmations de la science, voilà à proprement parler le sujet de ses chants (2). La

(1) Ouvr. cit., p. xvi.
(2) Mᵐᵉ Ackermann explique elle-même les sources où elle a puisé ses inspirations (Ouvr. cit., p. xvii) : « D'après ce court exposé de mon développement poétique, on reconnaîtra facilement les sources diverses où j'ai puisé mes rares inspirations. Chemin faisant, j'ai aussi répondu à ces deux questions qu'on m'adresse souvent aujourd'hui : Pourquoi si tard ? pourquoi si peu ? Ma vie peut elle-même se résumer tout entière en quelques mots : une enfance engourdie et triste, une jeunesse qui n'en fut pas une, deux courtes années d'union heureuse, vingt-quatre ans de solitude volontaire. Cela n'est pas précisément gai, mais on n'y découvre cependant rien qui justifie mes plaintes et mes imprécations. Les grandes luttes, les déceptions amères m'ont été épargnées. En somme, mon existence a été douce, facile, indépendante. Le sort m'a accordé ce que je lui demandais avant tout : du loisir et de la liberté. Quant aux résultats récents de la science, ils ne m'ont jamais personnellement troublée ; j'y étais préparée d'avance. Je puis même dire que je m'y attendais. Bien plus, j'acceptais avec une sorte de satisfaction sombre mon rôle d'apparition fugitive au sein des agitations incessantes de l'être. Mais si je prenais facilement mon parti de mon sort individuel, j'entrais dans des sentiments tout différents dès qu'il s'agissait de mon espèce. Ses misères, ses douleurs, ses aspirations

science positive entend supprimer les espérances sur lesquelles se reposait jusqu'ici l'humanité ; sous prétexte de l'affranchir des terreurs religieuses qui l'opprimaient, elle la laisse seule, impuissante, en présence des cieux vides et des forces brutales d'une nature aveugle. Quel son rendra l'âme humaine en face de cette situation désolante, le jour où elle aura réellement perdu toutes les croyances que condamne une science présomptueuse, le jour surtout où, avec les croyances positives, auront disparu ces traditions spiritualistes, ces involontaires ressouvenirs chrétiens qui sont comme la conséquence d'une longue suite de siècles pendant lesquels l'humanité a cru à ce que la science nie aujourd'hui ? L'homme nouveau ayant rompu avec le passé, ayant modifié ses croyances, ses habitudes, son langage, car aujourd'hui les plus positivistes restent encore, malgré eux, les enfants des croisés, l'homme entièrement nouveau, dégagé de toutes les illusions et de toutes leurs conséquen-

vaines me remplissaient d'une pitié profonde. Considéré de loin, à travers mes méditations solitaires, le genre humain m'apparaissait comme le héros d'un drame lamentable qui se joue dans un coin perdu de l'univers, en vertu des lois aveugles, devant une nature indifférente, avec le néant pour dénouement.

« L'explication que le christianisme s'est imaginé d'en donner n'a apporté à l'humanité qu'un surcroît de ténèbres, de luttes et de tortures. En faisant intervenir le caprice divin dans l'arrangement des choses humaines, il les a compliquées, dénaturées. De là une haine contre lui, et surtout contre les champions et propagateurs plus ou moins convaincus, mais toujours intéressés, de ses fables et de ses doctrines. Contemplateur à la fois compatissant et indigné, j'étais parfois trop ému pour garder le silence. Mais c'est au nom de l'homme collectif que j'ai élevé la voix : Je crus même faire œuvre de poète en lui prêtant des accents en accord avec les horreurs de sa destinée. »

ces directes ou indirectes, que pensera-t-il de la vie? Se résignera-t-il à chercher quelques joies dans ces jours courts et mauvais, joies nécessairement empoisonnées par la certitude de la mort? s'irritera-t-il contre sa destinée? et devenu, au milieu de ses triomphes, plus malheureux que ne le furent jamais ses devanciers, ira-t-il demander à la science je ne sais quel procédé perfectionné d'anéantissement personnel ou collectif? Nul ne le sait. Il est cependant permis de conjecturer à propos d'un avenir qui devrait être prochain, si les prétentions de la science sont fondées ; suivant toutes probabilités, les uns s'abandonneront à une morne résignation, les autres se révolteront indignés, refusant d'être plus longtemps les jouets inutiles et souffrants de forces aveugles et cruelles ; mais ce qui est certain c'est que tous seront malheureux, irrévocablement malheureux, à ce point que leurs plaintes monotones et inutiles perdront bientôt toute éloquence.

Nous n'en sommes pas encore là. Dieu merci, les dogmes abandonnés, les vérités niées continuent pendant longtemps à gouverner les intelligences à leur insu ; les clartés qu'ils répandent survivent à toutes les négations, comme, par une soirée d'été, les lueurs du couchant illuminent encore le ciel longtemps après que le dernier point éblouissant du disque solaire a disparu derrière l'horizon. Et alors l'homme a cessé de croire, son esprit nie, son intelligence s'installe dans le scepticisme, mais cet incrédule est encore tout pénétré de ce qui hier était pour lui la vérité, la partie la plus noble du patrimoine de l'humanité, de ce qui jusqu'alors et depuis des siècles, faisait en même temps l'honneur et la moralité de la vie. La transition est dramatique, elle provoque, à la fois, les enthousiasmes du triomphe et les cuisantes douleurs naissant du ressouvenir des espérances évanouies et des vagues appréhensions que suscite, chez les plus fermes, leur suppression absolue.

Ces sentiments contraires exprimés avec une mâle éloquence se heurtent dans les œuvres de Mme Ackermann et leur donnent une haute saveur. Triomphe et désespoir, victoire de la science, abîmes du pessimisme, ne retrouve-t-on pas tout cela dans ces beaux vers intitulés « le positivisme » ?

> « Il s'ouvre par delà toute science humaine
> Un vide dont la foi fut prompte à s'emparer.
> De cet abîme obscur, elle a fait son domaine ;
> En s'y précipitant elle a cru l'éclairer.
> Eh bien ! nous t'expulsons de tes divins royaumes,
> Dominatrice ardente, et l'instant est venu :
> Tu ne vas plus savoir où loger tes fantômes ;
> Nous fermons l'inconnu.
>
> Mais ton triomphateur expiera ta défaite.
> L'homme déjà se trouble, et, vainqueur éperdu,
> Il se sent ruiné par sa propre conquête :
> En te dépossédant nous avons tout perdu.
> Nous restons sans espoir, sans recours, sans asile,
> Tandis qu'obstinément le désir qu'on exile
> Revient errer autour du gouffre défendu (1). »

Au reste l'Inconnu ne tarde pas à se venger, la science peut avoir délogé les fantômes de la foi, mais

---

(1) *Œuvres de L. Ackermann.* — *Ma vie.* — *Premières poésies.* — *Poésies philosophiques*, Paris, Lemerre, 1885, p. 94.

les lumières, dont elle prétend tout inonder, laissent encore impénétrables bien des obscurités. Gœthe mourant s'écriait : « *Mehr Licht! Mehr Licht!* » et notre poète, mettant ce cri dans la bouche de l'humanité, constate l'impuissance de la science et l'irrémédiable misère intellectuelle de l'homme.

« Notre œil perçoit encore, oui! mais, supplice horrible!
　C'est notre esprit qui ne voit pas (1). »
La foi..... « n'a jamais sur la terre
Apporté qu'un surcroît d'ombre et de cécité...

La science à son tour s'avance et nous appelle,
. . . .
Eh bien! tous nos efforts à sa torche immortelle
　N'ont arraché que des lueurs.

Et l'homme est là, devant une obscurité vide,
Sans guide désormais, et tout au désespoir
De n'avoir pu forcer, en sa poursuite avide,
　L'invisible à se laisser voir.

De la lumière donc! bien que ce mot n'exprime
Qu'un désir sans espoir qui va s'exaspérant.
A force d'être en vain poussé, ce cri sublime
　Devient de plus en plus navrant. »

La science est donc impuissante à remplir le cœur de l'homme ; sera-t-il plus heureux en poursuivant l'Idéal ?

« Idéal! Idéal! sur tes traces divines,
Combien déjà se sont égarés et perdus!

---

(1) Ouvr. cit., *De la lumière!* p. 135.

> Les meilleurs d'entre nous sont ceux que tu fascines (1);
> . . . .
> Qu'en fais-tu ? Des martyrs, des fous, des déserteurs.
> Leur aspiration ne fut qu'une torture ;
> Car tu ne repais point ; tu ne veux que leurrer.
> Toi qui les affamais, tu leur devais pâture,
> Et tu ne leur donnas qu'une ombre à dévorer (2) ! »

Banqueroute de la science, mensonges de l'idéal, et voilà le désespoir, le découragement.

Ailleurs l'irritation, la colère l'emportent et se traduisent par des imprécations ; c'est l'humanité sous la figure de Prométhée qui reproche à Jupiter sa cruauté :

> « Oui ! tandis que du Mal, œuvre de ta colère,
> Renonçant désormais à sonder le mystère,
> L'esprit humain ailleurs portera son flambeau,
> Seul je saurai le mot de cette énigme obscure,
> Et j'aurai reconnu, pour comble de torture,
>   Un Dieu dans mon bourreau (3). »

C'est l'homme qui maudit la nature :

> « J'offre sous le soleil un lugubre spectacle,
> Ne naissant, ne vivant que pour agoniser.
> L'abîme s'ouvre ici, là se dresse l'obstacle :
>   Ou m'engloutir, ou me briser !
>
> Mais jusque sous le coup du désastre suprême,
> Moi l'homme, je t'accuse à la face des cieux.
> Créatrice, en plein front reçois donc l'anathème
>   De cet atome audacieux.
>
> Sois maudite, ô marâtre ! en tes œuvres immenses,
> Oui maudite à ta source et dans tes éléments,

---

(1) Ouvr. cit., *l'Idéal*, p. 159.
(2) Id., p. 165.
(3) Id., *Prométhée*, p. 103.

> Pour tous tes abandons, tes oublis, tes démences,
> Aussi pour tes avortements!
>
> Qu'envahissant les cieux, l'Immobilité morne,
> Sous un voile funèbre éteigne tout flambeau,
> Puisque d'un univers magnifique et sans borne
> Tu n'as su faire qu'un tombeau (1)! »

Ainsi le cri de victoire de l'homme qui a arraché au monde son secret, qui a dissipé les illusions de son berceau, c'est un cri de colère ; il ne traduit pas le sentiment de bonheur d'un être arrivé, par le libre jeu de son développement, au serein épanouissement de ses facultés, on y devine les âpres voluptés de la révolte. La vérité, l'homme est moins heureux de l'avoir enfin trouvée qu'irrité contre celui qui la lui a si longtemps dérobée. Il sent d'ailleurs qu'elle est douloureuse et son orgueil lui dissimule mal l'inanité de sa victoire. Aussi est-ce dans la bouche de Satan, « le vieux révolté », que Mme Ackermann met ces paroles par lesquelles il brave la divinité.

> « Ton Paradis, tu peux le fermer à ton gré ;
> Quand tu l'eusses rouvert dans un jour de clémence,
> Le noble fugitif n'y fût jamais rentré.
>
> . . . .
>
> C'en est fait pour toujours du pauvre Adam timide ;
> Voici qu'un nouvel être a surgi : l'Homme est né !
> L'Homme, mon œuvre à moi, car j'y suis tout moi-même ;
> Il ne saurait tromper mes vœux ni mon dessein.
> Défiant ton courroux par un effort suprême,
> J'éveillai la raison qui dormait dans son sein.

---

(1) Ouvr. cit., *l'Homme à la nature*, p. 118.

> Cet éclair faible encore, cette lueur première
> Qui deviendra le jour, c'est de moi qu'il la tient.
> Nous avons tous les deux créé notre lumière,
> Oui, mais mon *Fiat lux* l'emporte sur le tien (1)! »

Cette vérité que l'homme s'imagine avoir dérobée à une Divinité jalouse, elle est horrible et la nature, cet être métaphorique qui remplace le Dieu personnel et juste, celui que l'on appelait le bon Dieu et que l'on pouvait aimer, dit durement à l'homme :

> « A ton tour, à ton heure, il faut que tu périsses.
> Ah! ton orgueil a beau s'indigner et souffrir,
> Tu ne seras jamais dans mes mains créatrices
>   Que de l'argile à repétrir (2). »

D'ailleurs, malgré lui, le poëte croit à ce Dieu qu'il nie ; je n'en veux pour preuves que ses colères, ses imprécations et ses cris de rage. L'incrédulité convaincue s'accorde mal avec de telles émotions qu'expliquent au contraire le doute et les cruelles incertitudes qu'il entraîne.

> « Ah! seules, si des Lois aveugles et fatales
> Au carnage éternel nous livraient sans nous voir,
> D'un geste résigné nous saluerions nos reines.
> Enfermé dans un cirque impossible à franchir,
> L'on pourrait néanmoins devant ces souveraines,
> Tout roseau que l'on est, s'incliner sans fléchir.
> Oui, mais si c'est un Dieu, maître et tyran suprême,
> Qui nous contemple ainsi nous entre-déchirer,
> Ce n'est plus un salut, non! c'est un anathème
> Que nous lui lancerons avant que d'expirer.

---

(1) Ouvr. cit., *Satan*, p. 132.
(2) Id., *la Nature à l'homme*, p. 143.

Comment ! ne disposer de la Force infinie
Que pour se procurer des spectacles navrants,
Imposer le massacre, infliger l'agonie,
Ne vouloir sous ses yeux que morts et que mourants !
Devant ce spectateur de nos douleurs extrêmes
Notre indignation vaincra toute terreur ;
Nous entrecouperons nos râles de blasphèmes,
Non sans désir secret d'exciter sa fureur.
Qui sait ? nous trouverons peut-être quelque injure
Qui l'irrite à ce point que, d'un bras forcené,
Il arrache des cieux notre planète obscure,
Et brise en mille éclats ce globe infortuné.
Notre audace du moins vous sauverait de naître,
Vous qui dormez encore au fond de l'avenir,
Et nous triompherions d'avoir, en cessant d'être,
Avec l'Humanité forcé Dieu d'en finir.
Ah ! quelle immense joie après tant de souffrance !
A travers les débris, par-dessus les charniers,
Pouvoir enfin jeter ce cri de délivrance :
« Plus d'hommes sous le ciel, nous sommes les derniers ! (1) »

Nous avons là une vision de la fin des temps, une traduction poétique du suicide cosmique d'Edouard de Hartmann, quelque chose qui rappelle en le dramatisant le suprême procédé de libération préconisé par Schopenhauer. Au reste l'influence de la philosophie allemande sur Mme Ackermann n'est pas douteuse ; n'avoue-t-elle pas elle-même être revenue « complètement germanisée (2) », de Berlin, cette ville dont « à peu d'exceptions près, les habitants ne vivaient que pour apprendre ou enseigner (3) », cette

---

(1) Ouvr. cit., *Pascal*, p. 157.
(2) Id., p. ix.
(3) Id., p. x.

ville où « les questions philosophiques et littéraires passionnaient seules les esprits ».

Et cependant Mme Ackermann tient beaucoup à ne pas être un simple disciple de Schopenhauer. Elle prend soin d'affirmer l'originalité et le caractère tout personnel de son pessimisme; elle en donne pour preuve, dans une sorte d'appendice à son autobiographie, des vers sortis de sa plume dès 1830 et recueillis par une de ses sœurs (1). L'argument en lui-même n'est peut-être pas décisif, car des exagérations poétiques ne sont pas toujours la preuve de convictions philosophiques arrêtées; toutefois nous n'avons aucune raison de suspecter la sincérité de Mme Ackermann quand elle nous affirme que « ses vues sur la destinée humaine remontent, hélas! bien plus haut et lui sont tout à fait personnelles (2) ». Pour nous, elles s'expliquent facilement par une pente naturelle de l'esprit, un grand déchirement de cœur et l'absence de toute croyance religieuse. L'espérance ne saurait habiter dans une âme sans foi, car la vie humaine, avec toutes les découvertes modernes, avec toutes les espérances légitimes de la science, devient triste et mauvaise dès qu'on supprime le Dieu personnel qui en est l'auteur et la fin. Si le monde est ce que prétend la science positiviste, s'il faut nier avec elle l'immortalité de l'âme, la survivance de la conscience,

---

(1) Ouvr. cit., p. xix. La pièce est intitulée *l'homme*; ses misères y sont énumérées, on y lit notamment ces vers :
   « Sous le poids de tes maux ton corps usé succombe,
   Et, goûtant de la nuit le calme avant-coureur,
   Ton œil se ferme enfin du sommeil de la tombe :
   Réjouis-toi, vieillard, c'est ton premier bonheur. »

(2) Ouvr. cit., p. xix.

l'existence d'un Dieu provident et juste, la misère de la vie est aussi évidente qu'irrémédiable et si quelque chose pouvait ajouter à cette misère, c'est la pensée qu'elle ne finira jamais et le sentiment de la puérile insuffisance des moyens de libération actuelle ou future imaginés par l'orgueilleuse folie de l'homme. Mme Ackermann n'avait donc pas besoin de puiser dans la lecture des œuvres de Schopenhauer un pessimisme qui est chez elle la suite naturelle des négations qu'elle accepte comme la conséquence nécessaire des conquêtes de la science.

Mme Ackermann nous offre un exemple de poésies franchement philosophiques; elle personnifie la lutte entre les croyances anciennes et les froides négations d'une science qui entend supprimer tout ce qui dépasse le cercle étroit de ses connaissances. Ce qui donne la vie à ses chants c'est le caractère dramatique de cette lutte, son inspiration vit donc tout autant de la vieille foi que de la négation moderne. Mais les poésies toute philosophiques sont rares, au contraire rien de plus fréquent que de retrouver, dans les œuvres des poètes modernes, des tendances pessimistes conséquence des négations philosophiques. On ne peut jeter un coup d'œil sur les productions de la poésie contemporaine sans être frappé du sentiment de lassitude qui pèse sur elle et du timbre désolé de ses chants. Evidemment la maladie du siècle, cette tristesse incurable dont quelques-uns aiment à se moquer et qui résulte cependant d'une souffrance véritable, atteint surtout les poètes, ces âmes délicates qui, par un don parfois fatal, vibrent plus que d'autres et peuvent mourir des misères qui effleurent à peine l'organisme vulgaire.

L'intensité du mal varie, mais il est répandu partout dans le monde des lettrés, presque tous en sont atteints. Les moins gravement touchés, ceux chez qui le mal prend la forme d'un malaise vague plutôt que celle d'une maladie aiguë, sont ceux qui semblent avoir conservé au milieu des négations du jour, soit un souvenir des croyances antiques, soit le culte d'un nouvel idéal substitué à l'ancien. Stendhal, Chateaubriand, de Vigny (1), Musset peuvent être cités comme exemples de ces affections psychologiques légères. Ils en appellent volontiers des réalités du présent désenchanté à je ne sais quelles visions d'un passé de convention, comme si l'on pouvait guérir son mal en le dépaysant. Pour un temps, le romantisme leur suffit ; mais l'idéal romantique était, en fait, disproportionné avec l'homme et son milieu ; il suffit de constater cette disproportion pour comprendre qu'il ait trahi toutes les espérances et exaspéré le mal auquel il devait porter remède.

Le tempérament de chaque poète influe d'ailleurs sur son œuvre. Il ne faut jamais oublier que si certaines circonstances générales favorisent, à un moment donné, l'éclosion ou la diffusion des théories

---

(1) Alfred de Vigny écrit dans son journal intime : « La vérité sur la vie c'est le désespoir (p. 93) ... Il est certain que la création est une œuvre manquée ou à demi accomplie, et marchant vers sa perfection à grand peine... Il n'y a de sûr que notre ignorance et que notre abandon » (p. 103). *Journal d'un poète* publié par Louis Ratisbonne. Paris, Michel Lévy, 1867.

pessimistes, il y a toujours des tempéraments naturellement portés à ne voir que le mauvais côté des événements qui forment la trame de la vie (1). La volonté aidée de l'habitude peut, par une sage hygiène morale, réagir contre ces tendances résultant de la constitution, elle peut, sinon rétablir toujours l'équilibre, du moins contrebalancer dans une certaine mesure des prédispositions organiques fâcheuses; mais rien n'énerve la volonté comme le doute, et quand il vient à s'installer dans une âme prédisposée à la souffrance par l'influence d'un tempérament malheureux, le pessimisme règne en maître.

Le doute ne serait-il pas la cause principale de cette mélancolie qui pèse sur les meilleurs esprits de notre temps et contraste si vivement avec l'épanouissement radieux d'une civilisation triomphante? Qu'est-ce que la vie? Qu'est-ce que la douleur qui l'empoisonne? Qu'est-ce que la mort qui la termine brusquement? A ces redoutables questions que l'on peut bien un instant oublier, mais qui, à une heure donnée, nous saisissent à la gorge au détour du chemin, on peut répondre par un acte de foi et l'expérience constate que l'acte de foi est toujours suivi d'un apaisement, les âmes croyantes, quelques souffrances qu'elles endurent, sont toujours des âmes consolées; on peut répondre par un acte de révolte, par une négation, mais nier le mal ce n'est point le guérir et le révolté continue de souffrir; on peut enfin osciller entre la foi éteinte et la négation

---

(1) Voir, sur les tempéraments malheureux, James Sully, *le Pessimisme*, trad. p. Bertrand et Gérard, Paris, Germer-Baillière, 1882, p. 386.

dont on devi... .stinctivement la témérité, on peut douter et le doute en face de ces problèmes qui veulent une solution précise, parce qu'ils commandent la vie pratique, est de tous les états de l'esprit le plus douloureux.

Il serait pénible de poursuivre impitoyablement la démonstration de ces vues, en scrutant curieusement les lacunes et les plaies intimes de ces hommes d'élite dont quelques-uns comptent parmi les gloires de notre pays. Il est d'ailleurs facile de se tromper sur le compte de quelques-uns, faute de renseignements précis, quand ont veut entrer dans le détail. Aussi comprendra-t-on notre réserve, commandée par un sentiment de respect. Laissant à chacun le soin de poursuivre à sa guise la vérification de nos hypothèses sur ceux de ses poètes préférés dont il connaît le mieux le développement intime, nous indiquerons seulement, comme en passant, quelques cas de pessimisme chez nos poètes contemporains.

Charles Beaudelaire, ce poète de race qui exerce sur beaucoup une sorte de fascination, qui pose pour le révolté, chante l'amour et se plait à analyser curieusement ses sensations compliquées, aboutit à une incurable tristesse, à l'horreur de l'être et à un désir maladif du néant. Le 14 juillet 1857, il écrivait à M. Edouard Thierry à propos d'un article de critique sur un de ses volumes : « Combien je vous remercie d'avoir insisté sur *cette immense tristesse* qui est, en effet, la seule moralité du volume. » Il en était arrivé à ne plus voir que

« La femme vile, orgueilleuse, stupide,
Sans rire s'adorant et s'aimant sans dégoût,

L'homme, tyran goulu, pillard dur et cupide,
Esclave de l'esclave et ruisseau de l'égout (1). »

Il rêvait de la mort comme d'une délivrance (2).

Son journal intime permettrait de pénétrer les causes toutes morales de ce pessimisme fait de remords et de névrose. Il est impossible de lire ces pages lamentables sans voir la faute de la volonté et sans comprendre le châtiment terrible dont elle a été punie. Nous n'en voulons citer que les lignes suivantes : « Au moral comme au physique, j'ai toujours eu la sensation du gouffre, non seulement du gouffre du sommeil, mais du gouffre de l'action, du rêve, du souvenir, du désir, du regret, du remords, du beau, du nombre, etc.

J'ai cultivé mon hystérie avec jouissance et terreur. Maintenant, j'ai toujours le vertige, et aujourd'hui 23 janvier 1862, j'ai subi un singulier avertissement, j'ai senti passer sur moi le vent de l'aile de l'imbécillité. »

M. Sully Prudhomme est un poète de l'école de Musset, c'est un moderne qui scrute curieusement

---

(1) Un disciple de Baudelaire, le dr Henri Cazalis, dit de lui, dans *Mélancholia*, qu'il ne voit plus :

« Sous le vide des cieux
« Que l'animalité de l'homme et de la femme. »

(2) En décembre 1860, à 39 ans, il écrit à Auguste Poulet-Malassis : « Je veux ajouter quelques mots, de ces mots que je ne peux dire qu'à vous. Depuis assez longtemps, je suis au bord du suicide, et ce qui me retient, c'est une raison étrangère à la lâcheté et même au regret. C'est l'orgueil qui m'empêche de laisser des affaires embrouillées. » *Correspondances inédites*.

les abîmes de la vie morale et se heurte hardiment aux grands problèmes philosophiques. Souvent ses vers sont des sanglots et la plupart de ses poésies rendent un son désolé dans lequel on devine les regrets de la foi perdue.

N'est-ce pas un pessimiste dégoûté de tout, écrasé par la nature aveugle, qui écrit ces beaux vers ?

« Arrière les savants, les docteurs, les apôtres,
Je n'interroge plus, je subis désormais.

Ah! qui que vous soyez, vous qui m'avez fait naître,
Qu'on vous nomme hasard, force, matière ou dieux,
Accomplissez en moi, qui n'en suis pas le maître,
Les destins sans refuge, aussi vains qu'odieux.

Et si je dois fournir aux avides racines
De quoi changer mon être en mille êtres divers,
Dans l'éternel retour des fins aux origines,
Je m'abandonne en proie aux lois de l'univers (1). »

Ne retrouve-t-on pas, dans ceux-ci, l'horreur de la vie, la crainte de la perpétuer qui hantaient l'esprit de Mainlænder ?

« Non, pour léguer son souffle et sa chair sans scrupule,
Il faut être enhardi par un espoir puissant,
Pressentir une aurore au lieu d'un crépuscule
Dans les rougeurs qui font l'incendie et le sang (2). »

La pièce intitulée *le Tourment divin* va nous livrer le secret de cette douleur amère. Après avoir mon-

---

(1) *Les vaines tendresses*, Sur la mort, p. 126.
(2) Id., Vœu, p. 409.

tré tous les êtres s'agitant comme attirés vers un terme auquel ils sont conviés, le poète ajoute :

> « De tous les vivants de la terre
> Le plus parfait, le dernier-né,
> L'homme se sent abandonné ;
> Son culte lui reste un mystère.
> Tandis que la faux et le frein
> Vous font haïr sa tyrannie,
> Il épuise, lui, son génie
> A découvrir son souverain.
> Après qu'il a de mille images
> Peuplé d'innombrables autels,
> A d'éphémères immortels
> Rendu d'infructueux hommages ;
> Après qu'il a tout adoré,
> Jusqu'à la brute sa servante,
> Sa solitude l'épouvante ;
> Son Dieu lui demeure ignoré.
>
> Et sous l'Infini qui l'accable
> Prosterné désespérément
> Il songe au silence alarmant
> De l'Univers inexplicable :
> Le front lourd, le cœur dépouillé,
> Plus troublé d'un savoir plus ample,
> Dans la cendre du dernier temple,
> Il pleure encore agenouillé (1). »

Il serait facile de multiplier ces citations ; les œuvres de M. Lecomte de Lisle (2), de M. François Coppée (3) et d'autres moins connus : M. Omer

---

(1) *Le tourment divin.*
(2) Voir *Poèmes tragiques. Poèmes barbares.*
(3) Voir notamment *Une mauvaise soirée.*

Chevalier (1), M. Hippolyte Buffenoir (2), M. Rollinat (3), M. Emile Goudeau (4), nous fourniraient bien des citations frappantes ; mais ne suffit-il pas d'avoir constaté la multiplicité de ces cas de pessimisme qui se manifestent chez nos poètes modernes, non pas comme le résultat d'une théorie philosophique acceptée, mais plutôt comme la conséquence d'un ensemble de circonstances qui forment le milieu dans lequel les poètes vivent ainsi que nous, mais qui les impressionne plus que nous précisément parce qu'ils sont poètes.

Avant de quitter les poètes contemporains, qu'il me soit permis de citer un des plus jeunes d'entre eux, M. Jean Berge. A vingt ans il écrit les vers suivants qui ne sont pas déplacés dans une étude sur les théories pessimistes (5) :

> Ils ont fermé les cieux et banni la clémence,
> Et maintenant plus rien n'est dans la voûte immense
> Que l'espace sans fond et le vide infini ;
> Il n'est plus dans la sphère une étoile vivante,
> Les astres d'or ont tu leur langage béni.
>
> Oui le livre est fermé des sublimes légendes,
> De ton trône serein il faut que tu descendes,

(1) Voir *le livre des parias.*
(2) Voir *Cris d'amour et d'orgueil.*
(3) M. Rollinat est filleul de Georges Sand. Grand admirateur de Baudelaire, il chante, en se jouant des difficultés prosodiques, les serpents, les vipères, les crapauds, tous les reptiles froids et visqueux. Sa poésie est triste et sombre, elle donne le frisson. Voir *dans les brandes.*
(4) Voir *Fleurs de bitume.*
(5) La pièce est intitulée la prière, le volume d'où elle est extraite a pour titre *les Extases.*

O Dieu sublime et bon qu'on avait inventé.
Lassé des vains espoirs que l'orgueil imagine,
L'homme, d'un fier regard, sondant son origine,
Ne croit plus au destin dont il s'était vanté.

Plus de ciel! d'au delà! de divine chimère !
Plus rien, la lutte sourde avec la vie amère,
Et puis le grand sommeil profond sans lendemain.
. . . .
Qu'importe! après nous morts, d'autres hommes vont naître,
Que l'on verra passer un jour pour disparaître,
Sous les mêmes rayons de l'éternel soleil!

Mais pourquoi donc alors, puisque tu nous consumes,
Nature, abreuves-tu nos jours des amertumes?
Qui pourra te comprendre en tes obscurs desseins?
. . . .

Dans la seconde partie, la prière monte d'astre en astre; nul ne sait où est Dieu:

> La prière va d'étoile en étoile,
> Sans que l'inconnu relève son voile,
> En cherchant toujours pour ne rien savoir,
> Et croyant partout voir flotter la robe
> De ce Dieu caché que le ciel dérobe,
> Sans jamais l'atteindre et le voir.

II

Ainsi notre prière a les ailes cassées;
Nous n'avons plus d'élan vers Dieu dans nos pensées,
Et nous fermons le ciel sans pouvoir le rouvrir.
Nous sommes seuls, perdus au sein des nuits profondes;
Marins las de lutter contre l'assaut des ondes,
Attendant qu'ait sonné notre heure de mourir.

Il ne nous reste rien dans les choses amères,
Puisque l'esprit humain se repaît de chimères,
Et que les rêves bleus sont superflus pour nous,
Puisque le sort fatal n'a plus une espérance,
Et qu'on n'a plus de foi pour se mettre à genoux.

Pourquoi sommes-nous nés? Quelle est la loi stupide
Qui sous son bras vainqueur nous terrasse et nous guide?
Qui donc mit l'idéal debout dans notre sein?
Pourquoi sommes-nous plus ou moins qu'une autre brute?
Pourquoi donc pensons-nous puisque le rêve butte
Au *nihil*, en créant nos douleurs par essaim?

Je ne suis pas de ceux qui hurlent aux fantômes
Et jettent au néant leur colère d'atome :
Ne blasphémons pas Dieu quand Dieu n'existe pas.
Mais nous pouvons vraiment maudire notre père
Qui, connaissant le sort que notre vie espère,
Nous a donné le jour pour avoir le trépas.

Ai-je tort? Avouons, amis, coûte que coûte,
Que la Raison ainsi parle quand on l'écoute… »

Le roman tient aujourd'hui, dans la littérature, une large place; un genre de roman nouveau est né, on lui a donné le nom de roman naturaliste et comme le roman vit surtout de nouveauté, tous les romans nouveaux sont plus ou moins naturalistes. Or le roman naturaliste c'est le roman sans Dieu, c'est le roman fataliste. C'est le roman mettant en mouvement, dans un monde où tout est matière, où tout obéit à la tyrannie de lois inflexibles, des êtres sans âme, sans liberté. On voit bien ce que le romancier perd à toutes ces suppressions, on voit mal ce qu'il y gagne et malgré le talent incontestable de plusieurs de ceux qui ont adopté les règles de l'esthétique nouvelle, malgré les succès retentissants de quelques-uns, on peut déjà prévoir une réaction. Mais nous n'avons point à faire ici de la critique littéraire ; ce sur quoi nous voudrions insister, c'est sur le caractère pessimiste des productions naturalistes.

Prenons, par exemple, l'œuvre de M. Zola; qui niera qu'il s'en dégage une amère tristesse ? Comment parcourir cette galerie où l'auteur entasse pêle-mêle tous ces types hideux, qui n'ont plus rien de l'homme, car le sens moral paraît leur manquer (1), comment parcourir cette galerie sans se sentir envahi par le désespoir ? Quoi ! ce sont là ces hommes avec lequels nous sommes condamnés à vivre ! ce sont là nos semblables ! et quand même, par je ne sais quel privilège, nous échapperions à cette honteuse ressemblance, ne forment-il pas, après tout, le gros de l'humanité ? Ajoutons que M. Zola ne comprend ni n'explique cette douleur physique qu'il peint si bien. Elle reste à l'état d'énigme anxieuse pour lui comme pour Lazare Chanteau, dans *la joie de vivre*. « C'était surtout la douleur qui le jetait hors de lui, dans une révolte nerveuse, une protestation affolée contre l'existence. Pourquoi cette abomination de la douleur ? n'était-ce pas monstrueusement inutile, ce tiraillement des chairs, ces muscles brûlés et tordus,

---

(1) M. Zola dit, dans la préface de *Thérèse Raquin*, que ce qu'il a voulu c'est « peindre des brutes humaines, rien de plus. » Voir Ferdinand Brunetière, *le Roman naturaliste*, Calmann Lévy, 1883.

lorsque le mal s'attaquait à un pauvre corps de fille, d'une blancheur si délicate (1). »

Il ne comprend pas davantage la mort : « C'était donc cela mourir ? C'était ce plus jamais, ces bras tremblants refermés sur une ombre, qui ne laissait d'elle qu'un regret épouvanté (2). » Il sent, d'ailleurs, que le naturalisme exaspère toutes ces souffrances et que la douleur et la mort n'en deviennent que plus inexpliquées, partant plus insupportables : « Encore si Lazare avait eu la foi en l'autre monde, s'il avait pu croire qu'on retrouverait un jour les siens, derrière le mur noir. Mais cette consolation lui manquait, il était trop convaincu de la fin individuelle de l'être, mourant et se perpétuant dans l'éternité de la vie. Il y avait là une révolte déguisée de son moi, qui ne voulait pas finir.... Il agonisait devant ce mensonge charitable des religions, dont la pitié cache aux faibles la vérité terrible... Non, tout finissait à la mort, rien ne renaissait de nos affections, l'adieu était dit à jamais. Oh! jamais! jamais! c'était ce mot redoutable qui emportait son esprit dans le vertige du vide (3) ! »

On peut dépenser beaucoup d'art à peindre des brutes humaines, plus la peinture sera réussie, plus elle inspirera cette amère tristesse, cette profonde haine de la vie qui sont, au premier chef, des sentiments pessimistes.

La même impression douloureuse se dégage des

---

(1) *La joie de vivre*, p. 457.
(2) Id., p. 250.
(3) Id., p. 253.

œuvres de Gustave Flaubert qui reste le maître naturaliste par excellence, comme *Madame Bovary* reste le chef-d'œuvre du genre. Il semble avoir toujours été accablé par ce morne désespoir qui est le lot de ceux qui, après avoir rêvé l'impossible, trouvent toujours une douloureuse disproportion entre l'émotion attendue et l'émotion ressentie.

Tout jeune encore, il écrivait à un ami : « As-tu réfléchi combien nous sommes organisés pour le malheur ». « C'est étrange, écrivait-il plus tard, comme je suis né avec peu de foi au bonheur. J'ai eu, tout jeune, un pressentiment complet de la vie. C'était comme une odeur de cuisine nauséabonde qui s'échappe par un soupirail. On n'a pas besoin d'en avoir mangé pour savoir qu'elle est à faire vomir. »

Ses personnages souffrent tous de la fatigue de vivre, le monde qui les entoure les accable ; on sent qu'ils sont convaincus de la stérilité de leurs efforts et que tous ils ont plus ou moins ressenti la surprise de Salammbô quand, après s'être emparée du manteau merveilleux de la déesse, elle constate ne pas éprouver le bonheur attendu et « reste mélancolique dans son rêve accompli ».

Ne peut-on pas en dire autant de l'auteur lui-même ? à force de haïr l'humanité, de cultiver l'ironie inféconde, de chercher partout et toujours l'envers du bien et du beau, de mépriser les idées pour ne s'attacher qu'à la sonorité de la phrase, au style (1),

---

(1) « Vous ne savez pas vous, écrivait G. Flaubert à Georges Sand, vous ne savez pas vous ce que c'est que de rester toute une journée la tête dans ses deux mains à pressurer sa malheureuse cervelle pour trouver un mot... Oh ! je les aurai connues, les affres

on en arrive à ne réussir à rien parce qu'on s'éloigne du vrai et que l'œuvre perd son sens moral, sa raison d'être (1) ; l'art pour l'art reste la plus décevante des illusions et l'examen, dans leur ordre chronologique, des œuvres de Gustave Flaubert suffirait à le prouver.

Les frères de Goncourt, ces esprits rares, si modernes dans leurs recherches artistiques, si amoureux de la forme, si curieux du bibelot, poussant si loin les procédés d'analyse et le raffinement des sensations, n'aboutissent, eux aussi, qu'à une tristesse maladive. Il semble que chez eux l'équilibre soit rompu et que, par suite de cette rupture, leurs qualités les plus précieuses deviennent des sources de misères et de souffrances.

Au mois de juillet 1870, Jules de Goncourt qui, depuis quelques années, était dans un état de surexcitation nerveuse telle qu'il souffrait du bruit comme d'un brutal attouchement physique, (2) venait de mourir ; son frère Edmond écrivait à M. Emile Zola la lettre suivante, elle sera, avec quelques courts ex-

---

du style. » Voir *lettres de Gustave Flaubert à Georges Sand*, et la préface que Gustave Flaubert a mise aux *dernières chansons* de son ami, Louis Bouilhet.

(1) M. Ferdinand Brunetière fait remarquer (*le Roman naturaliste*, p. 194) que, sauf *M*^{me} *Bovary*, toutes les œuvres de Gustave Flaubert, *Salammbô*, *la tentation de Saint-Antoine*, *Hérodias*, *Un cœur simple*, *l'éducation sentimentale*, *le candidat*, *le château des cœurs*, sont des œuvres manquées.

(2) En 1868, il écrivait à Flaubert : « Oh ! le bruit, le bruit, le bruit ! Je ne peux plus, ni lui non plus, supporter les oiseaux ! J'en arrive à leur crier, comme Debureau au rossignol : « Veux-tu te taire, vilaine bête », p. 380. *Lettres de Jules de Goncourt*, Paris, Charpentier, 1885.

traits empruntés à la correspondance de Jules de Goncourt, la meilleure démonstration des lamentables effets de cette forme nouvelle du pessimisme :

« A mon sentiment, mon frère est mort du travail, et surtout de l'élaboration de la forme, de la ciselure de la phrase, du travail du style. Je le vois encore reprenant des morceaux écrits en commun, et qui nous avaient satisfaits tout d'abord, les retravaillant des heures, des demi-journées avec une opiniâtreté presque colère, changeant ici une épithète, là faisant entrer dans une phrase un rythme, plus loin reprenant un tour, fatiguant et usant sa cervelle à la poursuite de cette perfection si difficile, parfois impossible de la langue française, dans l'expression des choses et des sensations modernes. Après ce labeur, je me le rappelle maintenant, il restait de longs moments brisé sur un divan, silencieux et fumant.

« Ajoutez à cela que, quand nous composions, nous nous enfermions des trois ou quatre jours, sans sortir, sans voir un vivant. C'était pour moi la seule manière de faire quelque chose qui vaille ; car nous pensions que ce n'est pas tant l'écriture mise sur du papier qui fait un bon roman, que l'incubation, la formation silencieuse en vous des personnages, la réalité apportée à la fiction, et que vous n'obtenez que par les accès d'une forte fièvre hallucinatoire, qui ne s'attrape que dans une claustration absolue. Je crois encore ce procédé de composition le seul bon pour le roman, mais je crains qu'il ne soit pas hygiénique.

« Songez enfin que toute notre œuvre, et c'est peut-être son originalité, originalité durement payée, repose sur la maladie nerveuse, que ces peintures de la maladie nous les avons tirées de nous-mêmes, et qu'à force de nous détailler, de nous étudier, de nous disséquer, nous sommes arrivés à une sensibilité supra-aiguë, que blessaient les infiniment petits de la vie. Je dis « nous », car quand nous avons fait *Charles Demailly*, j'étais plus malade que lui..... (1). »

Pendant l'hiver de 1855, Jules de Goncourt écrivait à Aurélien Scholl : « Nous vous écrivons navrés, très positivement. Un peu souffrants de corps tous deux, un peu nous découvrant de grosses promesses d'infirmités pour nos vieux jours, puis, par là-dessus, très malades d'âme, nous raidissant contre le découragement et nous y laissant aller d'heure en heure. Pas une main tendue, — les médiocres et les vieux régnant; — pas un courant, pas un mouvement, la mer littéraire endormie comme un lac d'huile;..... et vos luttes, et vos fièvres, et vos angoisses et votre furie d'avenir, enfin tout ce cœur que vous mettez dans votre tête, ne servant de rien, ne menant à rien (2)... »

Les deux fragments qui suivent montrent bien que toutes les jouissances de l'imagination, même surexcitée dans des organisations sensibles à l'excès, sont impuissantes à produire ces trésors de joie pure et de vaillance saine que la croyance en Dieu suffit à assurer aux âmes droites :

« Faites-vous, écrivait-il à Aurélien Scholl, le 12

---

(1) Ouvr. cit., p. xxiii et xxiv.
(2) Id., p. 80.

octobre 1856, un beau jardin d'imagination, déliez-vous de votre vie le plus possible, vivez un roman que vous écrivez. Je crois que c'est une providence, que nous autres malades, maudits et meurtris, nous puissions, au-dessus des choses et des faits, monter et nous asseoir dans une œuvre, un rêve, un château en feuilleton fait de musique et de mots, et peuplé d'idées volantes... Mais le diable est de mettre l'échelle (1) ! »

« Au fait, il y a des jours où le ciel me semble vieux et l'émail des astres éraillé. Le firmament montre sa trame. On aperçoit des repeints dans des morceaux d'azur. Les frises de l'univers ont un ton pisseux. Le soleil est passé. Dieu me fait l'effet de ces directeurs de théâtre, menacés de faillite, auxquels les fournisseurs ne veulent plus faire crédit et qui réservent au public leur fond de magasin et leurs vieux ciels. Je me figure que le dais nuptial de nos vieux pères, d'Adam et d'Eve, devait être autrement flambant. Le ciel a eu depuis tant de représentations ! Et puis c'est un peu un décor du cirque que le ciel ! Il a essuyé tant de poudre, depuis une centaine d'années (2). »

Les œuvres de Pierre Loti, d'une lecture si attachante, produisent une impression douloureuse et triste. Ici encore nous retrouvons le pessimisme.

Personne peut-être ne réussit mieux que Pierre Loti à multiplier les sensations rares et exquises ;

---

(1) Ouv. cité, p. 139.
(2) Ouv. cit. Lettre à Paul de Saint-Victor (12 juillet 1862), p. 187. Les frères de Goncourt sont revenus avec complaisance sur cette pensée dans *Idées et Sensations*.

il y emploie toutes les ressources d'une observation à la fois profonde et très simple, il y ajoute les richesses d'un « exotisme » mettant à contribution tous les climats, toutes les races, tous les aspects pittoresques d'une planète dont aucun recoin n'a pour lui de mystère. Et alors même que le spectacle de la mort, qui brise tout, ne vient pas traverser ses récits, il en sort un indéfinissable sentiment de tristesse. L'esprit du lecteur, troublé par mille sensations diverses, se prend invinciblement à se demander si même pour ceux qui, comme Loti, n'ont qu'à se louer de la fortune, même pour ceux qui, comme lui, peuvent à leur gré, sans frein d'aucune sorte, multiplier les jouissances et vivre plus et mieux que d'autres, cette vie si éphémère, si inexpliquée est autre chose que la plus décevante des illusions. Savez-vous rien de plus triste qu'une pareille question ?

« A vingt-sept ans Pierre Loti, qui a rêvé sur tous les Océans et visité tous les lieux de joie de l'univers, écrit tranquillement, entre autres jolies choses, à son ami William Brown : « ...Croyez-moi, mon pauvre ami, le temps et la débauche sont deux grands remèdes... Il n'y a pas de Dieu ; il n'y a pas de morale ; rien n'existe de tout ce qu'on nous a enseigné à respecter ; il y a une vie qui passe, à laquelle il est logique de demander le plus de jouissances possible en attendant l'épouvante finale qui est la mort... Je vais vous ouvrir mon cœur, vous faire ma profession de foi : j'ai pour règle de conduite de faire toujours ce qui me plaît ; en dépit de toute moralité, de toute convention sociale. Je ne crois à rien ni à personne ; je n'aime personne ni rien ; je n'ai ni foi ni espérance… (1). »

Cette citation constate et explique en même temps le pessimisme de Pierre Loti. Quand il n'y a plus, dans une âme, ni morale, ni foi, ni espérance, il s'y produit un vide affreux que toutes les jouissances du monde ne sauraient combler.

Le pessimisme, voilà bien le terme auquel aboutissent fatalement aujourd'hui, tant d'esprits en éveil. M. Paul Bourget, un des plus brillants écrivains de la génération nouvelle, pour qui s'est le plus passionnée l'opinion publique, un de ceux sur lesquels les jeunes ont les yeux fixés (2), un de ceux qui ont le mieux scruté chez les autres le mal moderne, en est lui-même gravement atteint. On l'a accusé de prêter à chacun des tendances pessimistes ; mais il est plus facile de critiquer ses vues que de détruire, par une contradiction raisonnée, ses analyses profondes, et, alors même qu'il y aurait quelque exagération dans les *essais de psychologie contemporaine* (3), cette exagération serait due au mal même que M. Paul Bourget signale et dont il souffre tout le premier. Il voit des pessimistes partout, comme le malade atteint de jaunisse voit partout, dit-on, la teinte jaune caractéristique de son mal.

Pour dix écrivains modernes successivement étu-

---

(1) Jules Lemaître, *Revue bleue*, 1886, II, p. 364.

(2) M. Paul Bourget a obtenu, en 1885, le prix Vitet ; voir le rapport de M. Camille Doucet.

(3) *Essais de psychologie contemporaine, Baudelaire, M. Renan, Flaubert, M. Taine, Stendhal*, 3ᵉ édit., Paris, Alph. Lemerre, 1885. — *Nouveaux essais de psychologie contemporaine*, Paris, Alph. Lemerre, 1886.

diés par lui dans ses *essais psychologiques*, M. Paul Bourget recherche comment chacun d'eux comprend le problème de l'existence; « quelles façons de sentir et de goûter la vie il propose à de plus jeunes que lui (1) ». Et il poursuit cette série d'analyses sur les divers types des âmes les plus modernes en y apportant toutes les recherches d'un style imagé et la haute compétence d'un esprit naturellement doué des dons les plus opposés et enrichi de tout ce qu'a pu y ajouter la culture littéraire et morale la plus raffinée.

C'est par Sthendal (Henri Beyle) que M. Paul Bourget termine le premier volume de ses *essais psychologiques*. « La philosophie de Julien Sorel, dans le *rouge et le noir*, était peut-être vraie, écrit Stendhal, mais elle était de nature à faire désirer la mort. » « Apercevez-vous, ajoute M. Paul Bourget, apercevez-vous, à l'extrémité de cette œuvre, la plus complète que l'auteur ait laissée, poindre l'aube tragique du pessimisme? Elle monte, cette aube de sang et de larmes, et, comme la clarté d'un jour naissant, de proche en proche elle teinte, de ses rouges couleurs, les plus hauts esprits de notre siècle, ceux qui font sommet, ceux vers qui les hommes de demain se lèvent, religieusement... J'ai examiné un poète, Baudelaire, j'ai examiné un historien, M. Renan; j'ai examiné un romancier, Gustave Flaubert; j'ai examiné un philosophe, M. Taine; je viens d'examiner un de ces artistes composites en qui le critique et l'écrivain d'imagination s'unissent étroi-

---

(1) Jules Lemaître, *les Contemporains*.

tement, et j'ai rencontré, chez ces cinq Français de tant de valeur, la même philosophie dégoûtée de l'universel néant. Sensuelle et dépravée chez le premier, subtilisée et comme sublimée chez le second, raisonnée et furieuse chez le troisième, raisonnée aussi mais résignée chez le quatrième, cette philosophie se tait aussi sombre, mais plus courageuse chez l'auteur de *Rouge et noir*. Cette formidable nausée des plus magnifiques intelligences devant les vains efforts de la vie a-t-elle raison ! Et l'homme en se civilisant n'a-t-il fait vraiment que compliquer sa barbarie et raffiner sa misère (1) ? »

Dans la préface des *nouveaux essais*, M. Paul Bourget accentue cette même conclusion; il retrouve dans le *Bel ami* de M. de Maupassant, dans l'*A rebours* de M. Huysmans, dans l'*Adolphe* de M. Benjamin Constant, le même désenchantement, la même fatigue de vivre que dans le héros du chef-d'œuvre de Senancourt et il conclut ainsi : « Le résultat de cette minutieuse et longue enquête est mélancolique. Il m'a semblé que de toutes les œuvres passées en revue au cours de ces dix essais, une même influence se dégageait, douloureuse et, pour tout dire d'un mot, profondément, continuement pessimiste (2). »

M. Paul Bourget ajoute que Schopenhauer n'est pour rien dans cette recrudescence de ce qu'on appelait, en 1830, le mal du siècle, car nous n'acceptons que les doctrines dont nous portons déjà le principe en nous. Rien de plus juste et il nous reste

---

(1) *Essais psychologiques*, 3ᵉ édit., 1885, p. 321-322.
(2) *Nouveaux essais de psychologie contemporaine*, p. III.

à montrer, chez M. Paul Bourget lui-même, les atteintes de ce pessimisme qu'il est si habile à découvrir chez les autres.

M. Paul Bourget est une des résultantes les plus riches et les plus distinguées de la culture littéraire et morale de la seconde moitié du siècle; c'est assez dire qu'on retrouve en lui toutes les complexités de l'âme moderne; essayez d'analyser son caractère, il n'est fait que de contrastes. Le dilettantisme le plus raffiné, les émotions maladives d'une sensibilité surexcitée y heurtent les plus graves préoccupations d'un esprit toujours sérieux au point de tout pousser au tragique.

Un critique ainsi fait est très apte à sentir les différents états de l'âme aux prises avec les complications de la vie contemporaine et nul ne sera surpris de le voir s'acharner à la solution des problèmes de morale soulevés par les innombrables tourments imaginés ou subis par l'âme moderne. Il apporte à cette étude l'esprit d'analyse rigoureux, impitoyable, qui fait de ses romans (1), lui-même les appelle ainsi, des « *planches anatomiques* ».

Ces romans sont moins brutalement réalistes que ceux de M. Zola, mais ce sont encore des romans naturalistes dont les héros ne croient à rien, s'agitent impuissants, dominés par des instincts qui font d'eux, le plus souvent, de vulgaires débauchés. En lisant ces œuvres qui séduisent par le charme d'un style plein d'art et de recherche, on ne peut

---

(1) Voir *Deuxième amour*, — *Cruelle énigme*, — *Crime d'amour*, — *André Cornélis*.

s'empêcher de regretter qu'un esprit aussi rare ait mis un instrument si exquis au service d'une science si douloureuse et si amère.

Nul n'a mieux dépeint que M. Paul Bourget, en parlant d'Amiel (1), les ravages que produit dans une âme l'incessante analyse de toutes les émotions qui la traversent ; lui qui est le plus curieux et le plus infatigable des analystes, comment échapperait-il au pessimisme ? Analyser c'est remonter d'un phénomène à un autre, mais, si la foi n'intervient pas, arrive bien vite un point où l'analyse se heurte à la nécessité des choses et où éclate l'incroyable disproportion entre l'idéal rêvé et la réalité qui s'y substitue et voilà pourquoi l'habitude de l'analyse produit fatalement chez certaines âmes, et surtout chez celles qui s'y complaisent le plus, une immense tristesse. Tristesse qui croît sans cesse, car plus on l'analyse, plus on la nourrit, plus on l'augmente en constatant l'irrémédiable ignorance de l'homme et la vanité d'une vie, malgré tout inexpliquée.

La récente publication du journal intime d'une jeune russe, morte à 24 ans, nous donne une nouvelle preuve de la facilité avec laquelle l'esprit d'analyse engendre le pessimisme (2).

Née le 11 novembre 1860, dans l'Ukraine, Marie Bashkirtseff vint à Nice avec sa mère, en 1870 ; c'était une étrange nature que celle de cette enfant qui, à 13 ans, commence à écrire son journal, c'est-à-

---

(1) *Nouveaux essais de psychologie contemporaine.*
(2) Marie Bashkirtseff, *Fragments d'un journal intime*, Charpentier.

dire à analyser heure par heure ses sentiments. Déjà elle croit aimer un grand seigneur, le duc de H. qu'elle a aperçu dans cette foule cosmopolite qui traverse les salons de Nice.

« Très souvent, écrit-elle, je tâche de savoir ce que j'ai en face de moi-même, mais bien caché, la vérité enfin. Car, tout ce que je pense, tout ce que je sens, est seulement extérieur. Eh bien! je ne sais pas, il me semble qu'il n'y a rien. Comme, par exemple, quand je vois le duc, je ne sais si je le hais ou si je l'adore; je veux rentrer dans mon âme et je ne le puis. Lorsque j'ai à faire un difficile problème, je pense, je commence, il me semble que j'y suis; mais au moment où je veux rassembler mes idées, tout s'en va, tout se perd, et ma pensée s'en va si loin, que je m'étonne et ne comprends plus rien. Tout ce que je dis n'est pas encore mon fond, je n'en ai pas. Je ne vis qu'en dehors. »

Naturellement le duc de H. ne pense pas un instant à la jeune russe qui, s'il a jeté les yeux sur elle, lui a paru encore une enfant. Un jour Marie Bashkirtseff apprend le mariage de celui qu'elle croyait aimer. Elle tombe dans le désespoir, mais n'en analyse qu'avec plus de passion tout ce qu'elle éprouve, comme si elle se plaisait à irriter son mal. « J'ai beau chercher, regarder, tâter, je ne trouve que le vide et l'obscurité. C'est affreux! affreux! lorsqu'on n'a rien au fond de l'âme. »

Et elle revient avec complaisance sur cette douloureuse constatation du vide auquel aboutit, comme à un gouffre, l'analyse incessante qui la tue.

« Je me compare à une eau qui est gelée au fond

et ne s'agite qu'à la surface, car rien ne m'intéresse et ne m'amuse dans mon fond. »

Ce n'est point d'ailleurs une âme vulgaire, et cette nature si originale, si précoce, si merveilleusement prédisposée à souffrir, ne manque ni d'énergie, ni de ressources. C'est dans le travail qu'elle cherche une diversion et la voilà se mettant à apprendre toutes les langues. Mais cette étude, quelque passion qu'elle y mette, n'arrête pas la perpétuelle analyse qui, par un effet de l'habitude, devient de plus en plus la vie même de sa raison.

On lit dans son journal : « Je méprise profondément le genre humain et par conviction. Je n'attends rien de bon de lui. Il n'y a pas ce que je cherche et espère : — une âme bonne et parfaite. — Ceux qui sont bons sont bêtes et ceux qui ont de l'esprit sont ou rusés, ou trop occupés de leur esprit pour être bons. De plus chaque créature est essentiellement égoïste. — Or cherchez-moi de la bonté chez un égoïste. L'intérêt, la ruse, l'intrigue, l'envie ! Bienheureux ceux qui ont de l'ambition, c'est une noble passion ; par vanité et par ambition on tâche de paraître bon devant les autres et par moments, et c'est mieux que de ne l'être jamais.

« Eh bien ! ma fille, avez-vous épuisé toute votre science ? — Pour le moment oui. — Au moins ainsi j'aurai moins de déceptions !... Aucune lâcheté ne me chagrinera, aucune vilaine action ne me surprendra. Il arrivera sans doute un jour où je penserai avoir trouvé un homme, mais ce jour-là je me tromperai laidement. Je prévois bien ce jour. Je serai aveuglée. Je dis cela maintenant que je vois clair...

mais à ce compte pourquoi vivre? puisque tout est vilenie et scélératesse dans ce monde?... Pourquoi? Parce que je comprends que c'est ainsi. Parce que, quoi qu'on dise, la vie est une fort belle chose. Et parce que, sans trop approfondir, on peut vivre heureusement. Ne compter ni sur l'amitié, ni sur la reconnaissance, ni sur la fidélité, ni sur l'honnêteté; s'élever bravement au-dessus des misères humaines et s'arrêter entre elles et Dieu. Prendre tout ce qu'on peut de la vie et vivement...

« N'est-il pas étrange de m'entendre raisonner de la sorte? Oui, mais ces raisonnements chez un jeune chien comme moi sont une nouvelle preuve de ce que vaut le monde... Il faut qu'il soit bien imbibé de méchanceté pour qu'en si peu de temps il m'ait tellement attristée. J'ai quinze ans seulement. »

Après avoir quitté Nice, visité Rome et Naples, Marie Bashkirtseff fit un voyage en Russie, puis se fixa à Paris où elle s'adonna avec succès à la peinture (1). Mais l'art ne parvenait pas à la guérir de la fatale habitude de se plonger toujours dans la stérile analyse de ses sentiments intimes : C'est au milieu de ses succès qu'elle écrit : « Mourir! ce serait absurde, et pourtant il me semble que je vais mourir. Je ne peux pas vivre; je ne suis pas créée régulièrement, j'ai un tas de choses de trop, puis un tas qui me manquent, et un caractère qui ne peut

---

(1) Dès 1880, elle exposait un portrait au salon sous le pseudonyme de Constantin Russ. En 1883, elle obtint une mention honorable pour une tête au pastel.

pas durer. Si j'étais déesse et si tout l'univers était à mon service, je trouverais le service mal fait. On n'est pas plus fantasque, plus exigeante, plus impatiente; quelquefois, ou peut-être même toujours, j'ai un certain fond de raison, de calme, mais je ne m'explique pas bien, je vous dis seulement que ma vie ne peut pas durer. Mes projets, mes espérances, mes petites vanités écroulées!... je me suis trompée en tout ! »

Quelques mois avant de mourir, car elle est morte à vingt-quatre ans, le 31 octobre 1884, Marie Bashkirtseff écrivait sur son journal ces lignes poignantes où se révèle le plus désolant pessimisme :

« 1ᵉʳ août 1884. — Des deux *moi* qui cherchent à vivre, l'un dit à l'autre :

— Mais, éprouve donc quelque chose, sapristi !

— Et l'autre qui essaie de s'attendrir est toujours dominé par le premier, par le moi-spectateur qui est là en observation et absorbe l'autre.

Et ce sera toujours comme ça ?

Et l'amour ?

Eh bien ! vous savez, il me semble que c'est impossible quand on voit la nature humaine au microscope.

Les autres sont bien heureux, ils ne voient que ce qu'il faut.

Voulez-vous savoir? je ne suis ni peintre, ni sculpteur, ni musicien, ni femme, ni fille, ni amie. Tout se réduit chez moi à des sujets d'observation, de réflexion et d'analyse.

Un regard, une figure, un son, une joie, une douleur sont immédiatement pesés, examinés, vérifiés, classés, notés. Et quand j'ai dit ou écrit, je suis satisfaite... »

Seulement cette satisfaction on en souffre quand on n'en meurt pas, parce que, comme le dit fort bien M. Jules Lemaître (1), quiconque « réfléchit sur la destinée humaine et la trouve intelligible et n'a pour se réconforter ni la foi chrétienne, ni la vaine croyance au progrès », tombe dans le pessimisme, parce que « le seul fait de ne rien comprendre au monde, de n'y voir aucune explication, est, quand on y songe, douloureux. » Oui, « dans les minutes où l'on pense, il n'est guère possible, en dehors d'une foi positive, d'être optimiste ». Aussi quand on pense toujours, quand la vie entière se passe à analyser et à raisonner ses pensées, quand on se plaît à dédoubler son moi et à s'observer curieusement comme un étranger, c'est le spectre hideux du pessimisme qui, de quelque côté que l'on dirige ses observations, se dresse devant vous.

Nous ne l'avons pas dit, mais nul ne s'y est trompé, Marie Bashkirtseff, née dans la religion russe, ayant reçu une éducation cosmopolite, n'avait point de croyances religieuses positives et c'est pour cela que toutes les délicatesses de cette âme d'élite ne l'ont pas sauvée de l'abîme où l'entraînait l'abus de l'analyse. Donnez à cette touchante victime du pessimisme une mère chrétienne, vertueuse et prudente, prêtez à Marie Bashkirtseff la foi en des dogmes précis, elle pourra alors sans danger poursuivre, s'il lui plaît, sa perpétuelle analyse, elle n'ira plus

---

(1) M. Jules Lemaître, *les Contemporains*, M. Paul Bourget.

se heurter, en remontant d'un phénomène à un autre, jusqu'à cet élément irréductible qui est toujours ou un instinct fatal ou un désir inassouvi. Bien plus elle assurera le plein développement de sa vie morale par ces mêmes habitudes d'analyse qui l'ont conduite à l'abîme. Car, pour qui croit en Dieu, constater sa misère, c'est provoquer un effort, et dès lors l'analyse, l'examen de conscience, loin de conduire au désespoir, devient un acte salutaire et fécond. Les anciens n'avaient pas même l'idée de ce besoin de l'âme de se replier sur elle-même ; ils ne connaissaient pas le genre de souffrance qu'il peut engendrer. L'examen de conscience, dont Pythagore semble avoir deviné l'efficacité, est une pratique dont ils avaient peine à se faire une notion exacte, à ce point que, par une singulière méprise, la plupart des auteurs anciens qui en parlent n'ont vu dans l'examen journalier préconisé par Pythagore qu'un simple exercice de mémoire. Mais des siècles de christianisme ont singulièrement affiné nos idées morales. Ceux-là même qui croient à peine à la perfectibilité de l'homme, qui ne savent plus se repentir et ne vont plus demander à Dieu le pardon de leurs fautes, voient, comme malgré eux, avec une lucidité parfaite, les états de conscience qu'une infatigable analyse leur révèle incessamment, et cette faculté merveilleuse, brusquement séparée des croyances qui l'ont créée, devient une torture cruelle et stérile ; elle pèse sur l'humanité qu'elle devait sauver !

Pour résumer ce trop long chapitre, les théories pessimistes ont pénétré en France, on en trouve trace de tous côtés, mais quelque répandues qu'elles soient dans la littérature et dans le monde des idées, elles n'y ont point pris, en géneral, la forme systématique.

Dans le chapitre suivant nous essaierons de déterminer, avec plus de précision, les causes déjà entrevues de ce phénomène.

CHAPITRE V

CAUSE ET AVENIR DU PESSIMISME

Nous pouvons maintenant résumer ce que nous avons appris des théories pessimistes ; c'est à dessein que nous employons cette expression théories pessimistes, car le pessimisme est un fait, préexistant à toute théorie, fait auquel viennent s'adapter, sous prétexte d'explication, les théories comme celles que nous avons signalées en Allemagne. On comprend ainsi pourquoi nous constatons en France le pessimisme dans la littérature, dans les idées, dans les esprits cultivés surtout, sans qu'il existe à proprement parler chez nous de théorie du pessimisme, sans que nous y trouvions rien qui ressemble aux systèmes de Schopenhauer, d'Edouard de Hartmann ou de Mainlænder.

On n'est pas moins malheureux en France qu'en Allemagne ; parmi ceux qui pensent, qui peuvent avoir quelque influence sur les esprits, il en est beaucoup, en France comme en Allemagne, qui tiennent le monde pour mauvais et gémissent bien haut sur les misères de l'existence, mais on n'éprouve pas au même degré, chez nous, le besoin de systématiser toute chose ; l'action remplace volontiers la spéculation. Les tendances pessimistes n'en existent pas moins en France comme en Allemagne, elles sont presque aussi répandues dans une nation que dans l'autre. On peut constater des différences d'intensité, de manifestations extérieures, suivant les régions ; on peut rattacher ces différences à des diversités de races, de climats, mais le phénomène est général, il se rattache évidemment à une cause qui agit différemment sans doute, mais qui agit cependant sur toutes les races et dans tous les lieux.

Le phénomène une fois constaté, et il s'impose à l'attention des plus distraits, chacun s'est mis à en rechercher les causes (1). On s'est empressé de les multiplier d'autant plus qu'on s'accordait moins sur leur détermination. Il faut, dit-on, se défier des solutions simples, mais que penser des solutions si compliquées qu'elles ne résolvent rien ? Certaines énumérations des causes nombreuses attribuées au pessimisme font involontairement songer à ces remèdes compliqués dans lesquels l'ignorance naïve de nos pères essayait de masquer son impuissance en multipliant les ingrédients bizarres, dans l'espoir que l'un ou l'autre produirait peut-être un bon effet.

Rien d'aillleurs de plus facile que de confondre les circonstances qui accompagnent d'ordinaire ou favorisent le développement du pessimisme, avec les causes qui lui donnent naissance. Ainsi tout malaise individuel ou collectif constitue une sorte de prédis-

---

(1) Voir notamment M. Caro, *le Pessimisme au xix° siècle*, p. 275 et suiv., M. Guyau, *l'Irréligion de l'avenir* (chap. intitulé, le pessimisme sera-t-il la religion de l'avenir ?) M. Ferdinand Brunetière, conférence au cercle Saint-Simon, le 15 janvier 1886 sur *les causes du pessimisme* (*Revue bleue* du 30 janvier 1886, p. 187).

position au mal ; car la perte brusque d'une espérance, toute désillusion en un mot, cause un malaise réel d'autant plus vif que l'objet espéré était plus souhaitable, que les efforts pour l'atteindre ont été plus considérables et que sa possession semblait enfin plus assurée.

On peut juger par là si notre siècle n'était pas, plus qu'un autre, exposé à devenir la proie du pessimisme. Jamais peut-être il n'y eut une plus navrante disproportion entre les espérances, les promesses et les résultats.

L'intelligence n'est-elle pas enfin devenue maîtresse d'elle-même? Elle avait, par sa propre vertu, fait justice de toutes les idoles devant lesquelles elle tremblait jusqu'alors. La vérité remplaçait les longues erreurs qui si longtemps opprimèrent l'humanité. Cette pauvre humanité, après avoir gémi sur des fautes imaginaires, après avoir voulu apaiser par d'inutiles offrandes un Dieu cruel et jaloux, après avoir sacrifié le présent à un avenir inexistant et impossible, elle sait aujourd'hui à quoi s'en tenir. Elle échappe à cette humiliante domination du dogme, elle ne croit plus, elle sait. La crainte de Dieu obscurcissait le ciel et empoisonnait le monde, il n'y a plus de Dieu, les pessimistes l'affirment tout au moins ; cette libération va sans doute être le point de départ d'un progrès inouï, progrès dans la vérité, progrès dans les lettres, progrès dans les arts, progrès dans l'organisation sociale, progrès dans le bonheur. Et voilà que de toutes parts les avortements se multiplient et l'homme affranchi par tant d'efforts reste plus triste, plus désolé que le croyant tremblant devant l'impitoyable justice de Dieu. Le cœur de l'homme reste plus inassouvi que jamais et l'un des modernes qui ont le plus profondément sondé ses mystérieux replis pose cette question désolée : « L'homme, en se civilisant, n'a-t-il fait vraiment que compliquer sa barbarie et raffiner sa misère (1) ? »

Que n'avait pas promis la science et que ne pouvait-on pas attendre d'elle, après les merveilleuses découvertes qui en ont fait la reine du monde ? Grâce à elle, l'homme est maître d'une partie des forces de la nature, il les oblige à travailler comme ses esclaves. Devenu ainsi plus audacieux et plus fort, il peut tout entreprendre, il peut surtout, tout en augmentant la production et en satisfaisant plus largement tous les besoins, diminuer son labeur matériel, et affranchi d'un travail humiliant, relever la tête et pousser toujours plus loin les victoires de sa pensée. Par delà les conquêtes réalisées, la science n'est-elle pas d'ailleurs autorisée à en espérer de plus glorieuses encore ?

Et voilà qu'au lieu de cette ère de prospérité et de bonheur que promettait la science, le monde n'a jamais vu peut-être tant de mécontentements et de colères. Les forces de la nature travaillent pour l'homme plus que par le passé, mais si l'ingénieur qui a conçu la machine puissante peut s'enorgueillir de son œuvre, combien deviennent les esclaves de cet outil nouveau ? La vapeur et les progrès de la mécanique devaient améliorer la situation des ouvriers et on ne peut ouvrir sur leur compte l'enquête

---

(1) Paul Bourget, *Essais de psychologie contemporaine*, p. 322.

la plus superficielle, ici ou là peu importe, sans être confondu par les misères révélées (1). C'est la journée de douze, treize, quatorze et jusqu'à quinze heures de travail, c'est le labeur sans relâche pendant des mois entiers, c'est la femme arrachée à son foyer malgré ses devoirs d'épouse, de mère, malgré les débilités et les exigences de son sexe, jetée dans cet esclavage moderne de la fabrique et de l'usine ; c'est l'enfant que l'industrie dévore sans même attendre son développement normal, lui imposant des labeurs au-dessus de ses forces, sans craindre de tarir, par un gaspillage inhumain, la source des générations à venir. A ce point que nos législateurs modernes sont sans cesse occupés à essayer de défendre l'ouvrier, la femme, l'enfant, contre les cruautés de l'industrie, fille de la science. On colore ce travail de réglementation en le présentant comme le résultat d'efforts généreux et nouveaux, dans le but d'assurer à l'ouvrier un sort meilleur que par le passé. Mais qui veut étudier ce passé dans ses sources, sans parti pris et sans passion, est bien vite convaincu que la nécessité de cette réglementation moderne répond à des maux modernes ignorés hier.

Mais, du moins, au prix de ces maux cruels, la prospérité, source de bien-être, la sécurité, condition du bonheur, vont-elles se trouver plus assurées que par le passé ? La science le promettait. Nous

---

(1) On peut consulter à ce sujet les articles de M. Othenin d'Haussonville sur *la Misère à Paris*, dans la *Revue des deux mondes* des 15 juin et 1ᵉʳ octobre 1881, et sur *la vie et les salaires à Paris*, dans la même revue du 15 avril 1882.

aurions la vie à bon marché, plus de famine, plus de secousses, plus de ces crises qui mettent en péril la fortune publique et avec elle les fortunes privées. Et voici que l'activité industrielle préconisée comme un moyen assuré de prospérité générale, conduit à d'amères déceptions. La production surpasse les besoins de la consommation ; la production cependant ne peut pas s'arrêter. Il faut alors ou écarter les concurrents étrangers par des abaissements de prix dont les diminutions de salaires font tous les frais, ou créer de nouveaux besoins, découvrir de nouveaux débouchés. De là cette politique d'expansion coloniale qui s'inquiète moins des progrès de la civilisation que des exigences du commerce, ne voit dans les peuples moins avancés que des consommateurs, tire le canon pour vendre des produits nationaux et tue des hommes pour s'assurer le trafic avec les survivants. Quand on voudra juger ces guerres, au point de vue de la justice, on restera épouvanté. En attendant les crises industrielles, commerciales, remplacent, par des malaises incessants et des ruines fréquentes, les félicités et la prospérité promises. La terre allait enfin devenir un Eden, la misère allait disparaître et ce qui devait être l'instrument de cette transformation provoque de nouvelles douleurs et amène des maux nouveaux!

Sur le terrain de l'organisation sociale, la science aussi devait faire merveille ; sans souci des traditions, au prix des secousses les plus violentes, sans respect pour les droits les plus légitimes, elle a commencé ses expériences et ceux qui ont salué la révolution comme l'aurore d'une ère de paix et de bonheur, sont morts sans avoir vu se réaliser les bienfaits promis ; parmi leurs enfants combien conservent les mêmes espérances ? Le jour où l'on pourra écrire impartialement l'histoire de ces cent années qui suivent la révolution française, quand l'épreuve aura été complète, il est bien à croire qu'on aura à constater un déplorable avortement. En attendant la fin de cette douloureuse expérience, les jours du bonheur reculent sans cesse et les dissentiments, les luttes de classes, la question sociale se dressent de plus en plus menaçants.

De tous côtés ce ne sont que des déceptions et l'on pourrait poursuivre l'énumération ; sans sévérité excessive, les arts, les lettres, les mœurs publiques nous fourniraient plus d'un trait à ajouter à ce désolant tableau. La probité elle-même est en baisse et le monde sans probité devient un monde affreux (1).

(1) On peut lire dans *le Voltaire* du 16 juin 1887, sous la signature *le Huron*, les lignes suivantes : « On voudrait se cacher ces choses à soi-même. Le diable n'y peut mais. Nous perdons de proche en proche le sens de la probité. La politique, l'amour, la littérature, le négoce, de notre temps, vivent de fraudes et de mensonges. Dans l'affolement du combat pour la vie, l'ambitieux n'a qu'un but. Tous les moyens lui sont bons. Il importe avant tout qu'on arrive aux satisfactions de l'égoïsme. La fortune est le prix du plus habile. Le niais s'entête à être le plus honnête. Il a tort. Au train dont je vois que l'on marche, il est à prévoir que bientôt nul ne se dégradera jusqu'à la probité. L'honneur sera d'être un voleur heureux...

« L'improbité est dans les mœurs. Nous assistons à une transformation des idées. N'imaginez plus que la vertu commande le respect des intérêts d'autrui. La vertu se conçoit aujourd'hui d'autre façon. Je ne lui sais qu'une définition : l'art du succès. En doutez-vous ? Le grand seigneur d'en face a volé dans la banque, dans le commerce, dans l'industrie, au vu et su du monde entier. Malgré

Aujourd'hui plus encore qu'au jour où elle était écrite, elle reste vraie cette affirmation de Michelet : « Nous pouvons nous enorgueillir à bon droit de tant de progrès accomplis, voilà tantôt un demi-siècle, et cependant le cœur se serre à voir que, dans ce progrès de toutes choses, la force morale n'a pas augmenté. »

Ne nous y trompons pas toutefois, ces déceptions, ces misères qui favorisent le développement du pessimisme en déposant dans les âmes des germes de tristesse, en énervant les énergies actives qui restent la meilleure sauvegarde contre le découragement, ces déceptions, ces misères ne sont pas la cause directe du pessimisme et ne suffisent pas à l'expliquer. Ne les retrouve-t-on pas d'ailleurs, sous des formes diverses, aux différents siècles de l'histoire? Est-ce donc la première fois que l'humanité s'aperçoit que les espérances qui avaient suscité chez elle de nouveaux efforts, trompent son attente et la laissent épuisée, aussi souffrante que par le passé? Ne l'a-t-on pas vue d'ordinaire se relever plus vaillante après chacun de ses échecs, soutenue par je ne sais quelle ardeur puisée dans le sentiment plus ou moins conscient de la moralité et du devoir?

Pourquoi donc aujourd'hui cette énergie a-t-elle fait place, dans tant d'esprits, à une désespérance inquiète? d'où vient cette générale impuissance physique et surtout morale qui paralyse tout effort,

---

tout il a l'estime de chacun. On le traite avec respect. On dit c'est un honnête homme. Oui. Il a réussi.

« La loi est impuissante à rendre à la probité son lustre perdu. »

supprime l'indignation et l'enthousiasme, conduit à accepter indifféremment les faits accomplis quels qu'ils soient? pourquoi la conscience proteste-t-elle si mollement contre les théories qui nient la liberté, proclament l'inutilité du travail de l'homme sur lui-même pour se perfectionner et affirment le caractère nécessaire et fatal du développement individuel de chacun de nous?

Répondre à ces questions c'est indiquer du même coup la cause vraie du pessimisme. Or cette cause c'est la négation de ce qui a été longtemps considéré comme le patrimoine de l'humanité, de cet ensemble de croyances religieuses ou philosophiques qui seules donnent à la vie sa raison d'être et sa moralité, expliquent la souffrance et la mort en affirmant l'existence d'un Dieu créateur, juste et miséricordieux, tolérant le mal, conséquence de la révolte de l'homme créé libre, mais sans permettre que ce mal, devenu la condition de l'épreuve de la vie, altère complètement l'œuvre divine et l'empêche d'aboutir à sa fin. Ces croyances répudiées, la vie humaine, la vie terrestre commençant aux larmes du berceau pour finir au râle de l'agonie, de quelques joies éphémères que l'on remplisse l'intervalle, est pour l'homme tel que nous, ayant les aspirations du par delà qui habitent en nous, la plus amère des déceptions. L'éclat du soleil, la vivacité de certaines sensations, pourront bien, par instant, donner le change à des esprits faciles à distraire, mais le sage, celui qui réfléchit et sait peser les choses à leur juste valeur, ne peut qu'affirmer l'indéniable misère de cette existence inexpliquée, sans but, qui confond la raison et heurte le bon sens. Dieu n'existant pas, le monde est un défi à la raison, une insulte à la justice, la vie n'est plus qu'une suite de misères et de souffrances enveloppées de ténèbres qui en augmentent encore l'horreur, « un accident sombre entre deux sommeils infinis (1) » !

La vie, en effet, ne vaut que par tout ce que les pessimistes amoindrissent ou suppriment, Dieu et les espérances qui découlent légitimement pour l'homme de son existence. Aussi le pessimisme est d'autant plus profond que les négations sont logiquement conduites plus loin ; on comprend dès lors facilement pourquoi le pessimisme de Schopenhauer est plus profond et plus amer que celui d'Edouard de Hartmann. Ce dernier est protégé contre les excès du pessimisme par je ne sais quel spiritualisme de tempérament que nous avons dû noter. De même le rôle bienfaisant de l'art que Schopenhauer lui-même est obligé de constater, s'explique par les liens cachés, ignorés de beaucoup, mais réels, qui rattachent indirectement à Dieu toutes les manifestations intenses de la vérité et de la beauté. On pourrait en dire autant de la vertu et nous trouvons, dans ces aperçus qu'il serait facile de développer, une confirmation précieuse de nos vues.

Le pessimisme repose, et c'est ce qui fait sa force, sur la constatation d'un fait exact, la misère de la vie humaine, réduite à ses dimensions terrestres, de la naissance à la mort. Reste à savoir si c'est là toute

---

(1) Alfred de Vigny, *Journal d'un poète* publié par Louis Ratisbonne, Paris, Michel Lévy, 1867, p. 314.

la vie, si le problème est bien posé; si les données erronées ne commandent pas la solution pessimiste à laquelle il serait impossible d'adhérer, si l'on tenait compte de tous les éléments du problème. Mais la négation du Dieu des chrétiens est le premier dogme des pessimistes, c'est à peine s'ils croient nécessaire d'essayer de l'établir par un semblant de démonstration. Ils ne s'aperçoivent pas que la misère constatée par eux, ce sont eux-mêmes qui la créent en mutilant l'homme, en le privant de ce qui fait sa grandeur, de ce qui doit assurer son bonheur, pour se donner la joie de proclamer ensuite son irrémédiable malheur. Car sans Dieu, sans le ciel, la terre n'est plus un exil temporaire, un simple lieu d'épreuve, c'est une horrible prison où l'homme gémit avec la certitude de n'en sortir jamais. Cette prison, commencée dans le temps, se continuera dans l'éternité; les hommes de demain y seront enfermés comme ceux d'aujourd'hui, comme ceux d'hier, sans aucune lueur d'espérance, car tous les efforts tentés pour en sortir ne font que mieux constater l'impuissance de l'homme et la nécessité de sa misère indéfinie.

L'espérance d'un progrès rêvé pour les générations futures n'est qu'un leurre décevant. Que peut faire pour mon bonheur personnel un progrès que je ne verrai jamais ? Sacrifier mon bonheur présent au progrès futur de l'humanité, si personne ne m'en sait gré, c'est une mystification ou un prodige d'abnégation qui ne sera jamais à la portée du grand nombre. Et d'ailleurs ce progrès auquel nous devrions tous nous estimer heureux de nous sacrifier, c'est une conception que rien n'autorise et dont les pessimistes peuvent moins que d'autres se prévaloir. En effet leurs théories, loin de diminuer le mal dans le monde, l'augmentent fatalement, à mesure qu'elles sont plus largement répandues et plus réellement acceptées. On sait l'impuissance du pessimiste, au milieu de ses négations, à établir les bases d'une morale pratique. Ni Schopenhauer, ni Edouard de Hartmann n'ont réussi dans cette partie de leur œuvre ; entre Schopenhauer et l'académie de Danemarck (1) c'est celle-ci qui avait raison. Et quand Edouard de Hartmann fonde l'injustice sur la souffrance de la victime de l'acte, comparée au plaisir de l'agent, il détruit, quoi qu'il dise, toute morale. En même temps ces théories amoindrissent la conscience du moi, réduisent l'individu à ne plus être qu'une manifestation éphémère résultant d'une longue série de causes ignorées ; elles diminuent donc, avec le sentiment de la personnalité, l'idée même de responsabilité, portent atteinte à l'énergie individuelle et détruisent la vie morale. Ces effets ne se produisent pas toujours immédiatement, ils ne prennent pas de suite le développement annoncé par la théorie, parce que les mœurs survivent aux convictions qui les commandent, comme certaines convictions latentes survivent longtemps aux négations qui les contredisent (2). Mais l'effet est fatal

---

(1) Voir supra, p. 132.
(2) M. Renan a très finement indiqué cette idée dans le discours qu'il a prononcé, le 25 mai 1882, à la réception de M. Cherbuliez. Il marque « cette heure excellente du développement psychologique

24*

et les théories pessimistes, tout en exaspérant le mal, rendent l'individu moins apte à réagir contre lui et à en triompher. Inutile de rappeler ici ce que nous avons dit sur l'inanité des procédés de libération collective proposés par Schopenhauer, par Edouard de Hartmann et par Mainlœnder L'homme est donc à jamais en face de sa misère démontrée ; les grands ennemis du bonheur de l'homme, ce sont les passions et les vices ; on peut dire qu'ils empoisonnent son existence, augmentent son malheur, suscitent des maux nouveaux. La démonstration de cette proposition évidente nous entraînerait dans une longue énumération ; qu'il nous suffise de citer l'opinion de Cabanis. Il affirme que, même si les hommes étaient parfaits comme organisme, « les mauvaises habitudes de la vie (lisons les vices) ne tarderaient pas à dégrader leur constitution primitive (1) ». Cette dégradation, conséquence de la perversité humaine, est trop connue de tous ceux qui s'occupent de l'art de guérir pour qu'il soit besoin d'insister. La folie n'est-elle pas le plus souvent

---

où l'on garde encore la sève morale de la vieille croyance sans en porter les chaînes scientifiques. A notre insu, c'est souvent à ces formules rebutées que nous devons les restes de notre vertu. Nous vivons d'une ombre, du parfum d'un vase vide ; après nous on vivra de l'ombre d'une ombre. Je crains, par moments, que ce ne soit un peu léger. » *Journal officiel* du 27 mai 1882, p. 2834, col. 3. Dans la préface de ses *Dialogues philosophiques*, M. Renan exprime la même pensée (p. xix) : « Nous vivons de l'ombre d'une ombre (le désir que Dieu soit content de nous). De quoi vivra-t-on après nous ?... Une seule chose est sûre, c'est que l'humanité tirera de son sein tout ce qui est nécessaire en fait d'illusions pour qu'elle remplisse ses devoirs et accomplisse sa destinée. »

(1) Cabanis, *Rapport du physique et du moral*, t. I, § ix.

causée par le gaspillage et les émotions d'une vie où la vertu ne maintient plus l'équilibre sans lequel il ne saurait y avoir de santé ? la phtisie pulmonaire, le rachitisme et toutes les dégénérescences par lesquelles s'éliminent les fruits de la dépravation et du vice, ne montrent-ils pas la part de l'homme dans les maux dont il se plaint ?

Or il est impossible de nier que la perte des espérances que les théories pessimistes s'efforcent de détruire, entraîne, en fait, la statisque le prouve, une sorte de dépression morale qui se traduit par une augmentation sensible des maux de l'humanité. En même temps que les tendances pessimistes se propagent en France la criminalité croît, malgré les progrès de l'instruction (1) et les découvertes des sciences (2). Elle se modifie quant à ses mani-

---

(1) Ce phénomène pouvait être prévu. Sénèque écrivait : Postquam docti prodierint, boni desunt. Epist. 95, Edit. Elzévir, 1668, t. II, p. 345.

(2) Les sages réflexions qui suivent nous en donnent la raison. Nous les empruntons à Maudsley, philosophe et physiologiste anglais : « La science n'est pas nécessairement bonne ; elle est une puissance pour le mal comme pour le bien. Une fraternité fondée sur la science seule serait un édifice sans ciment. Ceux qui sont assez enthousiastes, et qui la jugent un si grand bien, devraient s'occuper de démontrer au monde qu'il est plus moral de voyager à 50 milles à l'heure derrière une locomotive que de faire 40 milles à l'heure dans une diligence. Les grands progrès dans les sciences, les arts, l'industrie, dans tous les divers genres du bien-être matériel, ont engendré beaucoup de désirs égoïstes, nouveaux dont la satisfaction immédiate est une source de corruption. La science a-t-elle fait beaucoup ou même quoi que ce soit pour compenser le développement de l'égoïsme ? N'a-t-elle pas affaibli la religion, cette grande force de contrôle qui tenait autrefois l'égoïsme en échec, sans mettre aucune force abstraite à sa place ? Il serait malaisé de prouver qu'il y a avantage à accumuler des richesses si l'humanité décline,

festations, mais celles-ci augmentent en nombre et en gravité. Le chiffre des aliénés grossit sans cesse (1), il en est de même de celui des suicides (2). On voit

à posséder de beaux vêtements et de belles manières, à remplacer de tranquilles villages par les interminables faubourgs de nos villes. Les gens qui habitent ces faubourgs monotones sont-ils en réalité plus nobles et meilleurs que les simples habitants qu'ils ont remplacés ?... Après tout, un acte héroïque de sacrifice est quelque chose de plus noble, de plus civilisateur que l'envoi en quelques secondes d'une dépêche de Londres à Hong-Kong ! »

(1) Le *rapport au Président de la République française sur l'administration de la justice criminelle en France pendant les années 1881 à 1885* (*Journal officiel* 14 mai 1887, p. 2184) donne les chiffres suivants indiquant le nombre des aliénés dans les asiles :

1876	44.005	aliénés	1880	47.558	aliénés
1877	45.326	—	1881	48.813	—
1878	46.166	—	1882	49.908	—
1879	46.942	—	1883	50.418	—

L'augmentation du nombre des cas d'aliénation mentale ressort également du tableau n° 28 intitulé : *Mouvement général des aliénés des deux sexes dans les asiles départementaux* (entrées) *pendant la période 1864-1885* qui accompagne le *rapport fait au nom de la commission chargée de faire une enquête et de présenter, dans le plus bref délai possible, un rapport sur la consommation de l'alcool, tant au point de vue de la santé et de la moralité qu'au point de vue du Trésor*, par M. N. Claude (des Vosges), sénateur (*Journ. offic.*, annexes du Sénat, session ordinaire 1887, p. 100).

(2) Le *rapport au Président de la République française sur l'administration de la justice criminelle en France de 1826 à 1880* (*Journ. offic.* du 17 août 1882), renferme sur les suicides les tristes renseignements que voici : Le nombre moyen annuel des suicides a été (v. p. 4574, 1re col.) :

de 1827 à 1830	de 1739		de 1856 à 1860	de 4002
de 1830 à 1835	de 2419		de 1861 à 1865	de 4664
de 1836 à 1840	de 2574		de 1866 à 1870	de 4690
de 1841 à 1845	de 2951		de 1871 à 1875	de 5276
de 1846 à 1850	de 3446		de 1876 à 1880	de 6259
de 1851 à 1855	de 3639			

Le *rapport au Président de la République française sur l'administration de la justice criminelle en France pendant les années*

même se multiplier les suicides d'enfants naguère encore à peu près inconnus (1). L'enfance était jusqu'ici protégée par l'éducation contre ce souffle de négation qui fait de la vie un supplice intolérable. L'expérience qui a partiellement modifié cette situation est à peine commencée et déjà on peut en pressentir le résultat ; ici il n'y a pas moyen de contester la relation de cause à effet, il n'y a pas moyen de crier au sophisme. L'enfant, qui hier vivait joyeux, est le même qui se tue aujourd'hui ; la vie dont il se décharge comme d'un fardeau trop

1881 à 1885 (*Journ. offic.* du 14 mai 1887, p. 2189) nous fournit sur le nombre des suicides les chiffres annuels suivants :

1876	5804	suicides	1883	7267	suicides
1877	5922	—	1884	7572	—
1878	6434	—	1885	7902	—
1879	6496	—	1886	8187	—
1880	6638	—	1887	8202	—
1881	6744	—	1888	8454	—
1882	7213	—			

Ces trois derniers chiffres sont empruntés aux rapports sur l'administration de la justice criminelle en France pendant les années 1886, 1887, 1888, publiés au Journal officiel 1888, p. 4981, 1889, p. 3225, 1891, p. 493.

(1) Le même rapport relatif à l'administration de la justice criminelle de 1881 à 1885 nous apprend que de 1876 à 1880 les suicides mineurs de 21 ans entrent pour 4 0/0 dans les totaux ; la proportion s'élève à 5 0/0 de 1881 à 1885. Le rapport de 1876 à 1880 était plus explicite et le garde des sceaux y constate, avec un profond regret, l'augmentation du nombre des suicides d'enfants âgés de moins de 16 ans. De 19 seulement, année moyenne, pour 1836-1840, il est successivement monté jusqu'à 50 pour la période 1876-1880. Il a été de 68 en 1887. Voici d'ailleurs les chiffres pour les dernières années.

1886 suicidés mineurs de 21 ans 386, dont 62 âgés de moins de 16 ans
1887   —   443 — 68   —
1888   —   448 — 65   —

pesant est la même que portait allègrement son camarade d'hier; il n'y a qu'une des conditions de l'existence qui soit modifiée, l'enfant ne croit plus à rien et il se tue. Comment d'ailleurs prétendre que nous abusons d'une simple coïncidence quand toujours et partout les progrès de la criminalité, ceux des aliénations mentales et des suicides, les progrès de la démoralisation en un mot, accompagnent l'abandon des croyances condamnées au nom de la science par les théories pessimistes qui prétendent apporter à l'homme une nouvelle explication du monde !

Oui, le monde réduit à tout ce qui se touche, se mesure, se pèse, sans rien avant ni après, sans créateur, sans fins voulues, est illogique, inharmonique; il mérite toutes les critiques des pessimistes, justifie toutes leurs appréciations douloureuses, autorise tous les anathèmes de Mme Ackermann. On a justement comparé l'homme en face du monde à un enfant en présence d'une locomotive dont il ne connaîtrait ni la structure intime, ni le moteur. L'enfant, s'il écoute docilement non pas les explications, car il ne saurait les comprendre, mais les affirmations du savant, se rendra compte très en gros de ce que peut être cette machine compliquée. Il comprendra qu'elle est l'œuvre raisonnée d'une intelligence qui poursuit un but. Il sera ainsi dans le vrai et la vérité même incomplètement comprise par sa faible intelligence suffira, parce qu'elle est la vérité, pour guider sagement sa conduite et lui procurer la paix. Mais si l'enfant s'obstine, sous prétexte qu'il ne doit croire qu'à ce qu'il saisit complètement, à nier *a priori* l'existence de l'intelligence qui a conçu la machine et l'a fait exécuter, il se trouvera dans la situation où se trouve le pessimiste en face de l'énigme du monde; il ne lui restera plus que des hypothèses inadmissibles, parce qu'il se sera à tort interdit la seule vraie. Il se trouvera réduit à supposer ou que la machine a toujours existé, ou qu'elle s'est faite toute seule par un mystère inexplicable. Ces erreurs seront pour lui la source de mille maux.

En supprimant Dieu, les pessimistes ressemblent vraiment à un maladroit qui, dans l'obscurité de la nuit, pour y voir plus clair, commencerait par éteindre le flambeau qui l'éclaire. Comment s'étonner de l'insuffisance de leurs théories ? Ils promettent sans doute la solution intégrale de l'énigme du monde et quand on examine leurs audacieux systèmes pour la construction desquels ils ne craignent pas de juxtaposer les éléments les plus disparates, on s'aperçoit qu'ils ne reposent que sur des hypothèses invérifiables. Loin d'expliquer les faits, ces hypothèses sont calquées sur eux et les supposent, sans rien y ajouter que des obscurités et des contradictions nouvelles.

Schopenhauer avec son panthélisme n'explique rien et ses hypothèses contradictoires sont plus inexplicables que les difficultés dont elles devaient nous fournir la clef. Il nous donne la *volonté*, disons la *force*, comme étant la chose en soi, la matière en un mot. Mais c'est là une affirmation non démontrée et inadmissible. Car une force sans matière, un centre de force inétendu est une contradiction. Non, la force n'est pas un être, elle n'est pas la matière, elle la suppose. Les forces ne se manifestent à nous que par des mouvements, c'est-à-dire par l'intermédiaire de la matière et c'est avec raison qu'un philosophe allemand appelle la force un état de la matière *(ein Zustand der Materie)*. En fait, le mouvement par lequel seul les forces se manifestent à nous, ne se comprend pas sans la matière ; pour s'en convaincre, il suffit de se demander comment un point inétendu pourrait tourner sur un centre : c'est là un des mouvements les plus simples, or en dehors de la matière étendue n'est-il pas absolument incompréhensible ?

Schopenhauer n'est pas plus heureux quand il entend expliquer l'origine de la douleur : sa théorie repose sur une erreur démontrée, le prétendu caractère positif de la douleur, et son explication du mal par l'aveuglement de la volonté, de la chose en soi qui veut et crée sans savoir ce qu'elle veut, n'explique rien. Qu'est-ce, en effet, que cette volonté avant la création ? Elle aspire à se précipiter dans l'existence, elle est absolue, sans limite, elle existe donc dès qu'elle aspire à être, puisqu'elle existe seule et que rien ne saurait lui faire obstacle. Mais alors comment ce qu'elle veut n'a-t-il pas toujours été ? Avant la création ou l'objectivation pour parler le langage de Schopenhauer, cette volonté ne peut se comprendre ni comme être, ni comme non-être.

La théorie d'Edouard de Hartmann ne résiste pas mieux à la critique ; son pessimisme repose sur un bilan de la vie inexact et incomplet, dans lequel il suppose que les sensations agréables procurent seules à l'homme quelque bonheur. Sa métaphysique n'est qu'une inutile complication de celle de Schopenhauer. Il concède que toute volonté suppose une idée, un but. Seulement, pour expliquer le monde expérimentalement démontré mauvais, il sépare la volonté de l'idée. De sorte que l'on a la volonté de l'absolu absolument stupide et l'intelligence absolument sans volonté. Un être absolument intelligent se met à vouloir et sa volonté est stupide, voilà le fond de la philosophie de l'*Inconscient*. Et, en même temps, la volonté créatrice inconsciente est cependant prévoyante, habile, rusée même !

Que dire de la théorie de Mainlænder, sinon qu'elle est plus inadmissible encore. Ne suppose-t-elle pas, à l'origine, au commencement des temps, un Dieu se trouvant exister alors qu'il voudrait ne pas être et impuissant à assurer par lui-même et directement la réalisation de sa volonté !

Le problème du mal semble se jouer des efforts de la raison humaine. Elle peut bien, pour y échapper, nier le mal, mais c'est se mettre en dehors de la vérité et les pessimistes se chargent de montrer que cette situation est intenable. Le mal est réel, il enserre la vie ; « la douleur est dans notre naissance, elle est dans notre trépas ; et lorsque, fatalement poussés, nous cheminons de l'un de ces termes à l'autre, à peine pouvons-nous faire un pas sans qu'une douleur, apostée sur la route, s'élance sur nous comme sur la proie qu'elle attendait, tantôt dévastant notre esprit, tantôt déchirant et rongeant notre cœur, tantôt enfin nous faisant de notre corps un véritable instrument de supplice (1) ». Mais cette constatation faite et en la faisant les pessimistes sont dans le vrai, les pessimistes échouent dans les explications qu'ils proposent de la misère du monde. Leurs théories ne sont que des hypothèses; elles sont surtout impuissantes à le guérir, et, ce qui les condamne absolument, s'il est encore vrai qu'une doctrine doive être jugée par ses fruits, elles ne tendent qu'à l'augmenter et à jeter l'homme dans le désespoir en lui démontrant son impuissance non seulement à supprimer ou même à diminuer le mal, mais à le comprendre et à le concilier avec les exigences de la raison.

La philosophie pessimiste nous avait promis la solution intégrale de l'énigme du monde, et, en réalité, ses audacieuses tentatives n'aboutissent qu'à de misérables avortements. Comment s'en étonner alors que « nul aujourd'hui, comme au temps de Montaigne, ne sait le tout de rien »; alors que les merveilleux progrès de la science n'ont fait que mieux préciser, aux yeux du sage, les limites qu'elle ne pourra jamais dépasser? Est-ce à dire que la métaphysique soit dès à présent irrémédiablement condamnée? L'homme certain de ne pouvoir, par la seule force de sa raison, pleinement satisfaire ce besoin métaphysique qu'il sent en lui, doit-il en nier la légitimité, le considérer comme une de ces nécessités factices que crée une longue habitude et que les efforts de la volonté éclairée réussissent à faire dis-

---

(1) Mgr Charles Gay, *De la vie et des vertus chrétiennes*, 9ᵉ édit., 1883, Oudin, t. II, p. 273.

paraître? Les enfants et les peuples jeunes éprouvent un singulier attrait pour les questions insolubles, que leur esprit se plaît à agiter comme un jouet; le besoin métaphysique de l'homme ne serait-il qu'un attrait de ce genre, un goût passager et enfantin ne devant pas survivre au développement intellectuel de l'humanité arrivée à sa pleine maturité?

Certains l'affirment avec un naïf orgueil croyant grandir l'homme en niant ce qui fait à la fois son tourment et sa grandeur; ils voudraient limiter ce besoin de connaître, ce désir de pénétrer les causes, ils voudraient enfermer étroitement le premier dans le cercle des phénomènes sensibles, limiter le second aux conditions matérielles de ces phénomènes, et osent affirmer que par delà ce qui se voit, se sent, se mesure, il n'y a rien et il ne peut rien y avoir.

C'est le dogme matérialiste, ne s'appuyant pas sur une révélation, mais uniquement sur une affirmation *a priori*. Et alors le monde est éternel, il n'a jamais été créé et pour se passer du Dieu créateur que le bon sens devine, mais que les sens de l'homme ne peuvent atteindre et qui, par cela seul, ne peut pas exister, on appelle au secours « la science ». Cette reine du monde, la science moderne, a en effet poussé loin ses prétentions ; elle ne craint pas de se proclamer, par la bouche de certains de ses adeptes, inconciliable non seulement avec la religion révélée, mais même avec les affirmations de la philosophie spiritualiste et prétend « avoir posé, par la découverte et le développement de l'évolution, les bases d'un nouvel édifice de haute culture intellectuelle (1) ».

A l'ancienne métaphysique qui a pour elle le sens commun et qui voit au sommet Dieu, au-dessous l'homme responsable et libre, puis la nature composée de la série de tout ce qui existe, sans moralité ni liberté, la science oppose ses hypothèses favorites, le transformisme, la loi de la sélection naturelle, à l'aide desquelles elle prétend connaître le monde et se débarrasser des anciennes doctrines devenues inutiles et surtout gênantes. Pour la philosophie monistique qui s'affirme comme la religion de l'avenir (2), tout s'explique par l'unité radicale de tous les phénomènes; une simple transformation de substance suffit pour produire la vie, la pensée, la conscience.

Le transformisme qui suppose et affirme la possibilité du passage d'une espèce à une autre, les prétendus phénomènes de l'évolution, viennent d'ailleurs prêter aux doctrines nouvelles un précieux appui. Grâce à eux et le temps aidant, le temps qui ne coûte rien et que l'imagination peut prolonger à son aise dans le passé, la science élimine Dieu et supprime le créateur (3).

Le vulgaire se laisse facilement prendre à ces outrecuidantes prétentions et cependant rien de plus

---

(1) C'est M. le professeur Hœckel que la risible invention du *Bathybius* devrait rendre prudent, qui s'exprime ainsi.
(2) V. M. Guyau, *l'Irréligion de l'avenir, étude de sociologie*, Alcan, 1887.
(3) « Des pas infiniment petits et des périodes infiniment longues, a dit Strauss, tels sont les deux passe-partout qui ouvrent les portes accessibles naguère au seul miracle. »

facile que de renverser cet échafaudage d'hypothèses.

Comment d'abord établir l'identité affirmée comme existant entre la pensée, la vie et la matière ? Pour qui ne connaît la nature intime ni de la matière, ni de la pensée, pareille affirmation d'identité est bien téméraire. Puis reste toujours la grosse difficulté du commencement et pour qui veut y réfléchir, sans parti pris, la création *ex nihilo*, toute mystérieuse qu'elle soit, est encore l'hypothèse la plus admissible et la plus simple.

Il est, en effet, impossible de supppser le monde ayant toujours existé tel qu'il est, car on y constate des changements ; mais, pour supprimer la difficulté du commencement, on affime l'éternité de la matière, on saute à pieds joints sur la difficulté de l'origine du mouvement qui ne peut cependant naître spontanément et on s'en repose sur la loi du progrès, sur l'évolution pour donner raison de l'apparition successive de l'immense série des êtres inorganiques et organiques.

Voilà le plus gigantesque effort de la spéculation : l'homme tente par ses propres forces non pas, comme le disait Fichte, de créer Dieu, mais de le supprimer. Le temps et le progrès par l'évolution suffiront à tout. Il est vrai qu'un mouvement progressif a pu, moins que tout autre, naître spontanément, il suppose une cause extérieure et puisqu'il est progressif une cause intelligente, c'est-à-dire Dieu ; mais passons. La matière est éternelle, dites-vous, elle subit une évolution progressive, comment se fait-il que le monde soit aujourd'hui mauvais ? ou, si vous le voulez, car cela suffit à la démonstration, comment peut-on encore y constater des progrès ? Car un mouvement qui produit un progrès, un développement, ne peut être éternel : tout développement suppose un commencement, l'éternité supprime tout point de départ. La contradiction apparaîtrait plus évidente, si l'idée même de l'éternité n'écrasait pas l'intelligence humaine, mais elle est réelle. Si la matière et son mouvement sont éternels, le monde a dû arriver au développement actuel à un moment quelconque de sa durée ; en effet, quelle que soit la place de ce moment dans la suite des âges, il a derrière lui un temps indéfini et, par conséquent, le temps supposé nécessaire pour que le développement et l'évolution l'amènent précisément à l'état présent. Le même raisonnement suffirait à prouver que le monde actuel, s'il existe de toute éternité, est nécessairement arrivé à son développement maximum. Que deviennent alors les théories qui ne laissent à l'homme arraché aux illusions détruites d'autre consolation que la prévision des progrès à attendre du processus du monde et lient le bonheur de l'individu au bonheur futur de la société (1) ? Que penser des moyens de libération proposés qui tous supposent des progrès nouveaux ?

La matière n'est donc pas éternelle, elle n'a pas

---

(1) « Les cieux que les hommes d'une génération doivent avoir en vue, sont un accroissement de joie qu'ils auront assuré par leur bonne conduite, à la génération à venir. Ainsi le présent pour les positivistes est la vie future du passé, la terre est un ciel qui la réalise sans cesse ». Littré, *Conservation, Révolution, Positivisme*, ch. xxxviii. Théorie positive de la révélation et de la félicité, p. 416.

été éternellement soumise à la loi du progrès ; la misère du monde si bien mise en lumière par les pessimistes suffit à le démontrer. Il y a eu un commencement, la matière a été créée, la loi du progrès a été portée par un législateur et, en réalité, ces théories évolutionnistes et transformistes à l'aide desquelles on voudrait éliminer Dieu comme un facteur inutile, supposent son intervention et ne se soutiennent pas sans lui. Que Dieu ait créé successivement par des actes distincts de sa toute-puissance les différentes classes d'êtres qui existent dans le monde, ou qu'il ait jugé plus digne de sa sagesse de créer la matière organisée et de lui donner l'admirable propriété de se transformer successivement, à l'heure marquée, suivant des lois par lui posées, Dieu, n'en est pas moins nécessaire (1). Et remarquez que nous

(1) La théorie de l'évolution n'est nullement inconciliable avec l'existence de Dieu et la création ; ce n'est que par un de ces malentendus fréquents dans les luttes des idées, que l'on combat l'évolution dans l'intérêt de la religion: M. Denys Cochin, dont les convictions catholiques sont bien connues, célèbre, dans *l'évolution et la vie*, la grandeur de la théorie de l'évolution : « Quelle belle pensée, dit-il ; d'un côté, le créateur commande à la matière morte. Une loi immuable s'établit, les mêmes mouvements se répètent invariablement à travers les siècles. Mais d'autre part, il crée la vie, et la loi qu'il lui donne est d'un autre ordre. C'est une loi de progrès. Une puissance latente existe dans le prototype des êtres vivants : cette puissance se développera bientôt en des êtres innombrables : elle attirera en eux la matière environnante, la contraignant à entrer en des combinaisons chimiques jusqu'alors inconnues, à se prêter à des fonctions très complexes, à revêtir des formes infiniment variées. Saisis par la vie, l'eau, l'air, le carbone iront tantôt réparer des muscles, et tantôt renouveler des feuillages. Ils deviendront murailles dans le tronc d'un chêne, ressort dans le jarret du cheval ou du cerf, cuirasse d'écaille chez les poissons. La vieille planète tourne toujours, et cependant son écorce tressaille, fleurit, s'anime.

faisons la partie belle au transformisme, ne chicanant pas sur les difficultés du passage de la ma-

Les descendants des premiers germes ont peuplé sa surface. Ils se sont pliés à toutes les conditions, armés contre toutes les difficultés, vêtus selon tous les climats, ils sont devenus de plus en plus beaux, forts, aptes à l'existence ; car, pour cette foule sans cesse grossissante et proliférante, la place était trop petite et les moins beaux, les moins forts, les moins bien appropriés à leur destinée devaient succomber dans la lutte. Tout le monde vivant est sorti de ce premier germe jeté tout seul sur la terre déserte, mais animé du souffle du Créateur. »

Cette hypothèse, qui n'est pas aussi nouvelle qu'on pourrait le croire, trouve des partisans parmi les docteurs de l'église. Saint Augustin, *de Genesis ad litteram*, lib. V, ch. v, n° 44, écrit : « De même que dans la seule graine est contenu tout ce qui dans le temps doit s'élever sous forme d'arbre, de même quand on dit que Dieu créa tout ensemble, *creavit omnia semel*, il faut comprendre le monde entier, avec tout ce qui a été fait en lui et avec lui, lorsque le jour fut venu, non seulement le ciel avec le soleil, la lune et les étoiles, mais aussi tous les êtres que la terre et l'eau ont produits potentiellement et causativement, avant qu'ils naquissent dans la suite des temps, tels qu'ils nous sont déjà connus dans les œuvres que Dieu opère encore aujourd'hui ; » et ailleurs : « Tous ces êtres, originairement et primordialement, sont déjà créés dans une certaine texture des éléments, mais ils se produisent quand l'occasion favorable en est donnée. » Saint Thomas cite ce passage (Summa I, quæst. 67, art. iv) et ajoute : « quoique les animaux soient la dernière création du monde, ils ont été créés d'abord potentiellement, pour apparaître visiblement dans la suite des temps, par une création dérivative. » Voir encore Summa I, quæst. 48, art. viii. « Dans la première institution des choses ; le Verbe de Dieu fut le principe actif qui de la matière élémentaire produisit les animaux actuellement ou virtuellement. » Voir aussi Cornelius à Lapide, *Commentaire sur la Genèse*, chap. iv. — Suarez, *de creatione*, disp. xv, n°s 9, 13, 19. On peut consulter à ce sujet les *Lessons of nature* (Marray, 1876) et la *Genesis of species* (Macmillan, 1876) de M. Saint-Georges Mivart, professeur à l'université catholique de Londres. Dans le dernier chapitre des *lessons*, M. Saint-Georges Mivart fait remarquer que « l'église a été en quelque sorte préparée insciemment à l'acceptation des théories modernes, par l'énoncé de ces principes féconds et de ces définitions

tière inorganique à la matière organisée qui, en réalité suppose, comme le passage de l'animal à l'homme, une véritable création nouvelle (1). Si Dieu reste l'être nécessaire, la métaphysique si méprisée ne doit pas disparaître.

Aussi bien les théories matérialistes pures rencontrent-elles peu de défenseurs et surtout peu de défenseurs absolus et logiques; la plupart des pessimistes, par exemple, entendent conserver pratiquement les jouissances idéales après avoir supprimé théoriquement l'idéal lui-même, comme ces déterministes convaincus continuent à laisser enseigner la morale sans s'apercevoir que si l'homme n'est pas libre, lui apprendre la morale, c'est aussi insensé que de lui apprendre à voler, alors qu'il n'a point d'ailes. Mais ces inconséquences que nous avons constatées dans le pessimisme d'Edouard de Hartmann, ont une signification et une valeur démonstrative qu'il importe de signaler. Elles sont comme

à grande portée, des siècles avant que ces théories fussent formulées. » Il ajoute « qu'une puissance mystérieuse a veillé sur les définitions de l'Eglise et qu'elle a été guidée dans son enseignement de manière à s'accorder avec les théories les plus modernes des sciences physiques et à se les assimiler. »

(1) Darwin est en général assez réservé sur la question de l'apparition de la vie. « Je dois déclarer, dit-il, que je ne prétends pas rechercher les origines premières des facultés mentales des êtres divers, pas plus que l'origine de la vie elle-même. »

M. Wallace n'admet pas que l'homme puisse être le résultat du simple transformisme et il affirme que l'homme n'est pas redevable de tout son développement physique et mental à la sélection naturelle. » Voir *la Sélection naturelle, essais*, par Alfred Russel Wallace traduits de l'anglais par Lucien de Candolle, Paris, Reinwald, 1872, X, limites de la sélection naturelle appliquée à l'homme, p. 390.

la protestation spontanée et involontaire contre des doctrines nécessairement fausses puisque non seulement elles sont impuissantes à assurer par elles-mêmes le libre exercice des facultés humaines et par conséquent le bonheur, mais que de plus elles sont, pour ainsi dire, contradictoires à notre nature et blessent nos sentiments les plus intimes.

Il est vrai que les hypothèses transcendantes ne comportent pas la démonstration scientifique péremptoire, mais ce n'est point à dire qu'il soit impossible de choisir avec discernement entre les différentes hypothèses proposées. Ce choix est peut-être difficile, il laisse place à des illusions possibles et suppose une culture d'esprit, une maturité et une prudence de jugement qui ne peuvent guère être le propre du grand nombre et il y a là, soit dit en passant, l'indication de l'utilité du rôle de l'enseignement dogmatique et de la haute convenance d'une révélation divine ; mais même livré aux seules lumières de son intelligence le sage a un critérium pour juger ces hypothèses transcendantes, c'est leur comparaison avec la nature et les besoins de la raison. Ce critérium condamne toutes les théories pessimistes et il ne faut pas se hâter de le rejeter comme incapable de conduire à une certitude scientifique, il conduit à la seule certitude qui soit possible, pour l'homme, en pareille matière, en dehors du secours divin qui s'appelle la foi.

A ce mot le philosophe s'indigne, il tient pour un outrage à la raison la seule pensée que certaines vérités échappent à ses efforts et que, pour les atteindre et les posséder pleinement, il pourrait avoir besoin de l'aide de Dieu. La foi est pour lui une ennemie, il considère comme un devoir de la poursuivre et de la détruire partout où il la rencoutre ; entre elle et lui c'est une lutte à mort. Et Schopenhauer comme Gœthe détestait toute religion. Plutôt que d'accepter ce surcroît de lumière, ce secours divin qui s'appelle la foi, le philosophe aime mieux, bien que sa nature ait soif de savoir, s'enfermer dans l'ignorance. Il s'obstine à se débattre au milieu des ténèbres refusant d'armer sa raison, pour en augmenter la puissance, de l'instrument divin qui lui permettrait de les percer. Que dirait-on d'un savant qui, dans la crainte de faire injure à l'œil humain, refuserait de l'aider des merveilleux engins, microscopes, télescopes, polariscopes, spectroscopes, etc., par lesquels la science supplée à l'insuffisance de ses perceptions ? qui, malgré l'existence de ces instruments admirables, se confinerait volontairement, sous prétexte d'illusions possibles, dans les inutiles tâtonnements d'une observation réduite aux portions de phénomènes visibles à l'œil nu ? C'est là cependant ce que font aujourd'hui la plupart de ceux qui pensent.

Mais vainement voudraient-ils nier systématiquement toutes ces vérités que les procédés scientifiques sont impuissants à démontrer, ces vérités prennent en quelque sorte leur revanche et s'affirment par la bouche même de ceux qui se font gloire de les méconnaître. Non seulement on les retrouve dans leur vie, dans leur pratique journalière, mais elles se glissent jusque dans leur langage et dans leurs écrits. L'absolu se venge du positivisme, il reparaît d'abord sous forme de métaphore, puis il prend une consistance plus grande, bientôt il reçoit un nom, preuve de son existence avouée, reconnue par ceux-là même qui avaient juré de le détruire.

Le chef de l'école positiviste, Auguste Comte, sépare les objets dont la pensée humaine se préoccupe en deux parties, le *cognoscible* et *l'incognoscible*. L'incognoscible comprend, d'après lui, l'incognoscible de la science et l'incognoscible de la religion. « L'*incognoscible*, dit-il, ce qui est au delà du savoir positif, soit matériellement, le fond de l'espace sans borne, soit intellectuellement, l'enchaînement des causes sans terme, est inaccessible à l'esprit humain. Mais inaccessible ne veut pas dire nul ou non existant. L'immensité tant matérielle qu'intellectuelle tient par un lien étroit à nos connaissances... C'est un océan qui vient battre notre rive et pour lequel nous n'avons ni barque, ni voiles (1). » M. Spencer va plus loin encore, répudiant le grossier matérialisme qui, en dehors des phénomènes sensibles, ne voit que rêveries et illusions, il reconnaît et démontre, avec une admirable sagacité, que *l'inconnaissable* est au fond de tout, en sorte que l'esprit humain, en métaphysique aussi bien qu'en chimie et en physique, pour peu qu'il creuse, voit l'inconnaissable se dresser devant lui. Il ajoute, en parlant de cet inconnaissable : « Nous en admettons tacitement l'existence ; ce seul fait prouve qu'il a été présent à notre esprit, non en tant que rien, mais en tant que quelque chose. »

La science a beau se dire la reine du monde, son

---

(1) *Cours de philosophie positive*, 2ᵉ édit., t. I, Intr., p. XLIV.

royaume a des limites que les ignorants peuvent oublier, mais que les vrais savants connaissent bien (1),

(1) M. G. Tyndall, l'un des physiciens les plus éminents de notre temps, disait en août 1868, dans un discours prononcé à Norwich : « Le problème de l'union du corps et de l'âme est aussi insoluble dans sa forme moderne, qu'il l'était dans les âges préscientifiques.. Si vous demandez d'où vient la matière,... comment et qui l'a divisée en molécules ; comment et qui lui a imprimé la nécessité de se former en groupes organiques, *la science est sans réponse* à ces questions. Mais si la science est rendue muette, à qui appartient-il de donner la réponse ?... A celui à qui le secret a été révélé ! Inclinons nos têtes et reconnaissons notre ignorance, une fois pour toutes. »

M. du Bois-Reymond, professeur et recteur de l'université de Berlin, qui s'est excusé publiquement d'être condamné à porter un nom français a exprimé la même pensée dans un discours prononcé en septembre 1875, au sein de l'Association des naturalistes allemands : « Les anciens physiologistes ioniens n'étaient pas plus embarrassés sur la nature ou l'essence des corps que nous ne le sommes nous-mêmes. Les progrès de la science, quelque grands qu'ils nous paraissent, n'ont pas réussi à l'élucider, et ses progrès ultérieurs resteront tout aussi impuissants. Jamais nous ne saurons mieux qu'aujourd'hui en quoi un espace rempli de matière diffère d'un espace vide, car l'intelligence conçue par Laplace elle-même (une intelligence connaissant, pour un instant donné, toutes les forces dont la nature est animée et la situation respective des êtres qui la composent. V. Laplace, *Essai philosophique sur le calcul des probabilités*, 2ᵉ édit. Paris, 1814), quoique supérieure à la nôtre, n'en saurait là-dessus pas plus long que nous, et c'est à cela que nous reconnaissons que nous sommes arrivés à l'une des bornes infranchissables de notre entendement. »

Passant de la matière à la pensée, M. du Bois-Reymond ajoute : « Aucun arrangement, ni aucun mouvement de parties matérielles, ne peut servir de pont pour passer dans le domaine de l'intelligence. Le mouvement ne peut produire que le mouvement ou rentrer à l'état d'énergie potentielle. L'énergie potentielle à son tour ne peut rien, hormis produire le mouvement, maintenir l'équilibre, exercer pression ou traction... Les phénomènes intellectuels qui se déroulent dans le cerveau, à côté et en dehors des changements matériels qui s'y opèrent, manquent pour notre entendement de raison suffisante. Ces phénomènes restent en dehors de la loi de

et les aspirations naturelles, par conséquent légiti-

causalité, et cela suffit pour les rendre incompréhensibles... Voilà donc l'autre borne de notre philosophie naturelle. Elle n'est pas moins infranchissable que la première. Malgré toutes les découvertes de la science, l'humanité n'a pas fait plus de progrès essentiels dans l'explication de l'activité intellectuelle à l'aide de ces conditions matérielles, que dans l'explication de la force et de la matière. Elle n'y réussira jamais !... »

Et voici sa conclusion : « Vis-à-vis des énigmes du monde matériel, le philosophe depuis longtemps est habitué à rendre avec une mâle énergie l'ancien verdict écossais : *Ignoramus*. Il puise dans la contemplation de la carrière victorieuse qu'il a déjà fournie, la conviction tacite que ce qu'il ignore encore aujourd'hui, il pourrait au moins, dans certaines conditions, le savoir, et qu'il le saura peut-être un jour. Mais vis-à-vis de la question : Qu'est-ce que la force et la matière, et comment donnent-elles naissance à la pensée, il faut qu'une fois pour toutes il se résigne à ce verdict beaucoup plus difficile à prononcer : *Ignorabimus* ». Ce discours a suscité contre M. du Bois-Reymond les plus vives colères ; l'émotion qu'il a provoquée n'est point encore calmée. » Cet *ignorabimus*, dit Hœckel, n'est que l'ignoratis du Vatican infaillible et de l'internationale noire. » (Voir, dans le *Philosophische Monatshefte* de 1883, l'article de M. Th. Weber intitulé : *Les sept énigmes du monde de Du Bois-Reymond*) ; mais les colères et les injures ne sont point des raisons et les plus violents à blâmer la franchise de Du Bois-Reymond sont impuissants à le confondre ; quoi qu'ils disent, ils ignorent comme lui.

Un professeur de l'université de Turin, M. A. Mosso, dans une remarquable monographie sur la peur (*la Peur, étude psychologique*, traduite par Félix Hément, 1 vol. in-18, Félix Alcan, 1886), constate en ces termes l'ignorance du savant en présence de certains faits : « Souvent en observant le cerveau de mes malades, en réfléchissant à sa structure et à ses fonctions, en voyant le mouvement du sang qui l'arrose, j'ai songé à pénétrer dans la vie intime de ses cellules et à suivre les mouvements qui en agitent les ramifications dans le labyrinthe des centres nerveux. J'ai supposé connues les lois des changements matériels, l'ordre, l'harmonie, l'enchaînement le plus parfait ; mais si loin que j'approfondisse le travail de l'esprit et que je laisse le champ libre à l'imagination, je n'ai jamais rien vu, pas même une lueur, qui me donne l'espoir de remonter à l'origine de la pensée... J'ai trouvé à l'aide de mes recherches le mécanisme par lequel la nature pourvoit à une circulation plus rames de l'esprit humain dépassent de beaucoup ces limites étroites de la science.

La science ne peut donc pas satisfaire « à cette impitoyable curiosité, à cette inquiétude de savoir qui nous poursuit sans relâche, quand notre esprit ne s'évertue point à s'étourdir et à s'aveugler (1). » Elle le peut d'autant moins que, dans l'ordre des sciences pures, la certitude des notions paraît être en raison inverse de l'intérêt qui s'attache aux problèmes posés. Les théorèmes géométriques sont d'une certitude absolue, mais quelle influence directe peuvent-ils avoir sur la vie pratique, sur le bonheur de l'humanité ? La physique, la chimie étudient les forces et les corps qui nous entourent et nous enveloppent de toutes parts, leurs réalités touchent l'homme de plus près que les abstractions mathématiques, mais déjà la certitude diminue et « les modes de l'incognoscible », pour parler le langage de Spencer, nous apparaissent dans les substances et dans les forces qui sont les objets de ces sciences. Si nous abordons la science de la vie, le

---

pide du sang, lorsque le cerveau entre en action ; j'ai admiré le premier quelques-uns des phénomènes par lesquels se révèle l'activité matérielle de cet organe, mais même en analysant les fonctions du cerveau à l'aide des expériences les plus précises, lorsqu'il palpitait sous mes yeux pendant le travail fiévreux de la conception ou pendant le sommeil, malgré tout, l'essence des phénomènes psychiques reste encore pour moi un mystère... On n'a fait aucune découverte qui puisse laisser supposer ou tout au moins présumer la nature de la conscience... Depuis Lucrèce, il ne s'est pas fait un pas en avant dans la connaissance de l'essence de la pensée. Au fond, la plupart des matérialistes détruisent un dogme pour en édifier un autre. » Ouv. cit., p. 486, 487.

(1) Denys Cochin, *l'Évolution et la vie*, p. 63.

mystère augmente et, de plus en plus les faits observés et connus ne livrent plus que les conditions des phénomènes, de plus en plus le fond des choses nous échappe. Et les observations auront beau se multiplier, il en sera toujours ainsi, car un fait contient autant de réalité qu'un million de faits, un fait compris vaudrait mieux qu'un million de faits simplement constatés, mais on en revient toujours là, nous ne savons le tout de rien ! Voilà pourquoi la science, dès qu'elle s'arroge le monopole exclusif de la vérité, laisse après elle une indéfinissable tristesse, conséquence de son impuissance à satisfaire les légitimes curiosités de l'homme et voilà pourquoi ceux qui détruisent la foi en affirmant audacieusement, ce qui n'est pas, qu'elle est incompatible avec les découvertes de la science (1),

(1) On peut consulter notamment, sur l'accord de la science et de la foi, un discours de Mgr d'Hulst, recteur de l'institut catholique de Paris, prononcé à la séance de rentrée, le 17 novembre 1887 ; en voici un fragment : « La vérité c'est que la science et la foi sont deux choses harmoniques mais distinctes. Harmoniques, c'est en vain que l'impiété, de siècle en siècle, s'efforce de les opposer l'une à l'autre. Parfois les variations d'une science progressive, en changeant les points de contact avec le dogme, provoquent chez les croyants un moment de surprise, chez leurs ennemis l'orgueilleuse présomption de la victoire. Mais l'illusion dure peu ; le même mouvement de l'esprit humain qui avait amené l'objection nouvelle, l'emporte et la relègue parmi les vieilles erreurs. La vérité révélée sort de l'épreuve identique à elle-même, souvent mieux comprise, et affronte sans peur la rencontre du nouveau savoir.

« Mais ces choses harmoniques ne sont pas une même chose.

« La foi nous dit les pensées de Dieu sur l'origine et la fin de l'homme, sur la voie qu'il doit suivre, sur les privilèges inespérés dont la libéralité de son créateur a enrichi sa destinée. L'économie surnaturelle avec les vérités rationnelles qui lui servent de base, avec les faits historiques qui entrent dans la trame du dessein réen arrachant ainsi de l'âme les croyances traditionnelles, sèment nécessairement des germes de pessimisme.

Combien sont nombreuses aujourd'hui les victimes de cette illusion que la science suffit à tout. L'émiettement des adversaires des dogmes métaphysiques qui ne reconnaissent aucun chef et résistent chez nous à toute classification en école ou en secte, fait allusion et dissimule leur importance numérique; il est cependant impossible de méconnaître l'ardeur de leur haine contre le dogmatisme. Je n'en veux pour preuve que les cris de triomphe par lesquels ils ne cessent d'annoncer la chute, irrémédiable cette fois, des croyances dont la persistance les exaspère.

Ailleurs, en Angleterre par exemple, ces mêmes dispositions d'esprit modifiées par l'influence du milieu et les prédispositions de race donnent naissance

dompteur, voilà le domaine du dogme. Là il faut que Dieu enseigne, parce ni la raison ni l'expérience ne sauraient nous instruire de ce qui les dépasse.

« La science a pour domaine ce que peuvent explorer l'œil du corps et l'œil de l'esprit. Dieu qui ne fait rien d'inutile, n'intervient pas pour nous apprendre ce qu'il est en notre pouvoir de découvrir. Le savant chrétien et le savant impie peuvent avoir des visées différentes, ils cultivent le même champ et suivent la même méthode.

« Ces réflexions peuvent sembler banales, il s'en faut qu'elles soient superflues. C'est pour les perdre de vue qu'on devient injuste envers les croyants en faisant d'eux les ennemis du savoir. On admet de confiance que la foi nous dicte sur les questions de pure science des solutions intéressées. On nous attribue sans preuve je ne sais qu'elle parti pris dans l'analyse des idées ou dans l'exploration de la nature. On traite d'absurdes nos mystères parce qu'ils ne nous donnent qu'une demi-lumière; mais sur les objets qui leur sont propres, la raison laissée à elle-même demeure dans l'obscurité totale; et dans le domaine où celle-ci peut s'exercer, nous disposons des mêmes ressources que nos détracteurs. »

à de véritables sectes comme sont les *agnostiques* et les *sécularistes* (1). L'agnosticisme c'est la doctrine de celui qui veut ignorer et se résigne à ne rien savoir sur tout ce qui touche au supra-sensible. Le sécularisme créé, en 1846, par les frères Holyoake, a pour dogme fondamental que la vie présente étant la seule dont nous ayons une connaissance certaine, mérite seule notre attention. La poursuite de bonheur personnel et général, mais du bonheur en ce monde, est pour le séculariste le devoir suprême.

Sous ces noms d'agnostique, de séculariste, se cache probablement plus d'un athée prudent désireux de ne pas attirer sur lui l'attention des bigots, heureux de voiler sous le manteau d'une indifférence soi-disant scientifique, son désir secret de voir le monde enfin débarrassé de ces vieilles croyances qui l'importunent, mais agnostiques, sécularistes anglais, pessimistes allemands, savants antireligieux de France, tous, les uns par leurs aveux, les autres par le nom même qui désigne leur secte, rendent un hommage indirect à l'existence nécessaire de cette métaphysique conspuée qui persiste à s'imposer parce qu'elle correspond à un besoin vrai de la nature humaine et que « tant qu'il existera des hommes on rencontrera des esprits plus occupés de leur origine, de leurs fins dernières, de leur raison d'être dans l'univers que de tous ces amusements et passe-

---

(1) Voir sur ces sectes et sur l'état des esprits en Angleterre relativement aux questions métaphysiques, la remarquable étude publiée par M. Gladstone dans la *Contemporary Review*, juin 1876, sous ce titre *The course of religions thought*.

temps qu'on appelle l'industrie, le commerce, la politique (1). »

Ce retour offensif de la métaphysique que beaucoup s'imaginaient à jamais détruite, ce n'est pas le résultat d'un caprice passager, l'effet d'une mode qui n'a d'autre raison d'être qu'un perpétuel désir de changement, il est provoqué par le besoin instinctif de vivre, par l'horreur innée du suicide. Car la métaphysique définitivement ruinée, tout s'écroule avec elle : elle entraîne nécessairement dans sa chute l'art, la morale, la dignité de la vie humaine. Avec elle se trouve détruit ce qu'il y a de plus noble et de meilleur en nous, et jusqu'à ce qui est l'essence de notre être, ce moi dont la suppression est pour l'homme le comble du mal. L'*inconnaissable* ne satisfait en rien l'esprit, ce n'est au fond que la constatation de l'impossibilité de toute explication métaphysique sérieuse, il ne reste donc plus que l'évolution, l'explication mécanique de l'univers.

Nous avons dit notre pensée sur les mérites et les vices de cette explication qui restera comme le plus grand effort de généralisation scientifique; nous avons vu que, comme la science dont elle procède, cette explication est impuissante à percer la question d'origine et qu'elle ne peut, sans tomber dans des impossibilités manifestes, se substituer aux explications

---

(1) Denys Cochin, *l'Evolution et la vie*, p. 63. M. Guyau s'accorde sur ce point avec M. Denys Cochin. Il écrit dans son livre intitulé *l'Irréligion de l'avenir*, p. 332 : « Grâce à ce double sentiment des bornes de notre science et de l'infini de notre idéal, il est inadmissible que l'homme renonce jamais aux grands problèmes sur l'origine et la fin des choses. »

métaphysiques et supprimer Dieu. Son rôle sera donc vraisemblablement un jour, quand les enthousiasmes et les prétentions de la première heure auront disparu, de s'adapter en les complétant aux explications métaphysiques et religieuses. Ce rôle est assez grand pour satisfaire les ambitions légitimes, mais ce n'est pas ainsi que l'entendent ses partisans, je pourrais dire ses fanatiques, ceux qui voient surtout dans cette explication mécanique de l'univers un moyen d'en finir avec Dieu et l'immortalité de l'âme et qui, pour arriver à un résultat si enviable, ne craignent pas de couvrir du prestige de la science et de présenter comme des vérités démontrées les hypothèses les plus audacieuses et parfois même les plus péremptoirement démenties par la raison ou par les faits. Pour eux, sans qu'il soit besoin de preuve, par un dogmatisme dont ils entendent bien conserver le monopole, une loi unique et une force unique tiennent lieu de tout, plus de commencement, plus de fin. Et l'individu, l'homme reste seul dans l'univers immense, en face d'une éternité vide, au milieu d'un réseau de forces gigantesques, aveugles qui l'écrasent et le broient sans pitié ; le moi disparaît en quelque sorte et n'apparaît plus que comme un moment insignifiant dans ces variétés de combinaisons inépuisables comme la force qui s'y joue, infinies en nombre dans le temps et dans l'espace infinis (1). Plus de liberté, plus d'espoir au delà de ce monde misérable ; le progrès dont quelques-uns

---

(1) « Qu'on me rende mon moi », disait avec effroi Michelet, en présence de ces doctrines.

entendent faire le paradis de l'avenir, n'est pour la génération présente et ne sera pour celle de demain qu'un leurre décevant; et, en attendant, le déterminisme achève de transformer la littérature en y introduisant le réalisme pathologique, la morale en ne voyant plus dans ses problèmes que des analyses de physiologie morbide. Il est facile de prévoir ce que deviendrait le monde si, par malheur, ces désolantes doctrines devaient prévaloir et éteindre à jamais l'étincelle qui l'illumine. Dieu veuille que nos enfants ne soient pas condamnés à savoir jusqu'à quel point l'homme peut, par ses erreurs volontaires, augmenter sur cette terre la proportion du mal que sa faute y a introduit (1)!

Le pessimisme dont notre génération souffre sous différentes formes n'est autre chose que la douleur résultant de la méconnaissance systématique du besoin métaphysique et religieux de l'homme. Cette douleur réelle, grandissante, beaucoup s'obstinent à la méconnaître; on rit du pessimisme pour ne pas

---

(1) M. Vessiot, inspecteur général de l'Université, qui appelle « loi bienfaisante » la loi du 28 mars 1882, écrit dans son livre intitulé *l'Education à l'école*, p. 4 : « C'est une grande expérience qui se tente aujourd'hui ; une société peut-elle vivre sans religion ? L'histoire répond : non ; mais le passé n'est pas nécessairement l'avenir, et il peut se faire que le progrès général de la raison assure aux sociétés modernes une force conservatrice et des éléments de moralité qui manquaient aux sociétés anciennes. » Les faits se chargent de démentir ce naïf optimisme. N'aurait-il pas été prudent, avant d'entreprendre l'expérience en grand sur notre France qui pourrait en mourir, d'essayer, au préalable, de dégager les éléments et surtout de fixer les bases de cette moralité future qui, jusqu'à présent, si l'on en croit certains symptômes, paraît absolument insuffisante en théorie comme en pratique?

avouer qu'on en souffre et pour se cacher à soi-même l'humiliante série de déceptions que révèle cette souffrance inattendue. Car enfin « on a voulu affranchir l'homme, le débarrasser des vieux jougs; on l'a débarrassé du poids de sa responsabilité, on a fait ce qu'on a pu pour le détourner des troublantes chimères, pour fixer son rêve sur la terre, pour améliorer son séjour et sa condition présente. Il devrait être heureux, enfin, après tant de siècles de servitude et de misère! Et voici qu'il s'aperçoit qu'il ne l'est pas (1). » Le pessimisme le saisit, le torture. Ce prétendu affranchi redevable de sa liberté à la science, c'est la science elle-même qui l'accable, en le jetant dans l'immensité de l'univers esclave des phénomènes, seul, sans passé, sans avenir, pour apparaître un instant et mourir, sans que la loi inflexible du mécanisme universel lui laisse même apercevoir pourquoi vivre, pourquoi penser, pourquoi souffrir et surtout mourir.

Pourquoi souffrir ? les théories pessimistes ne répondent pas d'une manière satisfaisante à cette question et elles augmentent, elles enfantent la douleur. Ici encore la douleur remplit admirablement un rôle merveilleux ; nous avons vu la douleur physique veiller à la conservation de l'organisme physique. La douleur morale, les souffrances qui sont la conséquence des théories pessimistes en tant qu'elles nient les croyances métaphysiques et religieuses, veillent, elles aussi, à la conservation de la

---

(1) M. Caro, *Comment les dogmes finissent et renaissent*, Rev. des deux mondes, 1ᵉʳ février 1886, p. 548.

vie supérieure de l'homme. Elles l'avertissent brutalement qu'il est un être religieux, et que, s'il néglige le développement d'une partie de sa nature, s'il méconnaît ses véritables besoins et prétend les supprimer, il entreprend une tâche impossible et se révolte vainement contre sa destinée.

Le pessimisme sous sa forme aiguë n'est pas autre chose que cette souffrance salutaire se répercutant dans toutes les directions, se retrouvant chez l'individu, atteignant les différentes parties de l'organisme social pour avertir l'homme qu'il se trompe en méconnaissant certains des besoins les plus impérieux de sa nature et en refusant de les satisfaire.

Aussi, quiconque nie les vérités métaphysiques, les dogmes spiritualistes, Dieu, la création, la vie future, s'achemine fatalement vers le pessimisme et il y tombera d'autant plus rapidement, d'autant plus profondément que sa négation sera plus complète et plus convaincue. Léopardi, après avoir perdu toute espérance, est hanté par la pensée du suicide. Schopenhauer a la haine de la religion au cœur. Edouard de Hartmann va moins loin dans le pessimisme parce qu'en dépit de ses négations, de ses critiques contre les dogmes chrétiens, il a conservé un fond de croyance en Dieu ; mais il nie l'immortalité de l'âme, se refuse à admettre la déchéance de l'homme, suite de la faute originelle, méconnaît la nature de la conscience et là se trouve la vraie raison d'être de son pessimisme.

J'ai dit la réserve qui m'empêche de continuer ces remarques, mais on peut prendre les deux volumes dans lesquels M. Paul Bourget a si ingénieusement appliqué sa méthode d'analyse aux célébrités contemporaines. Chez dix hommes remarquables à des titres divers il a trouvé des tendances pessimistes, chez tous ces tendances pessimistes correspondent à une méconnaissance plus ou moins complète des idées spiritualistes et chrétiennes. Il en sera toujours ainsi et les quelques exceptions que l'on pourra rencontrer s'expliqueront sans peine par des circonstances particulières dont on est obligé de tenir compte dans des questions aussi complexes.

Ne suffit-il pas d'ailleurs de substituer aux négations qui engendrent le pessimisme, les affirmations spiritualistes pour rendre impossible le « misérabilisme » auquel aboutit nécessairement la théorie pessimiste? Car, il ne faut pas se le dissimuler, s'il n'y a ni Dieu, ni âme immortelle, c'est Mainlænder avec son lacet fatal qui a raison contre Schopenhauer. Celui-ci, tout pessimiste qu'il est, vit en épicurien et la logique pratique n'est pas son fait. Que Dieu reparaisse, qu'il soit le créateur de l'homme, qu'il lui ait donné une âme immortelle, faite à son image, susceptible de mérites, et cette vie n'est plus qu'une épreuve passagère; la douleur peut rester inexpliquée, mais elle est supportable car Dieu la voit et la pèse dans la balance de sa justice; il n'y a plus de place pour le désespoir.

Au reste, cette misère du monde, ce mal mystérieux que la philosophie spiritualiste est souvent amenée à atténuer ou à méconnaître parce qu'elle n'en conçoit pas l'origine, la révélation nous en livre le secret. La doctrine catholique sur ce point n'a rien à redouter de la comparaison avec les théories pessimistes car, en dehors de toute considération dogmatique, elle reste, quoi qu'on dise, plus acceptable, plus féconde, plus conforme à la raison. Cette doctrine, à laquelle on prête assez peu d'attention parce qu'elle est devenue vulgaire, se rattache à la déchéance originelle de l'homme, déchéance que l'orgueil repousse, mais sans laquelle il n'y a pas d'explication possible de la condition de l'homme ici-bas. Le mal n'est pas l'œuvre de Dieu, mais de l'homme et saint Augustin a résumé en quelques mots le dogme catholique sur ce point en disant cette parole que nous avons déjà citée : *Catholica fides est : omne quod dicitur malum, aut peccatum esse, aut pœnam peccati* (1). Le mal, conséquence de la liberté, n'est pas voulu, mais simplement permis par Dieu, il est d'ailleurs impuissant à altérer l'œuvre de Dieu en l'empêchant d'arriver à sa fin, car si Dieu tolère le mal, il le limite et certains désordres aboutissent nécessairement à la mort, c'est-à-dire à la disparition du révolté. La douleur expliquée reprend sa valeur morale, elle est d'ailleurs par cela seul une douleur consolée et, en fait, les chrétiens, quel que soit le fardeau d'afflictions qui les charge, sont des gens consolés. Pour eux le désespoir est une faute et la religion leur fait une vertu divine de l'espérance, cet impérieux besoin de l'homme, l'espérance sans laquelle la vie ici-bas n'est qu'un enfer (2).

(1) *Lib. imp. de Genes, ad. litt.*, cap. i. V. Supra, p. 94.
(2) Un moraliste chrétien, Mᵍʳ Charles Gay, signale justement l'impuissance du génie antique à consoler les douleurs humaines. Il compare les célèbres *Consolations* de Sénèque au IIIᵉ livre de *l'Imitation* et demande au lecteur de juger ce que nous devons à cette

Ainsi sans tomber dans un optimisme grossier, en souffrant autant et plus que d'autres, les chrétiens sont toujours à l'abri des atteintes du pessimisme. Il suffit même le plus souvent pour y échapper d'une simple adhésion de l'esprit aux doctrines spiritualistes, à ces croyances qu'une longue possession avait en quelque sorte revêtu d'une autorité s'imposant à la diversité des opinions individuelles et qu'on a justement appelées les « dogmes philosophiques ». Ces dogmes aujourd'hui si délaissés, c'est l'existence d'une cause première ayant créé le monde, le dirigeant vers un but qui n'est autre que le bien, c'est la personnalité de l'homme survivant à la destruction du corps, c'est la liberté de l'homme, c'est le caractère absolu de la morale. Tant que ces croyances dominent les habitudes intellectuelles, quelle que soit l'intensité des maux qui pèsent sans cesse sur l'humanité, le pessimisme n'apparaît qu'accidentellement ; tout au plus en peut-on signaler çà et là quelques cas isolés, mais il ne saurait devenir un danger car, dans la masse, la vigueur morale, l'énergie féconde et saine l'emportent sur les conseils de la tristesse et du découragement. L'idée du devoir reste comme le sel qui empêche la décomposition de la matière fermentescible à laquelle il est mêlé. Seulement la philosophie spiritualiste qui suffit à assurer momentanément ces précieux résul-

---

révélation si méprisée par la plupart des philosophes. *De la vie et des vertus chrétiennes*, 9ᵉ éd., 1883, t. II, p. 275, note 1. Que l'on compare ce IIIᵉ livre de l'Imitation aux consolations que nous réservent les théories monistiques et l'on jugera ce que le pessimisme peut coûter à l'humanité !

tats, a peine à conserver ses positions. Quelles que soient la constance et la conviction de ses rares adeptes, elle perd chaque jour du terrain, son influence diminue. Est-ce là une déroute définitive! Je suis loin de le penser, mais il y a là un avertissement et une leçon. Jouffroy s'est trompé dans sa prophétie ; depuis l'heure où il l'a lancée, la vie religieuse a pris un nouvel élan et par contre la philosophie spiritualiste, les dogmes spiritualistes qu'il défendait sont aujourd'hui plus menacés que ne l'était cette religion qu'il déclarait irrémédiablement perdue. Livrée à ses propres forces, la philosophie spiritualiste qui, par un effet de présence, réussit à empêcher les ravages du pessimisme, se trouve impuissante à résister aux assauts des adversaires du dogmatisme et, après avoir triomphé de la religion avec l'aide de tous ses adversaires, elle se voit exposée à son tour aux attaques de ses alliés d'hier devenus ses adversaires d'aujourd'hui. Il en est d'elle comme du protestantisme ; la foi protestante tout individuelle est un minimum qui peut encore donner une satisfaction imparfaite mais suffisante aux besoins religieux d'une nation ; mais elle paraît impuissante à se défendre longtemps contre les attaques du rationalisme et le nombre des protestants qui cessent d'être chrétiens augmente chaque jour. De même la philosophie spiritualiste semble incapable d'assurer seule la conservation du dépôt des vérités nécessaires surtout dans les temps de crise où le souffle de la critique s'attaque audacieusement à tout. Ce terrain des « dogmes spiritualistes » découverts par les seules forces de la raison humaine est trop étroit et trop insuffisamment conquis pour qu'il soit possible de s'y maintenir et surtout d'y attirer ces masses flottantes, ces esprits distraits, sans fermeté, sans culture développée, qui formeront probablement longtemps, sinon toujours, le gros de l'humanité. Ici apparaît le rôle bienfaisant et nécessaire de la religion qui, avec ses dogmes et son autorité, satisfait plus largement le besoin métaphysique de l'homme et le protège contre ces négations qui, sous prétexte de l'affranchir d'un joug insupportable, le jettent dans des obscurités anxieuses mille fois plus insupportables encore. Oui, l'homme, tel que nous pouvons l'atteindre dans le passé, porte en lui un insatiable besoin de savoir d'où il vient, où il va, il sent qu'il n'est pas cause à lui-même et que de toutes parts il est limité par une puissance supérieure. Mais ses rapports avec cette puissance, à la notion de laquelle son intelligence peut atteindre, ce qu'il peut en espérer ou en craindre, la fin qu'elle veut de lui, tout cela reste enveloppé de ténèbres épaisses. Plus son esprit se développe, plus ses facultés prennent leur essor, plus croît en lui cette soif du par-delà, ce besoin de pénétrer les causes, cette inquiétude métaphysique qui est le tourment des grandes âmes. Et cependant tous ses efforts n'aboutissent qu'à la certitude douloureuse de l'impossibilité pour lui et pour ses descendants après lui, de percer jamais ces mystères. Cela étant, la religion, la révélation qui lui sert de fondement, ne sont-elles pas merveilleusement appropriées à nos besoins humains et ne viennent-elles pas, avec une admirable convenance, suppléer à l'insuffisance des forces de notre esprit pour atteindre par lui-même les vérités qui lui échappent et dont il ne saurait se passer ?

Le rationaliste de répondre que la religion n'est que le produit de l'esprit humain, qu'il n'est donc pas surprenant que l'on constate une concordance entre l'esprit créateur et la religion créée par lui. Ce n'est pas ici le lieu de démontrer les fondements de la vraie religion et l'erreur de ceux qui commencent par affirmer *a priori* que toutes les religions sont fausses; mais il était bon de montrer que cette question religieuse est le point central où convergent toutes les recherches. On la retrouve impérieuse, importune, mais toujours présente en quelque route que l'on entende marcher. L'étude des théories pessimistes nous a conduit droit à elle; cette souffrance nouvelle, cet état douloureux des âmes contemporaines nous a paru avoir pour cause l'abandon des croyances spiritualistes, la perte de la foi. Nous avons trouvé là une confirmation nouvelle de la théorie de la douleur, les souffrances occasionnées par les théories pessimistes sont le providentiel avertissement donné à l'homme qui s'égare. Au risque de surprendre par notre franchise et de provoquer les dédains de la science incrédule, nous avons dit simplement notre pensée telle qu'elle nous a été suggérée par l'étude des faits.

Un mot encore sur l'avenir du pessimisme. Le pessimisme, dont nous venons de rechercher les manifestations diverses, est un symptôme morbide, conséquence d'une erreur. Cette erreur ne consiste pas à affirmer la misère de l'homme, cette misère est réelle, mais à méconnaître la cause de cette misère et à rejeter ainsi la vérité qui seule, en illuminant la vie, lui donne son prix et sa moralité.

Or une erreur est nécessairement stérile. Quel sera donc le résultat du pessimisme dont le réveil au milieu de notre civilisation nous étonne ? Mais quel peut être le résultat de la douleur ? Ou l'avertissement salutaire qu'elle donne brutalement à l'être souffrant est compris et provoque, en temps utile, des modifications qui font disparaître les désordres signalés en en supprimant la cause, ou la douleur persiste, s'exaspère. Il en ira de même du pessimisme et l'on peut ici prophétiser à coup sûr. Ou les esprits désabusés des séductions du criticisme et des enivrements de la science reviendront docilement demander à la foi ce que seule elle peut leur procurer, ou ils continueront à souffrir, à souffrir de plus en plus de l'exaspération d'un besoin impérieux plus difficile encore à supprimer qu'à satisfaire. Pour qu'il en fût autrement, il faudrait modifier la nature humaine. Il est des rêveurs, j'allais dire des savants, qui ne désespèrent pas d'y arriver. Je suis de ceux qui attendent incrédules la réalisation de ces espérances et qui, en attendant, la regardent comme aussi chimérique que la libération du monde par les procédés de Schopenhauer, d'Edouard de Hartmann ou de Mainlænder. L'homme de demain sera l'homme d'aujourd'hui, pétri des mêmes faiblesses, tourmenté des mêmes besoins. Tous les progrès resteront impuissants à modifier sa nature. On aura beau faire, il ne s'acclimatera jamais dans ce monde tout mécanique où tout répugne à ses aspirations les plus généreuses, aux plus impérieuses lois de sa raison et aux plus évidentes affirmations de sa conscience. Fatigué de souffrir, las de s'amoindrir, entraîné par son activité, « assoiffé » de l'idéal perdu, il se souviendra de la paix promise aux hommes de bonne volonté et saura, sans rien aliéner des merveilleuses conquêtes de la science, ne lui plus demander que ce qu'elle peut légitimement promettre, sauf à demander le surcroît de vérité dont son esprit et son cœur ont besoin, aux dogmes dont la religion a reçu le dépôt précieux.

Ce jour-là, le pessimisme s'évanouira et le monde restera stupéfait en voyant l'admirable essor que peut donner à l'infatigable activité de l'esprit humain, la merveilleuse fécondité que peut donner à la véritable liberté de penser, le respect d'un dogme vrai. Amen !

DIJON, IMPRIMERIE DARANTIERE

www.ingramcontent.com/pod-product-compliance
Lightning Source LLC
Chambersburg PA
CBHW050422170426
43201CB00008B/499